JN410759

카자흐스탄 견문록

카자흐스탄 견문록

| 이복규 |

문예원

머리말

이 책에는 2005년에서 2009년까지, 내가 중앙아시아 카자흐스탄을 방문할 때마다 보고 들은 사연이 담겨 있습니다. 카자흐스탄은 중앙아시아에 있는 나라인데 오랫동안 소련에 속해 있다 1991년에 분리독립한 나라로서, 우리 동포 고려인이 10만 여 명이나 살고 있습니다. 부끄럽게도 나는 2005년에야 카자흐스탄과 고려인에 대해 알았고, 그 해부터 2009년까지 매년 고려인 노인들을 만나러 그곳을 방문했습니다.

대부분 여름방학을 이용해, 주로 카자흐스탄의 옛 수도였던 알마티(알마아타)에 머물다 왔으나, 2006년에 연구년을 맞아 6개월간 가족과 함께 지낼 때는 겨울 끝자락에 가서 우슈또베, 타라즈, 침켄트 등 다른 곳도 가 보았습니다. 그때 중2 아들도 함께 갔는데, 싫다는 걸 억지로 데려갔지만, 귀국할 무렵에는 그냥 남아 공부하겠다고 버티어 그곳에서 중고등학교를 졸업하고 지금 카자흐스탄국립대에 다니고 있습니다. 아들이 카자흐스탄에서 뭔가 매력을 느꼈듯, 나도 카자흐스탄을 방문할 적마다 모든 게 새로워 거의 매일 홈페이지에 그 사연을 올렸는데, 그 가운데에서 추려내어 이 책을 꾸몄습니다.

어쩌다 홈페이지에서 글을 본 분들이 관심을 보이기도 하였지만 그렇다고 책으로 낼 생각까지는 하지 않았습니다. 그런데 우리 학과 조정래 교수께서, 외국에 한 번 갔다 온 분들도 책을 내는데, 다섯 차례 방문했으면서 왜 안 내느냐고 채근하였습니다. 카자흐스탄은 비교적 덜 알려진 곳이니 더욱 더 소개할 필요가 있지 않느냐며 거듭 강권하는 말을 듣고 마음이 흔들려, 짬을 내어 정리하고 다듬었습니다.

카자흐스탄 고려인의 구전설화와 생애담 관련 기사는 따로 책을 냈거나 간행할 예정이므로 제외하고, 나머지 글들을 모두 여덟 주제로 나누어 배열했습니다. 카자흐스탄의 문화, 카자흐스탄의 명소, 카자흐스탄의 고려인, 카자흐스탄의 한국인, 카자흐스탄의 선교, 카자흐스탄과 한국의 교류, 카자흐스탄에 아들 유학시키기, 여타의 추억들, 이렇게 나누었으나 문화 부분이 표 나게 많은 게 사실입니다. 하지만 카자흐스탄의 문화랄까 생활상을 소개하는 것이 이 책의 가장 큰 존재 이유 중 하나일 테니 어쩔 수 없다는 생각도 해봅니다. 홈페이지의 말투 그대로 옮겨 놓아 다소 어색할 수도 있겠지만, 편안하게 읽을 수 있도록 손대지 않았다는 것을 밝혀 둡니다. 아울러 「카자흐스탄의 민속신앙」 논문을 비교민속학회에서 발표한 적이 있는데, 내 책 『한국전통문화의 이해』 제2판에 이미 수록했으나 여기에 실어야 제격이라는 판단이 들어 부록으로 첨부했습니다.

글을 정리하면서 지난 추억이 새록새록 떠올라 마냥 행복했습니다. 지난 5년간, 참 여러 분을 만났습니다. 카자흐스탄 사람, 고려인, 한국인 선교사를 비롯한 교민들……. 그리고 참 많은 것을 보고 들었습니다. 그러면서 우물안 개구리였던 내 시야는 한결 넓어졌습니다. 놓인 환경과 사는 방식은 다르지만, 카자흐스탄에 사는 사람이든 한반도에 사는 우리든, 모두 최선을 다해 살고 있다는 것, 존중받아 마땅하다는 것, 서로 배울 게 많다는 것, 그게 내가 얻은 최고의 깨달음입니다. '인간人間'이란, 글자 뜻 그대로, '사람 사이'에서 만나고 부대끼면서 완성되어 가는 존재인지도 모르겠습니다. 귀한 만남과 경험의 은총을 계속 베풀어 나를 겸손하게 만들어 주시는 하나님께 머리 숙여 감사할 따름입니다.

아무쪼록 이 책이, 카자흐스탄에 관심을 가지는 분들에게 조금이나마 도움이 되었으면 합니다. 카자흐스탄 관련 전문 서적도 나와 있습니다만, 실제적인 체험을 이야기하듯 적은 이런 책도 이 지역을 느끼고 이해하는 데 나름의 구실을 했으면 좋겠습니다. 이 책을 엮어 내면서, 카자흐스탄에 갈 때마다 도와주신 알마티감리교회 강득성 선교사님께 고마운 마음입니다. 아내는 첫 교정지를 다 읽고 부자연스러운 곳을 일일이 지적해 주어 한결 문장이 매끄럽게 도와주었습니다. 흔쾌히 간행해 주신 문예원 홍종화 사장님의 호의도 잊을 수 없습니다.

2011년 3월

서경대 연구실에서

이 복 규

차례

머리말 4

1 카자흐스탄의 문화

12_ 다큐멘터리에 나타난 카자흐스탄의 전통문화들
17_ 양고기 음식문화
18_ 카자흐스탄 사람들과 함께 지낸 하루
27_ 냉수 안 마시는 카자흐스탄 사람
29_ 수박 장수
31_ 달러 환율의 변동
33_ 썬 크림이 안 팔려요
35_ 3월 8일 여성의 날
37_ 알마티에서 집 찾기
39_ 이산가족될 뻔한 나우르즈(설)
44_ 카자흐스탄의 헌책방
47_ 밑둥마다 하얀 석회칠을 한 나무들
49_ 때 아닌 물난리
51_ 게으르거나 여유 있는 카작인들
53_ 타스탁 재래시장에서
56_ 이슬람 사원의 기도시간 알림 소리
57_ 카자흐스탄 사람들과 빵
60_ 알뜽오르다 시장의 도살장
63_ 술 취한 무슬림
64_ 샤슬릭 가게에서
66_ 싹싸울 나무 뿌리
68_ 사고로 죽은 현장에 꽃이나 조형물을
70_ 우리와는 다른 부동산 매매 관행
71_ 백조의 호수
73_ 카자흐스탄 벼룩시장
75_ 카작인은 평균수명이 짧아요
78_ 격세지감
80_ 시원한 까라가치나무 그늘에서

2 카자흐스탄의 명소

예정에 없던 천산 여행_ 84
아내와 침블락 오르기_ 88
그리이스정교 사원_ 91
알마라싼 발쇼이(큰) 호수_ 94
아, 우슈또베 바스또베!_ 96
아타켄트 나들이_ 100
고골리 공원_ 102
고려극장(조선극장) 방문_ 104

3 카자흐스탄의 고려인

중앙시장의 고려인 아주머니들_ 108
고려인 소설가 김 아나똘리 선생_ 110
고려인 가정의 돌잔치_ 113
양노라 할머니와 점복_ 116
4개 국어에 능통한 고려인 리로베르트와의 대화_ 118
이걸로 닭이나 한 마리 사 먹어_ 120
교회 다녀서 우리말, 우리글 잘해요_ 122
고려인 최고의 부자 채유리 씨 전설_ 123
외국어대 박넬리 교수댁 방문_ 125
안아주며 인사하고 싶어요_ 127
박박티, 박박티, 박박티_ 129
고려인의 배신감_ 132
어쩔 수 없어 살아요_ 135
고려인을 먼저 보낸 것은 하나님의 섭리_ 138
명 드미트리 교수_ 140
고려인 안림마 교수_ 142
시신의 얼굴을 개봉한 채 치러지는 서구식 장례_ 145
양원식 고려일보 편집장의 장례식_ 149

4 카자흐스탄의 한국인

154_ 봉급을 털어 가며 가르치는 ㄱ장로님
156_ 침켄트의 배 장로님
160_ 돈 있는 티를 내면 당해요
161_ 알마티감리교회 달래캐기 나들이

5 카자흐스탄의 선교

168_ 해결사 강득성 선교사님 그리고
170_ 아파트를 무료 제공하는 권사님
172_ 알마티감리교회 사모님
173_ 노인 온천 봉사
175_ 선교사 현지어 설교 및 통역 설교의 한계와 그 대안
177_ 외국 한인들이 선교 가는 이유
179_ 아침밥을 늦게 먹는 선교팀
180_ 건달에서 목사로 바뀐 최유라 씨
182_ 한 건축기술자가 교회 나온 계기
183_ 괴짜 목사 김명관 선교사님
186_ 지혜롭지 못한 선교
188_ 캐나다 해밀톤에서 단기선교하러 온 분
191_ 김 장로님과의 만남 그리고
194_ 매주 성경을 통독하는 선교사님
196_ 어린이예배의 통역설교

6 카자흐스탄과 한국과의 교류

키멥대의 한국어 강좌_ 200
중앙아시아 한국학회 국제학술대회_ 202
한국종합교육원 하계세미나에서 만난 인연들_ 204
한국의 날 행사_ 207
한국문학사 강의 시작한 날_ 210

7 카자흐스탄에 아들 유학시키기

아들, 카자흐스탄 보내요_ 214
아빠, 기내식 먹는 거야?_ 217
아이를 여기 데리고 온 건 실수하신 겁니다_ 219
유학의 적령기는 언제인가?_ 221
학교 선택의 고민_ 224
한국학생만큼 열심히
공부하는 학생 없어요_ 226
아파트도 정하고 학교 등록도 마치고_ 228
아들의 첫 등교_ 231
외국어공부, 3개월이 고비라더니_ 233
아들의 대학 진학 문제_ 234
아들의 대학 결정_ 236
돌아만 와 다오_ 238

8 여타의 추억들

242_ 주한 카자흐스탄 대사관에서
244_ 카자흐스탄 첫 번째 안착
247_ 바디 랭귀지의 효험
250_ 모험
253_ 어느 시아버지의 지혜
255_ 소같은 일꾼, 뺀질이 일꾼
257_ 먹을 게 있으니 와요
259_ 카자흐스탄 두 번째 안착
262_ 아파트 구하러 다니기
264_ 나무 색깔 달라지는 거 안 보여요?
266_ 카작어 명강사 가니
268_ 일단 이 땅을 밟아 보는 게 중요합니다
270_ 6개월밖에 안됐는데 낯설어진 것들
272_ 카자흐스탄 세 번째 안착
273_ 낚시 첫 경험
276_ 카자흐스탄 네 번째 안착
279_ 귀국할 때까지 세탁기 쓰지 말아요
281_ 카자흐스탄 다섯 번째 방문 소감
282_ 기념품 사기
283_ 귀국하자마자

부록 카자흐스탄의 민속신앙

1장

카자흐스탄의 문화

다큐멘터리에 나타난 카자흐스탄의 전통문화들 | 양고기 음식문화 | 카자흐스탄 사람들과 함께 지낸 하루 | 냉수 안 마시는 카자흐스탄 사람 | 수박 장수 | 달러 환율의 변동 | 썬 크림이 안 팔려요 | 3월 8일 여성의 날 | 알마티에서 집 찾기 | 이산가족될 뻔한 나우르즈(설) | 카자흐스탄의 헌책방 | 밑둥마다 하얀 석회칠을 한 나무들 | 때 아닌 물난리 | 게으르거나 여유 있는 카작인들 | 타스탁 재래시장에서 | 이슬람 사원의 기도시간 알림 소리 | 카자흐스탄 사람들과 빵 | 알뜽오르다 시장의 도살장 | 술 취한 무슬림 | 샤슬릭 가게에서 | 싹싸울 나무 뿌리 | 사고로 죽은 현장에 꽃이나 조형물을 | 우리와는 다른 부동산 매매 관행 | 백조의 호수 | 카자흐스탄 벼룩시장 | 카작인은 평균수명이 짧아요 | 격세지감 | 시원한 까라가치 나무 그늘에서

다큐멘터리에 나타난 카자흐스탄의 전통문화들

카자흐스탄 영화감독의 호의로, 작가회관 감독 작업실에서 카작('카자흐스탄'의 약어) 전통문화 소재 다큐멘터리를 보았습니다. 이곳 영상회사인 '터어키 세계(International Telestudio인 TURKI ALEM)' 영화감독이자 작가인 독투르칸 투를리벡Dokturkhan Turlybek이 만들어 방영했다는 카작 전통문화 다큐멘터리였습니다. 중앙아시아 언어문화연구소 소장인 김계원 선교사님과 함께 보았습니다. 그분이 통역해 주었기 때문에 나도 그 영상과 함께 그 내용을 알 수 있어서 좋았습니다.

무려 30종이나 되어, 이틀 걸려 겨우 다 볼 수 있었습니다. 카작인('카자흐스탄인'의 약어)들의 정신적, 종교적 고향이자 성지인 투르기스탄을 다룬 것을 시작으로, 경주용 말 조련사, 카작 전통공예품 만드는 곳 등 여러 가지를 보았는데, 그중에서 가장 인상적인 것은 사냥용 매 조련사 이야기, 나우르즈 행사 관련 다큐멘터리였습니다.

사냥용 매, 알고 보니, 사냥을 정말 잘하는 매는 저절로 되는 게 아니라 조련사가 만들어 내는 작품이었습니다. 매의 특성을 잘 파악해서 거기 맞게 조련해야 한다고 했습니다. 평소에는 눈을 가려서 아무 것이나 못 보게 한다고도 했습니다. 오로지 사냥에만 집중하도록 하려는 배려에서 그

카자흐스탄의 매 사냥꾼

련 것이겠지요. 훈련시키는 것을 보니, 끈에다 새 한 마리를 묶어서는 마구 휘둘러 대면, 사냥꾼의 어깨에서 떠나 하늘로 날아오른 매가 잽싸게 날아와 그 빠르게 돌아가는 새를 순간적으로 낚아채는 것이었습니다.

실전을 통해서 사냥 모습을 보이는데, 정말 단번에 목표물의 숨통을 쪼았는지 어쨌는지, 도망치던 커다란 새가 땅에 떨어져 푸드덕거렸고, 다시 덮친 매는 완전히 숨통을 끊어 놓아 버렸습니다.

매가 짐승 사냥하는 것은 매의 본능인데 뭘 따로 조련할 필요가 있느냐, 저절로 그냥 사냥하는 거 아니냐고 물었더니 아니랍니다. 누구나 매를 가지고 사냥하고 싶어 하지만, 그러기 위해서는 조련사의 오랜 시간을 거치는 공력이 필요하답니다. 우선 우랄산맥 같은 곳에 가서 매 둥지에서 새끼를 훔쳐 와야 하고, 그 새끼 매의 눈을 1주일 정도 가려놓아, 오직 주인만 알아보고 주인에게 절대 충성하도록 만들어야 하며, 그 후에 집중적으로 훈련한다고 합니다. 그 결과, 지금은 새를 가지고 촬영하는 것으로 그쳤지만, 원래는 여우나 늑대 같은 짐승도 매로 사냥했다니, 조련사의 조련 솜씨가 아주 중요하다고 합니다. 날개만 3m에 무게가 7kg이나 나가는 자연산 매를, 주인 한 사람의 뜻대로 부릴 수 있다는 것, 저절로 되는 게 아니라는 사실을 알 만합니다.

말 조련하는 이야기도 좋았습니다. 지금은 원형경기장에서 빙빙 도는 경기를 하지만, 과거에는 장거리를 그냥 앞으로만 내달리는 경주를 했고, 산길, 물길, 자갈길 등등 다양한 지역을 통과해야 하므로 말발굽이 아주 중요했으며, 말이 달리는 것만 보아도 조련사의 조련 수준이나 내용을 금세 알아챌 수 있었다고 합니다. 주인이 말을 사오면, 조련사에게 위탁하고, 조련사는 말의 조련은 물론 그 말에 맞는 아이를 기수로 선발해서 함께 훈련시킨다고 합니다.

나우르즈(설) 풍습을 다룬 다큐멘터리도 좋았습니다. 현 나자르바예프 대통령 고향마을의 나우르즈 축제를 취재해 보여주었는데, 온 마을의 남녀노소가 모여, 땅을 파서 얼었던 물길을 트고 그 물을 맛보는 장면도 신선했거니와, 가장 아름다운 장면은, 나우르즈가 다가오면 그 동안 먹고 남은 음식을 모조리 한곳에 섞어서 물기 있는 죽처럼 만들고, 그것을 마을 사람이 집집마다 방문해 먹어준다고 하는데, 많이 먹어줄수록 복되다고 하였습니다. 특히 사이가 안 좋았던 사람들이 이때, 상대방의 집에 들어가서 그 음식을 먹음으로써 화해하게 되는데, 화면을 보니 정말 음식 먹은 후 두 사람이 악수를 나누고 입맞춤을 하며 함께 손잡고, 뭇사람이 지켜보며 환호하는 가운데 나란히 걸어가는 모습, 참 흐뭇했습니다.

말젖 발효유인 크므즈가 숙성하여 개봉하는 날, 마을 사람 모두가 찾아와 개봉해 주고 함께 즐기는 여름철의 크므즈 축제가 아주 인상적이었습니다. 시큼한 맛이 우리 막걸리를 연상시킨다는 그 발효유를 사발에 따라 온 동네 사람이 마시는가 하면, 어른이 되는 사람이 축복의 말을 하기도 하고, 그 날에 말에다 기름을 발라줌으로써 한 해 동안 그 미끄러운 기름처럼 젖을 많이 내기를 빌어주는 주술적인 작업도 했으며, 아기들을 데리고 나와 온 마을 사람이 지켜보는 가운데 비로소 걸음마를 시키기도 하였습니다.

매 샤냥꾼을 초청해 매 묘기를 보이기도 하고, 노래꾼을 불러다 노래 공연도 시키는가 하면, 남녀가 편을 가른 다음, 대표 재담꾼이 나와 노래로 재담을 주고받는 경쟁을 벌이기도 했습니다. 초청받은 이웃동네의 남성 재주꾼들이 축제판에 들어오다 동네 처녀들에게 다가와 집적대자, 바로 보쌈을 해서는 마을 밖으로 추방하기도 했습니다. 그런 행실을 하는 사람은 아무리 재주가 좋아도 필요 없다는 말과 함께, 웃으면서 그렇게 하기도 했습니다.

이렇게 다양한 일들이 동시다발적으로, 한쪽에서는 음식 먹고, 한쪽에서는 놀이하고, 떠들썩한 잔치가 이어지는데, 예전에는 무려 3~4일씩 그렇게 즐겼지만 지금은 약식화해서 하루에 다 끝내는 쪽으로 가고 있답니다. 하기야 우리도 농촌축제 때 과거에는 여러 날 이어졌었지요.

벽걸이용 양탄자를 짜는 다큐멘터리도 있었습니다. 밑그림을 누군가 그려주면 그걸 보고 그대로 색실을 동원해서 짜나가는데, 수공으로 만드는 것은 아주 시간도 많이 걸리고 비싸기도 하답니다. 어느 분의 이야기를 들으니, 노트북 화면 크기만 한 것을 짜는 데 무려 6개월이 걸리는 것도 있으며 그 가격이 무려 600만원 나가는 것도 있답니다. 정말 아름다웠습니다. 여성이 미소 짓는 문양, 사슴 문양 등 다양한 무늬가 아로새겨져 있었습니다.

양, 개, 말 등 가축의 우수한 종자만을 수집하여 교배하여 번식시키는 생물학자를 등장하게 하여 별의별 품종을 다 보여주는 다큐멘터리도 있었습니다. 양의 경우, 꼬리가 아주 중요하여, 꼬리만 봐도 그 양의 모든 것을 안다는 설명도 나왔습니다. 말에 대해서 나올 때, 드넓은 벌판에서 말을 타고 다니며 유유자적하는 카작인들을 보노라니, 앞에서 보았던 축제판 카작인의 여유롭기 그지없는 모습이 다시금 떠오르면서, 과연 발전이란 게 무엇일까, 이렇게 자연 속에서 마음껏 내달리며 살던 사람들이 도시로 모여들어서 사는 게 얼마나 힘들까 하는 생각이 들었습니다. 아닌 게 아니라, 이 사람들, 어느 직장에서든 진득하게 오래 못 버틴다고 하네요. 하도 역동적으로 말 타고 다니며 살았던 민족이라 그런 모양입니다. 카작 작가의 말로는 섹스를 말 위에서도 할 정도로 카작인에게 말은 아주 친숙한 동물이었답니다.

양고기 음식문화

민박집 박 사장님의 호의로 저녁에 외식했습니다. '이나라'라는 터어키 사슬릭 집에서 양갈비와 양콩팥에 돼지고기를 실컷 먹었습니다. 고기와 빵을 함께 먹어야 하는데 그걸 몰라, 처음에 나온 빵부터 먹었더니만, 고기 먹을 때 힘들었습니다. 처음에 박 사장님이 "빵 많이 먹지 말아요. 이따 고기 못 먹어요."라고 충고까지 했건만 못 알아듣고 말입니다.

박 사장님이 재미있는 이야기를 해주었습니다. 카작인들은 양고기를 잘 먹는데, 전통적으로는 양 한 마리를 잡아서 온 가족이 국물까지 다 마셔야만 양고기 파티가 마친다고 합니다. 양의 눈은 가장 맛있다고 하여 연로한 분에게 눈 밝아지라고 드리고, 귀는 말 잘 들으라고 하인이나 아랫사람들에게 주며, 혓바닥은, 말조심하라고 며느리한테 주어 먹게 했답니다. 우리가 시험 보는 아이한테 찰떡이나 개엿 먹이는 것처럼, 이곳 사람들도 '비슷한 것은 비슷한 결과를 낳는다'는 유감주술에서 그리하고 있다 하겠습니다. 원시적인 신앙은 어디 사람들이나 마찬가지인 모양입니다. 아버지라든가 어른이 계시면 절대로 그 자녀들은 양의 머리 고기는 먹을 수 없답니다. 어른들만 먹을 수 있는 부위라 그렇답니다.

카자흐스탄 사람들과 함께 지낸 하루

꿈은 이루어진다고 했던가요? 카작의 민속에 관심을 가지면서, 카작 가정에 들어가 조사할 수 있으면 얼마나 좋을까 그런 생각을 하곤 했는데, 중계자가 없어 포기하고 있었습니다. 그런데 그 꿈이 이루어졌습니다. 어느 날 아침 9시 직전에 걸려온 김 장로님의 전화, 한국(충북대)에 교환학생으로 선발되어 가 있는 학생(루슬란)의 가정에서 한턱을 낸다기에 오늘 가는데 함께 가자는 말씀이었습니다. 먹던 아침밥을 얼른 해치우고 9번 전기버스를 타고 만나기로 약속한 질료니 바자르로 향했습니다.

1년 만에 전기버스를 타보니 안내양이 사라지고 요금 수납기가 운전석 뒤에 버티고 있습니다. 우리와는 다른 구조라서 당황했으나 대충 훑어보다가 구멍에다 100텡게를 넣으니 왼쪽 화면에 50텡게라고 보입니다. 거스름돈 50텡게를 받으려고 아무리 살펴봐도 안 보여 이것저것 단추같이 생긴 것을 눌러보았으나 아니었습니다. 창피하기는 하지만 두리번거렸더니 왼쪽에 또 하나의 기계가 붙어 있고 거기 50텡게 동전이 나와 있었습니다. 모든 시내버스가 기계화된 줄 알았더니만 우선은 전기버스만 바뀌었다고 합니다. 머지않아 다른 버스들도 그리되겠지요. 그 많은 안내양 안내군 안내옹 안내파(안내 할머니)들은 다 어디로 가게 될까요?

김 장로님을 만났더니, 우리를 데리러 학생이 나와 있다고 합니다. 아세트라는 학생인데 함께 교환학생으로 갔다가 경희대에서 6개월만 공부하고 돌아온 3학년 학생이라고 했습니다. 한국에서 사서 입었다는 티셔츠 가슴에 '뭘봐?'라고 우리 글자가 새겨져 있어 우스웠습니다. 아세트가 안내하는 곳으로 갔더니 작은 시내버스 한 대에 외대의 박넬리 교수와 김율리야 교수가 기다리고 있습니다. 세상에, 노선버스 한 대를 임대해 놓았던 것입니다. 자기 자식을 교환학생으로 가게끔 추천해 준 데 대한 사례로 아주 마음먹고 대접하려는 마음을 느낄 수 있었습니다. 달가르라이온이 루슬란의 집이라 했습니다. 루슬란의 아버지가 모는 그 임대버스를 타고 한참을 달려 도착했습니다. 집 앞 길 건너에 보리밭이 펼쳐져 있었습니다. 뒤로는 머지않아 텐샨산맥이 솟아있었고, 넓직한 남새밭(40m 길이)을 지닌 넉넉한 집이었습니다. 루슬란과 아세트는 친척간이었고, 두 집안 식구들이 모두 나와 우리를 기다리고 있었습니다. 일일이 다가와 "싸우볼릉으스(카자흐스탄 인사말)" 또는 "즈드라스 브이쩨(러시아 인사말)" 인사를 하거나 포옹을 하였습니다.

집안에서 회식하는 줄만 알았는데, 이것저것 차에 싣더니 우리보고 다시 타랍니다. 산으로 간다고 했습니다. 좌우에 사과밭이 이어지는 길을 따라 산 쪽으로 한참을 달려 수력발전소를 넘어 달가르강(우리 식으로는 계곡)을 끼고 계속해서 깊은 산속으로 들어갔습니다. 회색빛 강물이 굽이쳐 흐르고 있었습니다. 메데우로 가는가 했더니, 다른 곳이었습니다. 우리말로 사슴골(마랄사이)이라고 했습니다. 곳곳에 바리케이트나 문이 닫혀 있어서 검문을 하였습니다. 예약하여 허가받은 사람만 출입할 수 있다 했습니다. 사슴이며 호랑이며 곰이며 이런 야생동물들이 출몰하는 지역이라 했습니다. 우리로 하면 야생동물 보호구역인 듯했습니다.

가면서 아세트가 막내아들인데 결혼한 형은 나가서 살고 막내아들인 아세트가 부모님과 산다기에 물었습니다. "왜 형이 모시지 않지?" 그랬더

카자흐스탄 어느 가족과 함께한 야외식사

니만, 카작에서는 막내아들이 부모를 모신다고 했습니다. 딸만 있으면 사위가 모신다고 했습니다. 좋겠다고 루슬란의 어머니한테 말했더니 고개를 흔듭니다. 왜 그러냐니까, '막내는 오냐오냐 사랑만 하며 키웠기에 나중에 부모를 제대로 섬기지 못한다'는 것이었습니다. 그럴 법도 합니다. 사랑만 받아봐서 계속 응석만 부릴 수 있겠다 싶었습니다. 루슬란의 어머니는 우리 한국의 제도가 더 맘에 든다고 했습니다.

함께 가는 가족 가운데 초등학교 6학년인 쟌사야가 아주 귀여운 얼굴로 붙임성 있게 굴었습니다. 이름 뜻이 '마음의 쉼터' 또는 '마음이 편안한 곳'이라고 했는데 정말 그런 인상이었습니다. 사진 찍을 때마다 함께 찍거나 우리 사진을 열심히 찍어 주었습니다. 사진 찍을 때 우리는 '김치'나 '치즈'라고 하는데 여기 사람들은 뭐라느냐 했더니 '키슈미스(건포도)'라고 율리야 교수가 말해줍니다.

달가르강이 내려다보이는 절벽 위 공터에 자리를 폈습니다. 우선 목을 축이라며 말젖을 주었습니다. 아주 시큼하였습니다. 자기네 집에서 키우는 말에서 짜 발효한 것이라 했습니다. 아무래도 그냥 마시기는 뭐해서 설탕을 넣어서 다 마셨습니다. 갖가지 진수성찬을 차려놓고 우리보고 먹으라고 했습니다. 말고기 순대가 가장 눈에 띄었습니다. 귀한 음식이라고 했습니다. 먹어보니 괜찮습니다. 냄새도 안 나고 좋아서 너덧 개나 먹었습니다. 쇠고기찜 요리도 먹었습니다. 이윽고 샤슬릭이 나왔습니다. 닭고기 샤슬릭에 이어 쇠고기 샤슬릭이 푸짐하게 나왔습니다.

우리 같으면 여자들만 요리하기 쉬운데 남자도 거들고 있었습니다. 물었더니, 원래는 남자들이 샤슬릭을 다 구워오는데, 요즘 들어서 여자들이 도와주고 있답니다. 인접국인 우즈베키스탄에서는 지금도 남성중심이라 했습니다. 이슬람국가 중에서 카자흐스탄만큼 여성이 존중받는 나라가 없다고 했습니다. 함께 앉아서 식사도 하는 것, 카작에서만 가능하다고 했습니다. 정말 그랬습니다.

루슬란의 어머니와 사촌형이 자꾸만 보드카를 권해 김 장로님과 마셔주었더니 계속 잔을 채워 혼이 났습니다. 이것 다 먹었다가는 죽는다고 했더니 책임지겠다며 권하였습니다. 샤슬릭을 많이 먹으면 취하지 않으니 괜찮다고 하면서 말이지요. 다행히도 금세 깨었습니다. 공기도 좋고 음식에 분위기까지 좋아서 그런 모양입니다. 그야말로 배 터지게 먹었습니다. 그래야만 주인이 좋아한다고 아세트가 귀띔하는 바람에 약간 과식하였습니다. 정말 융숭한 대접이었습니다. 먹는 대로 마시는 대로 접시와 잔을 채워주었습니다. 요리가 끝나자 수박이 나왔습니다. 집에서 따왔다는 작은 사과도 베어 물었더니 아주 신 맛이 어릴 때 먹던 홍옥 맛이었습니다.

루슬란의 아버지가 중동과 유대인의 전통적인 식사자세를 취해 자세히 보았습니다. 오른쪽으로 비스듬히 기대듯 누워 왼손으로 차를 마셨습니다. 심장이 왼쪽에 있어 그렇게 눕는다고 했습니다. 고기 요리 나오기까지 시간이 많이 걸려 그렇게 한다는 해석도 있습니다. 이것이 중동 유목민의 원형적인 식사 자세이고 보면, 레오나르도 다빈치가 그린 〈최후의 만찬〉은 잘못된 것입니다. 예수님과 열두 제자가 비스듬히 누워서 먹는 것으로 그려야 하는데, 서구식 식사 자세로 바꾸어 그렸다고 봐야 하기 때문입니다. 신약성경에서 식사 장면을 묘사할 때마다 '앉아서'라는 낱말에다 반드시 각주를 달아서, 원어에서는 '비스듬히 누워'라는 말이며 유대인의 전통적인 식사 자세라고 밝힌 것을 보면 정말 잘못 그린 것입니다. 누군가가 원형대로 다시 그려야 할 일입니다.

어지간히 먹고 나자, 아주 중요한 의식이 기다리고 있습니다. 그 집안 아기의 걸음마 의식이었습니다. 2007년 5월 17일생이라는 티무르란(쇠의 대장, 대장 쇠)이 돌 지나 40일째 되는 날, 그 발을 끈으로 묶은 후, 덕 있는 사람에게 가위로 그 끈을 자르게 한 다음 아이를 걷게 하는 의식이었습니다. 나는 책으로만 그 사실을 알았는데 오늘은 김 장로님과 함께 좌우의 끈을 가위로 잘라주는 역할도 하고 가족들의 반응까지 자세히 살필 수 있었습니다. 우리가 가위로 끈을 완전히 자르자마자 가족들이 일제히 외쳤습니다. "주그르", "주그르" 그 말은 카작말로 '달려라' '달려라'입니다. 2006년에 3개월간 배운 카작말 실력이지만 그 말은 얼른 내 귀에 들어왔습니다. 그 의식을 해서 그런지 아이는 그 뒤로 자꾸만 걸으려고 하여 가족을 즐겁게 하고 있었습니다(사실은 이미 걸을 줄 아는 아이인데 이런 의식을 하는 것입니다만).

다시 둘러앉아서 덕담을 하고 노래도 불렀습니다. 노래하래서 아리랑을 합창하니 자기네 민요를 합창하여 화답합니다. 카작말 배울 때 가니 선생이 알려준 〈쾨즘능 카라스(내 검은 눈동자)〉를 내가 흥얼거렸더니 일제히 따라서 합니다. 아바이란 시인이 지은 노래라며, 사랑은 우리들의 눈동자처럼 소중하다는 노래라고 풀이해 주어 그 노래의 성격을 확실하게 알았습니다. 애국가가 아니었습니다. 원래 자기네끼리 모일 때는 먹고 나서 어른이 감사와 축원의 기도를 하면, 일제히 "아민"하면서 두 손으로 얼굴을 훑어 내린다고 했습니다. 오늘은 박넬리 교수가 먼저 덕담을 하고 이어서 김장로님, 나, 율리야 교수 차례로 한마디씩 덕담을 해주었습니다. 좋은 전통입니다. 밥만 먹고 마는 우리보다 의미 있습니다. 〈태극기 휘날리며〉, 〈집으로〉 등의 영화를 비롯하여 한국의 영상물을 계속 보고 있다면서, "한국사람들은 지금도 그 영화나 드라마처럼 살고 있나요?" 하는 걸 보면 카작인들은 우리의 전통문화나 생활풍습을 좋게 생각하는 눈치입니다. 세상의 모든 나라 사람들이 피차 그런 자세로 살아가면 평화로운 세상이 이루어져가지 않을까 싶습니다.

점심 먹고 나서 계곡물을 따라 한참 올라갔습니다. 식수로 이용하기 위해 산의 꼭대기에서부터 내려오는 커다란 송수관이 끝없이 이어지고 있었습니다. 아마도 소련시절에 만들었는지 겉면이 아주 많이 녹슬어 있었습니다. 손을 대보니 눈 녹은 물이라 그런지 아주 차가운 기운이 느껴졌습니다. 한참 가다보니 아주 맑은 자연수가 흘러내려 옵니다. 먹어도 좋은 물이라 해서 한 움큼 마셨습니다. 모두가 석회수인 줄 알았더니 우리의 생수도 흐른다는 사실을 처음 알았습니다. 송수관을 따라가다 보니 어느 지점에서는 걸러주는 장치가 있어서, 돌가루며 나쁜 성분을 제거하여 옆 강물로 흘려보내고 걸러진 물로 송수관으로 내려 보내고 있었습니다. 강가로 내려가서 물에 손을 대니 어찌나 차가운지 이내 꺼내야 했습니다. 빛깔도 회색이거니와 돌가루가 잡혀서 도저히 그냥 먹을 수 없다는 게 느껴집니다. 시골 사람들은 이런 물을 그냥 먹어 단명하고 병도 있다고 합니다. 우리가 다녀온 곳이 2500m 고지랍니다.

어둑어둑해져, 내려오기 시작하였습니다. 댐 근처에 왔을 때 아주 굵은 우박이 한참을 쏟아 부어 놀랐습니다. 그렇게 큰 우박은 난생 처음이었습니다. 내려서 보니 손톱 크기의 얼음덩어리가 수북하게 쌓여있었습니

카자흐스탄의 전통 식사 자세(가운데 남성의 자세)

다. 이곳에서도 드문 일이라 했습니다. 우박 때문은 아니겠지만 거대한 가로수 하나가 뿌리가 뽑힌 채 도로를 가로질러 쓰러져 있어 차량이 지나갈 수 없어 빙 돌아왔습니다. 뿌리깊은 나무도 나이가 들면 그 뿌리가 썩어 버려서 바람에 맥없이 넘어질 수 있다는 사실을 처음 알았습니다. 나무도 수명이 있나봅니다. 고목 옆을 지날 때 조심할 일입니다. 돌아오다 이번에는 더 끔찍한 장면을 보았습니다. 여성이 모는 승용차 한 대가 커브길에서 직진으로 달리는 바람에 계곡물에 처박혀 물살에 떠내려 가다 천행으로 멈춰서 살아난 장면이었습니다.

루슬란 집에 들어가니 여름철을 지내기 위해 꾸며 놓은 열린 거실에 차를 마련해 놓고는 마시랍니다. 우유(말라꼬)를 탄 홍차였습니다. 다과와 빵과 채소를 먹으면서 담소하였습니다. 파리는 있어도 모기는 없다고 했습니다. 그리고 카작 예절에는 우리처럼 절하는 게 없답니다. 과거에는

(지금도 일부) 웃어른 앞에서 자기 오른손을 대각선으로 가슴에 대고 눈을 보지 않은 채 머리 약간 숙여 예를 표했으며, 지금은 대부분 악수하되 두 손으로 한다고 했습니다. 포옹도 하는데 두 번 이 쪽 저 쪽 번갈아 한다고 했습니다. 형이나 누이를 부를 때, 우리는 "형", "누나"라 부르고 절대 이름을 못 부르는데, 카작인은 "아무개 형(언니)" 이렇게 부른다고 하니 우리와 서양식을 절충한 형태였습니다. 모스크(사원)에 가서 예배(기도)하는 것은 금요일 오후 1시~2시뿐이라 했습니다. 직장이나 집에서 가까운 모스크에 가면 된다고 했습니다. 헌금 의무도 없다 했습니다. 부자나 국가에서 성직자인 이맘을 먹여 살린답니다.

아침에 모였던 질료니 바자르까지 태워다 주어 내렸습니다. 집에 오는 98번 버스에 타고 보니 너무 많이 먹었는지 화장실이 급해 내려서 무조건 어느 가게 들어가 화장실을 물어야 하는데 갑자기 화장실의 러시아어도 카작어도 생각나지 않아, 우리 원로 목사님처럼 '쉬이' 했더니만 금세

카자흐스탄 지도(http://blog.naver.com/tdeng5607)

알아듣고 열쇠로 열어줍니다. 너무도 고마워 카작집에서 싸준 봉지에 든 보드카를 주었더니 정색을 하며 안 받습니다. 착한 청년이었습니다. 오늘 친절하게 대해준 루슬란과 아세트 가족, 화장실을 열어준 그 카작 청년, 그 친절로, 1937년 강제이주 때 불쌍한 우리 고려인들을 맞이해주고 도와주어 오늘날 우리 고려인이 건재한 것이겠지요?

헤어질 때 루슬란 어머니가 음식을 싸주어 가지고 왔는데, 하숙집에서 못 먹겠다고 합니다. 알고 보니 하나의 봉지 속에 이것저것 함께 넣어주어 완전히 개밥처럼 되어 도저히 먹을 수 없다는 것이었습니다. 이곳 고려인들도 그렇게 싸준다고 하네요. 물기 없는 음식이 많아서 그렇다고는 하지만 분명 우리와 다른 점이었습니다.

냉수 안 마시는 카자흐스탄 사람

집주인 샤샤가 3개월 만에 월세를 받으러 왔습니다. 전에는 한우리 민박집에서 근무하는 고려인 제냐 아저씨가 통역해서 만났는데, 말도 없이 갑자기 혼자 찾아왔습니다. 다행히 아들에게 러시아어를 가르치는 엘레나 선생님이 와 있어서 공과금 정산을 비롯해 잘 처리했습니다.

대접할 게 없어서, 냉장고에 넣어둔 생수를 한 잔 따라서 주었는데 끝내 마시지 않았습니다. 35도 올라가는 더운 날이라 냉수를 주면 고마워하며 우리처럼 벌컥 벌컥 들이킬 줄 알았는데, 좀 서운했습니다. 왜 그런지 나중에야 그 이유를 알았습니다.

우리는 여름이면 보통 냉수를 마시고, 커피도 냉커피, 차도 냉차를 마시곤 하지만, 여기 사람들은 항상 뜨거운 차를 마신답니다. 교육원에 갔다가, 아들을 데리고, 한국인이 운영하는 투란돗트라는 중국음식점에 가서 볶음밥에 불고기 비슷한 음식을 시켜서 점심을 먹는데, 그렇게 더운 날이건만, 계속해서 뜨거운 차(여기 말로 '차이')를 부어 줍니다. 물을 많이 안 마시는 나이지만 자꾸만 부어놓는 바람에 두 잔인가 석 잔인가를 마셨습니다. 그런 식으로 이곳 사람들은 사시사철 더운 차를 마시며 산다고 합니다. 작년에 이곳 한인선교사협의회 주관으로 열렸던 '중앙아시아

청소년 집회' 마치고 나온 불만 사항 1위도 "식사 후에 차이가 없었음"이었노라고, 선교사로 계시는 강득성 목사님이 말씀하십니다.

그렇게 뜨거운 차이만을 즐겨 마시며 살다 보니, 냉수를 마셨다 하면 바로 감기에 걸린다고 합니다. 요즘 와서 도시화하고 세계화하면서, 젊은이 중심으로 찬 음료를 마시기 시작하였다고 하지만, 지금에도 환타를 비롯한 음료를 사먹을 때, "차가운 것으로 드릴까요, 덥힌 것으로 드릴까요?" 이렇게 확인한다는, 우리로서는 상상 못할 현상이 이곳에서는 벌어지고 있다네요.

카작인과 결혼한 김 선생 말을 들으니, 아이스크림은 먹지만, 머리 감을 때도 절대로 찬물로 하지 않는다고 합니다. 추위를 아주 무서워하여 겨울에는 철저하게 머리에 모자를 쓰거나 여자들의 경우 수건을 쓴다고 하네요. 그러면서도 수영장에는 또 간다고 하니 참 희한한 체질입니다.

"냉수 먹고 속 차려라."

"냉수 한 잔이라도 대접해라."

이런 말은 이 나라 전통과는 전혀 어울리지 않는, 아주 결례이거나 이해 못할 말에 불과한, 우리 한인들만의 언어전통이라 하겠습니다. 다른 나라 사람과 함께 살기 위해, 어울리기 위해, 알아야 할 게 참 많습니다.

수박 장수

가게마다 검붉은 색깔로 유혹하던 체리가 어느덧 모습을 감추고, 7월 초가 되니 수박이 지천으로 나오고 있습니다. 우리가 사는 알마티 로즈바끼에바 거리 곳곳에도 임시로 천막을 치고 수박을 파는 사람들이 하나 둘 늘어갑니다. 수박 나오는 시기에 아예 그 천막에서 이불 덮고 숙식을 해결하며 장사하는 사람들입니다.

외출했다 들어오면서, 사거리에 새로 임시로 생긴 천막에 접근하니, 열 살쯤 먹은 사내아이와 스물쯤 되어 보이는 아가씨 둘이 반갑게 맞이합니다. 얼마씩인지 물어보니 1kg에 35텡게(350원)랍니다. 수박이나 실컷 먹어볼 요량으로 가장 큰 것을 달래서 가격을 따져보니 400텡게(4천원)쯤 했습니다. 어찌나 무거운지 들고 가느라 아주 힘들었습니다. 나중에 어느 주부한테 물으니, 도매시장에 가면 1kg에 17텡게씩도 하며, 아주 제철이 되면 10텡게 이하로도 내려간다고 해서, 동네에서 사는 게 비싸다는 것을 비로소 알았지만, 기막히게 신선하고 달았습니다. 아들과 함께 연이틀 실컷 파먹었습니다. 하도 커서 칼로 잘라 먹기도 귀찮고 번거로워, 반으로 자른 후, 숟가락으로 파먹었습니다. 여기 와서 체중이 10kg나 줄었다며 좋아하는 아들 녀석, 수박 다이어트로 확실하게 더 뺀다고 열심히 먹습니다.

수박을 다 먹은 후, 이번에는 참외인 드냐를 사 먹어 보기로 했습니다. 오후 3시쯤, 슈퍼 옆에 친 천막으로 갔더니 아무도 없습니다. 과일을 살펴보고 있자, 부근의 나무 그늘 속에서 아가씨 하나가 나옵니다. 더위를 피해 그늘 밑에 있다가 나오는 눈치입니다. 아무리 보아도 수박과 우리 단호박처럼 둥글게 생긴 과일(크기는 더 큼)만 있기에, "드냐 족?"(드냐는 없어요?) 하고 물었더니, 단호박처럼 생긴 과일을 가리키며 그것도 드냐라고 합니다. 철저하게 무게를 달아서 팝니다. 우리는 과일을 팔 때, 대충 작은 것은 얼마, 중간은 얼마, 큰 것은 얼마 이렇게 정해서 파는데, 여기에서는 일일이 달아서, 그 무게에 해당하는 값을 받습니다. 덤도 없습니다.

여름철이면 등장하는 길거리 수박장수 가족

달러 환율의 변동

달러의 환율이 올라가는지 내려가는지 전혀 신경 안 쓰고 살던 내가, 이곳에 와서 며칠간 아주 민감하게 반응했습니다. 한국에서 가지고 간 달러를 모두 이곳의 화폐인 텡게로 바꾸어 은행에 맡겼는데, 아파트 월세와 아들 러시아어 과외비는 달러로 지불해야만 하므로, 다시 일부를 달러로 바꾸어야 하는데, 달러값이 춤추기를 하는 것입니다.

처음에 달러를 텡게로 바꿀 때는 1달러당 128.6 텡게였는데, 다시 사려고 보니, 계속 내려가는 추세였습니다. 더 내려갈 것만 같아서 지켜보고 있었더니만, 123텡게까지 내려가더니 다시 128텡게까지 차츰차츰 올라갔습니다. 신문을 보니, 국가에서 개입해 달러를 사들여서 그렇게 조정되었다 했습니다.

국가에서 개입해 인위적으로 환율을 높였다고 하지만, 그 효과는 일시적일 것이라는 생각이 들었습니다. 계속 지켜보니 아니나 다를까, 다시 내려가기 시작하더니, 시간이 다르게 막 내려가 122텡게까지 갔습니다. 교민들에게 물으니 금요일과 토요일에 더 떨어지는 경향이 있으니 더 두고 보라고 했습니다. 그 말대로 121텡게까지 내려가는 것입니다. 방세 낼 것과 아이 러시아어 과외수업비 줄 것만 얼른 바꾸었습니다. 그리고 나서 외국어대 강의하러 나가다 보니, 아뿔사! 그곳은 120원입니다. 조금 아까운 생각이 들었습니다.

이것도 새로운 경험입니다. 달러값이 이렇게 짧은 기간에 춤추듯 변화를 보이다니! 길가면서 시시각각 달라지는 상황을 눈으로 확인하니 재미도 있고 신기하기만 합니다. 돈의 가치가 바뀐다는 것, 비싸지기도 하고 싸지기도 한다는 사실이 주는 충격이 가장 큽니다.

일시적이나마 달러 바꿀 좋은 시기를 포착하기 위해, 계속 환율판을 주시하던 그 기간, 내 관심과 눈은 오직 환율판에만 있었습니다. 그런가 봅니다. 돈 버는 사람의 눈에는 온갖 게 다 돈 벌 수 있는 자료로 보이지 않을까 싶습니다. 길을 가도 차를 타도, 나무도 사람도 안 보이고 오직 달러판만 보였으니, 학자로서 그런 데 계속 신경 쓰다가는 연구하기 힘들겠다 싶었습니다.

거리 곳곳의 환율 안내판

썬 크림이 안 팔려요

알마티에 있는 외국어대학교에서 강의를 마치고, 손에 묻은 분필가루(사실은 석회덩어리 가루)를 씻으러 화장실에 들렀습니다. 한 손에 책을 들었는데, 마땅히 내려놓을 곳이 없어, 그냥 왼손에 책을 든 채로, 물을 틀어 오른손만 씻었습니다. 일단 건물을 나와 벤치에 책을 내려놓고, 손수건을 꺼내 물을 닦으려는 심산이었지요.

3층에서 씻고, 계단을 통해 1층에 내려왔을 때였습니다. 손수건을 꺼내야겠다고 마음먹는 순간, 물 묻었던 내 손은 이미 보송보송해져 있었습니다. 이곳이 건조한 지역이라, 비가 와도 금세 말라 버린다더니, 마침내 나도 체험했습니다. 집에 와 아내한테 그 이야기를 하면서, 직접 손에 물을 묻히고 잠시 후 보여주었습니다.

예전에 비하여 이곳도 많이 습해졌다는 이야기들입니다. 그래도 우리에게는 아주 건조합니다. 내 피부를 보면 압니다. 올 때부터 근질거리면서 허물을 벗기 시작하여 괴롭히더니, 두 달 만에야 한 꺼풀이 다 벗겨지면서 괜찮습니다. 하지만 손등이 현저하게 거칠어져 있습니다. 얼른 보아도 쪼글쪼글해진 게 역력합니다. 무슨 크림인가를 바르면 된다고 하는데, 뭘 바르기를 싫어하는 성미라 그냥 버티고 있습니다. 수분이 모자란다고 피부가 쪼글쪼글해진다는 게 신기하기만 합니다.

화장품 회사에서 파견된 노총각 최 씨. 여성의 날 선물 때문에 만나서 물었습니다. 나는 화장품 세트를 선물하고 싶은데, 아내 말이, 화장품은 사람마다 정해서 바르는 게 있으니, 누구나 쓸 수 있는 썬 크림이 어떠냐기에 물어본 것입니다. 이 나라의 여름은 햇빛이 아주 강하다는 것을 나도 알고 있으니, 그도 그렇겠다 생각되었습니다. 최 씨의 대답은 간단했습니다.

"이 나라 사람들은 썬 크림 안 발라요. 어찌된 일인지 살이 타지를 않는대요. 멋 모르고 썬 크림도 가져왔다가 못 팔았어요."

그 말을 들으며 확 느껴지는 것 하나. 하나님은 어느 곳에서나 다 살게 만들어 주셨구나! 햇빛이 유난히 강한 이 나라 사람들이 불편 없이 살도록, 햇빛에도 타지 않는 스페셜 피부를 만들어 주셨구나, 하는 생각이 들었습니다. 진화론자들은 말하겠지요. 이 환경에서 사는 과정에서, 피부가 안 타는 유전인자를 가진 사람들만 살아남아 번식하다 보니 지금은 그렇게 되어 있노라고, 그게 진화의 산물이지 어디 창조의 산물이냐고 말이지요. 아무리 그렇다 해도, 그렇게 진화가 가능하도록 오묘한 진화의 메카니즘을 만들어 놓으신 하나님의 섭리와 배려를 부정할 수 있을까요?

3월 8일 여성의 날

카자흐스탄에는 '여성의 날'이 있답니다. 매년 3월 8일이 그날인데, 국경일처럼 완전 휴무랍니다. 이 날, 자신이 알고 있는 모든 여성(가족을 포함해서)에게 꽃과 선물을 주어야 한답니다. 그러지 않으면 여성한테 빰을 맞는다나요? 2월에 남성의 날이 있다지만 휴일은 아니라니 여성에 대해 각별한 나라인 듯합니다.

혹시 사회주의 체제에서 여성도 일하게 하다 보니 생겨난 러시아식 풍습이 아닌가 싶습니다. 카자흐스탄만이 아니라 우즈베키스탄도 마찬가지라니 더욱 그런 생각이 듭니다. 민박집에서 운전기사 겸 통역일을 돕는 고려인 2세 제냐 아저씨도, 우즈베키스탄 타슈켄트에 사는 부인과 막내딸을 위해, 일주일간 휴가를 얻어 내일 떠난다니 대단합니다. 부인에게는 꽃과 화장품을, 대학생 딸에게는 현금을 주겠답니다.

나도 그 날 초청받아 방문할, 박넬리 교수에게 전하기 위해, 화장품 세트를 사두었습니다. 하루 전날부터 당일 저녁때까지, 거리 곳곳에, 우리 졸업식 때의 풍경처럼, 꽃을 팔러 나온 사람들이 즐비하였습니다. 머리 허연 할아버지들도 꽃을 사가지고 가는 모습이 우습습니다.

이곳에서 물류와 건축 일을 함께 하고 있는 윤 사장 말을 들으니, 여성의 날이면, 거래처의 여성들에게 선물하는 일이 아주 큰일이라고 합니다. 만약에, 꼭 해야 할 여성에게 선물하지 않았다, 그러면 관계가 끊어질 정도랍니다. 선물 대상에서 제외하면 관계를 끊은 것으로 간주한다는 것이지요. 선물 중에서 가장 좋아하는 것은 단연 꽃이랍니다. 비싸서 그런지는 몰라도 꽃을 그렇게 좋아한답니다. 최대의 정성으로 생각한답니다. 여성의 날, 선물로 받은 꽃을 한아름 안고 다니는 것을 큰 자랑으로 여긴다네요. 그것도 직접 전달해야 한다는군요. 자리에 없으면 다음날에라도 다시 가서 전달한답니다. 깜빡 잊었어도 다음날 준비해서 선물한답니다. 멀리 떨어져서 선물 전달이 불가능한 여성에게는, 전화로라도 성의를 표시해야 한답니다. 꽃이나 화장품 등을 가장 많이 하는데 현금을 주기도 한답니다.

카자흐스탄의 금기어들(1)

식사중 말하면 안된다.
식사 후 트림을 하면 안된다.
식사 중 쩝쩝 하면서 먹으면 안된다.
결혼식 때 결혼 반지를 잃어버리면 나중에 헤어진다.
밤에 집에서 휘파람을 불면 돈이 없어진다.
집에 어떤 물건을 두고 나왔더라도 다시 들어가지 말아야 한다.
처녀가 식탁 모서리 앞에 앉으면 7년 동안 시집 못 간다.

알마티에서 집 찾기

이곳에서 집을 찾아가는 것은 우리와는 좀 다릅니다. 우리는 주소와 번지 수가 중요하지만, 여기서는 길거리 이름이 중요합니다.

예컨대 우리가 사는 아파트를 찾아오려면 택시기사한테 "로즈바끼에바 바이세노바"라고 말해야 합니다. 9층아파트 145동 66호라고 얘기해 보아야 안됩니다. 그럼 "로즈바끼에바 바이세노바"의 의미는 무엇일까요? 로즈바끼에바 거리와 바이세노바 거리가 교차하는 곳(사거리 혹은 삼거리)에 가자는 이야기입니다. 일단 그곳에 내려서 아파트를 찾아야 합니다. 처음에는 헤맸는데, 이제는 이게 아주 편리하고 익숙합니다. 정확하고 합리적인 듯합니다. 우리로 말하면, "종로 세종로"라고 하면, 종로와 세종로가 만나는 교차점 즉 교보문고 혹은 광화문우체국이나 동아일보 자리 등에 내려줍니다. 우리 서울의 길보다 훨씬 계획도시적으로 길들이 나 있어 아주 정확하게 찾아갈 수 있습니다.

그런데 그 다음 단계는 우리가 더 합리적입니다. 아파트의 경우, 이곳에서는 "145동 66호"라고만 되어 있는데, 동수는 알 수 있으나, 과연 몇 층인지, 어느 입구로 들어가야 하는지 막연합니다. 각 입구마다 들락거리며 우편함에 적힌 호수를 봐야만 압니다(현지인들은 쉽게 짐작하는 것 같습니다만 우리에게는 어렵습니다). 우리가 사는 66호는, 세 번째 입구로 들어와서 4층에 있습니다만, 66호라는 홋수 어디에도 4층집이라는 표지는 없습니다. 한국 같으면 아마 145동 406호로 되어 있어서, 5~6호 입구로 들어서 곧장 4층으로 올라가 찾을 수 있을 텐데 말입니다. 짝수 번지는 짝수번지대로, 홀수는 홀수대로 같은 편에 모아져 있다는군요. 각각의 장단점을 잘 합치면 훨씬 이상적인 길찾기 시스템을 이룰 수 있지 않을까 싶습니다(2010년 가을부터, 우리나라도 거리중심으로 주소를 개편했으니, 이것에 관한 한 카자흐스탄이 우리보다 선배라 하겠습니다).

카자흐스탄의 인사말 몇 가지

살레멧스즈 베?	안녕하십니까?
호쉬 켈등으스	어서 오십시오
좌서	좋습니다
좌만 예메스	괜찮습니다
스즈더 쾨르게느메 쿠아너쉬떠먼	만나서 반갑습니다
스즈등 아텅으즈 큼?	이름은 무엇입니까?
메능 아텀 아무개	내 이름은 아무개입니다
볼마이더	안됩니다
케셔릉으즈	죄송합니다
코쉬, 사우 볼렁어스	안녕히 계세요/가세요
켈레스 케즈덴스켄쉐	다시 만날 때까지

이산가족될 뻔한 나우르즈(설)

3월 22일, '나우르즈'라고 불리는 이 나라의 설이었습니다. 완연한 봄기운이 느껴지는 때를 설로 정한 것도 괜찮겠다 싶습니다. 오전 10시 무렵, 시청 앞 광장에서 행사가 있다기에 김 장로님을 따라 우리 세 식구가 554번 버스를 타고 시청 입구에서 내렸습니다. 참여하는 학생들이 화려한 옷들을 입고 줄을 맞추어 끝없이 올라오고 있었습니다. 곳곳에 풍선장수며 아이스크림 장수들이 손님 맞을 채비를 하고 있었습니다.

흥겨운 음악소리가 광장을 가득히 메우고 있었으며, 주변의 건물마다 아름다운 무늬와 그림들이 장식되어 있었습니다. 길 한가운데는 행진하는 무리를 위해서인지 양 옆으로 임시 철책이 쳐 있어서 들어갈 수 없었고, 임시철책 바깥 공터에서는 음악연주며 민속놀이가 펼쳐지고 있었습니다.

길 한가운데에는 낙타를 탄 노인이며, 기마부대며, 소달구지와 유르따라는 천막집 등이, 행진 연습을 하고 있었고, 시청 건너 전면에 꾸며진 무대에서는 인기가수와 재담가들이 나와 노래와 만담으로 사람들을 즐겁게 하고 웃겨도 주고 있었습니다. 재담가들의 재담 내용은 알 수 없었지만, 70~80년대 우리나라 김영훈 고춘자 씨의 만담을 떠올리는 장면이었으며, 이 나라에도 재미있는 구비설화가 있을 거라는 생각이 들었습니다.

나우르즈 행사장에서 아내와 함께

11시 40분부터 12시까지 갑자기 공연이 그치고, 녹음된 음악만 계속 흘러나왔습니다. 누군가 고위인사가 도착하기를 기다리는 눈치였습니다. 너무 길어서 짜증이 나려는데, 마침내 나자르바예프 대통령이 모습을 드러냈습니다. 수도 아스타나에서의 행사를 마치고 바로 비행기로 날아왔다고 합니다. 내 바로 뒤에 수행원과 함께 등장한 나자르바예프는 환영하는 사람들에게 손을 흔들어 보였고 악수도 나누다가 연단에 올라서서 원고도 없이 즉석연설을 했습니다. '응응' 발음이 많은 걸로 보아 분명 카작말이었습니다. 예상 밖에 경호는 그다지 삼엄하지 않았습니다. 자신감이 있는 모양입니다. 일국의 원수가, 국경일도 아니고, 전통명절 행사에 참석해 인사말까지 하는 게 인상적입니다. 우리나라에서는 일찍이 없는 일 같습니다. 하기야 이렇게 온 시민이 한자리에서 공식적인 설 행사를 가지는 일도 우리는 없으니 어쩌면 당연한 일인지도 모르겠습니다.

대통령이 자리에 앉자, 본격적인 행진이 시작되었습니다. 군대의 행진은 아니지만, 재미있었습니다. 소녀들이 나와 춤을 추다가 일제히 풍선을 하늘에 날리는 것이 그 첫 순서였습니다. 언제나 소년소녀들의 활기찬 몸짓은 감격을 자아냅니다. 나라의 희망을 보이는 것만 같아서 그렇습니다. 특히 전면의 세 전광판에서는 이 나라 자생꽃들로 보이는 여러 꽃의 개화 장면이 연속적으로 나오고 있어, 어린 소녀들의 발랄한 몸짓과 잘 어울렸습니다. 연단 좌우의 태양 상징 그림도 마치 이 나라 사람들이 수시로 길거리에서 능숙하게 까먹어대는 해바라기 꽃 모양으로 보여 더욱 보기 좋았습니다. 우리 고구려에서 특히 두드러지듯 이 나라 사람들도 태양을 숭배하는 것이 분명하다는 느낌을 주어 더욱 친근하기만 합니다.

낙타를 탄 노인이 등장해 뭐라뭐라 외치는데 축복하는 것 같습니다. 나중에 그분의 말을 받아 온 군중이 '아민(아멘)'하고 화답하였습니다. 이

알마티외국어대학교 나우르즈축제에서 전통복장 차림의 학생들과 함께

런 행사를 통해 모두가 일체감을 다진다는 점을 그 장면은 잘 보여주었습니다. 그 뒤를 이어 기마대의 행렬, 솥을 멘 행렬(연단에서 불을 붙여가지고 다시 떠나감), 소달구지 행렬, 사냥개로 보이는 개들을 데리고 가는 행렬이 한참 지나더니만, 쓰레기통을 든 사람들이 한 무리 등장합니다. 웬일인가, 옛날에도 청소부대가 있었나 했더니만, 앞의 동물들이 누고 간 똥을 치우는 행렬이랍니다.

그 뒤에는, 인형이나 가장행렬인데, 이 나라에서 자라는 동물들인 듯한데, 토끼며 다람쥐, 심지어 달팽이까지 크게 인형을 만들어서는 행진합니다. 그 뒤에는 사람들이 그 가면을 뒤집어쓰고, 아니 가면이 아니라 우리 호돌이 복장처럼 전신을 동물 모습으로 하고서는 재롱을 부리며 지나갑니다. 사람만이 아니라, 자연과도 함께 살아간다는 사실을 말없이 일깨워주는 순서 같아서 좋았습니다. 요즘 말로 자연친화, 친환경 의식을 저절로 가지게 하는 효과를 발휘하는 것만 같았습니다. 그리고는 수많은 남녀 학생들이 각색 옷을 입고서, 일정한 동작들을 해대며 차례차례 지나가는데 힘이 넘칩니다. 화려한 전통복장에 넋을 잃어버릴 정도입니다. 우리나라 문화만 아름다운 줄 알았는데 아닙니다. 이 나라 복식이며 전통도 매혹적입니다.

다 지나간 다음, 한 무리 처녀들이 쟁반들을 들고 춤추며 달려 나오더니, 무언가를 뿌려댑니다. 내가 있는 곳에는 멀어서 미치지 못했지만, 초콜릿이 아닌가 싶습니다. 어제 외국어대학교에서 학생들이 보여준 나우르즈 행사 마지막도 그러더니 여기서도 마찬가지입니다. 문득 우리 뒷풀이 전통이 연상됩니다. 굿하고 나면 떡이며 과일을 풀어서 먹이던 그 전통 말입니다.

행진이 끝나고 대통령이 자리를 뜨자마자 폭우가 쏟아져, 사진 찍던 것을 멈추고, 사방을 돌아보았으나, 장로님도, 아내와 아들도 안 보였습니다. 헤어질 경우 만나기로 약속한 곳에 와서 한 시간을 넘게 기다렸으나 나타나지 않아, 장로님이 데리고 먼저 갔나 보다, 판단을 내리고, 온통 비에 젖은 채, 고생고생 끝에 집에 오면서도 혹시나 걱정하였는데, 반갑게도 먼저들 와 있습니다. 한우리 박 사장님, 툭하면 내게 "겁 없이 잘도 다니십니다" 하였는데, 오늘 반성 많이 했습니다. 사진을 못 찍을 망정 절대로 가족, 특히 동서남북 모르는 아내의 곁을 떠나서는 안 되겠습니다. 만약의 경우를 대비해, 주소와 비상금(이곳 화폐인 텡게)을 휴대하도록 해줘야겠습니다. 김 장로님이 계셨으니 망정이지, 하마터면 이산가족 될 뻔한 하루였습니다. 비가 쏟아질 것 같고 다리도 아파오는데 나를 아무리 찾아도 안 보이자 김 장로님 먼저 집에 가신다며 자리를 뜨자, 아내와 아들도 따라가기로 마음먹고 급히 뒤를 쫓아가 만났기에 그분의 도움을 받아 집에 왔지, 조금만 늦었어도 인파에 묻혀 나처럼 헤맬 수밖에 없었을 것이니 아찔합니다. 아침에 나갈 때 가기 싫다는 아들 억지로라도 데려가기를 참 잘한 하루였습니다. 김 장로님이 동행해 주신 것도 다행한 일이었고요. 두루두루 잊지 못할 하루였습니다.

카자흐스탄의 헌책방

이곳에서는 헌책방 발견하기가 참 힘듭니다. 내 눈으로는 찾을 수 없기에, 외국어대 박넬리 교수에게 물었더니, 줌(백화점의 이름) 못 미쳐 있다고 해서 560번을 타고 줌에서 내렸습니다. 박 교수가 말해준 대로 지하상가에 들어가 찾아보니 정말 헌책방이 있었습니다. 카작말로 된 카작 구비문학 혹은 민속 관련 책을 사야 하는데, 러시아인 주인은 전혀 카작말을 모르는 눈치입니다. 다행히 그곳에서 책을 고르던 카작인(아마도 학자인 듯)이 도와주어 겨우 겨우 두 권을 샀습니다. 하나는 그림책인데, 1930년대부터 지금까지 변해 온 카작인들의 생활을 어느 민속화가가 그린 그림들을 모은 것이었습니다. 그 책만 봐도 카작인의 전통적인 생활이 어떻게 변해 왔는지 한눈에 알 수 있게 하는 좋은 책이었습니다. 또 하나는 타지기스탄의 문화를 사진으로 소개한 책이었는데, 카작어와 영어로 되어 있었습니다. 다른 고서점의 위치를 알려달랬더니, 그 카작인이 다시 두 군데를 알려줍니다.

그 책을 사가지고 신이 나서 우리식품에 들러 도 집사님에게 자랑했더니만, 바로 그 부근에도 헌책방이 있다고 해서 달려갔습니다. 그 집 주인도 러시아인이었고 카작말을 못 알아들었습니다. 영어도 하고 카작어도 하는 청년이 와서 도와주어 몇 권의 책을 샀습니다. 줌 옆 책방처럼, 어디나 러시아책이 99% 정도이고, 카작책은 1% 정도나 될까 말까 한 형편입니다. 이걸 보면 당분간은 러시아어가 여전히 위세를 떨치지 않을까 싶습니다.

그런 며칠 후, 카작어 공부하고 나서, 강사인 가니 선생에게, 카작 슈꼴레(초중고등학교) 국어책과 이야기책을 사고 싶다고 했더니만, 자기 집무실로 가서 한아름 책을 주며 복사하고 돌려달라기에 살 수는 없느냐니까 따라오랍니다. 학교 옆 서점으로 인도하여 몇 권의 이야기책을 사게 해주고, 교과서만 만드는 출판사 겸 창고로 데려가 사게 도와줍니다. 교과서가 그곳에도 일부만 있자, 다시 택시를 타고 아볼라이하나 어디쯤에 있는 미르 우체브니코브란 교과서전문서점으로 데려갑니다. 그곳에서 나머지 교과서를 다 사고 다른 이야기책도 구했습니다. 하지만 내가 따로 적

알마티의 어느 헌책방

어놓은 다수의 영웅이야기집－도스빰베뜨, 지엠베뜨, 돔브라전설, 용사 꼬브란드, 용사 꼼바르, 바얀 슬루, 끼지 지벡, 샬끼즈 지라우 등－은 대부분 없는 눈치입니다. 카작인이 알려준 헌책방에 한번 가서 찾아보고 거기도 없으면, 국립도서관에 가서 복사해야겠습니다.

책을 다 산 다음, 점심을 거른 상태라, 점심을 사겠다고 했더니만 손사래를 치며 하는 말,

"브쓰 도쓰(우리는 친구입니다)."

도스따르 학교 교감이면서, 아카데미 교수이기도 하다고 자기를 소개한 가니 선생, 나보다 몇 살 아래지만, '친구'라는 말을 들으니, 정말 오래 사귄 사이처럼 우정이 느껴졌습니다. 흐뭇한 순간이었습니다. 손님 대접하기를 극진히 했다는 카작인의 전통이 그냥 와 닿는 것만 같았습니다. 그런 친절로, 70년전 이곳에 버려진 고려인들을 따뜻하게 받아들여 잠자리도 제공하고 먹을 것도 주었던 것이겠지요.

처음에는, 헌책방이 없는 듯해서 실망했는데, 이렇게 몇 군데 들러 헌책도 사고, 새책방에도 가서 국어교과서(이야기가 포함되어 있으므로)랑 이야기책을 사니 흐뭇하기만 합니다. 7월까지 카작어 배우고 나서, 조금 더 눈이 떠지면, 틈틈이 사전 봐가며 읽어볼 생각입니다. 내가 너무 욕심이 많은 것인가요?

밑둥마다 하얀 석회칠을 한 나무들

이곳 알마티에서 가장 부러운 것이 있다면, 울창한 가로수입니다. 포플러 비슷한 나무, 참나무, 자작나무 등이 100년은 더 묵었으면서도 싱싱한 자태를 뽐내며, 도로 한 가운데, 혹은 도로변에 서 있는 모습은 참 부럽습니다. 그런데 그 모든 나무의 밑둥마다 하이얗게 칠해져 있습니다. 마치 일제히 종아리를 걷어 올리고 서 있거나, 교련 시간에 각반을 착용한 학생들이 일렬로 서 있는 것만 같습니다.

해충이 올라가지 못하도록 매년 그렇게 밑둥에 석회를 칠한다고 합니다. 우리는 짚을 싸매두어 그곳에 벌레가 모이도록 유도한 다음, 봄이면 태워 없애곤 하는데, 이곳에서는 그렇게 하지 않고 석회를 발라 아예 접근하지 못하게 하는 것이지요.

자기네 집이나 가게 앞 나무에는 책임지고 칠해야 한답니다. 만약 칠하지 않으면 기관에서 나와 단속을 한다는군요. 그리고 가지치기도 해주어야 하는 책임이 있답니다.

이곳의 가로수가 늙었으면서도 왜 그렇게 정정한가 의문이었는데, 카작말 함께 배우는 한인들의 설명을 듣고 풀렸습니다. 그냥 저절로 싱싱함과 푸르름을 유지하고 있는 게 아니었습니다. 해마다 그렇게, 해충이

밑동에 하얗게 석회칠을 한 가로수들

덤비지 못하도록 정성껏 석회로 안전띠를 만들어 주고, 가지치기를 해주는 수고가 있어서라는 사실을 말입니다. 이 세상에, 거저 되는 일은 하나도 없다는 사실을 다시금 느껴봅니다.

‖ 카자흐스탄의 금기어들(2)

임신부는 머리카락을 자르면 안된다.
아이는 한 살이 될 때까지 거울을 보면 안된다.
아이가 꿈을 꿀 때 웃으면, 꿈속에서 천사들과 함께 놀고 있는 순간이므로 아이를 깨워서는 안된다.
애인에게 사진이나 시계를 선물하면 안된다.

때 아닌 물난리

주방 식탁에서 저녁을 먹으며 이 얘기 저 얘기하고 있는데, 먼저 먹은 아들(선범)이 화장실 쪽으로 가더니만 "물이 넘쳐요!"하고 다급하게 외칩니다. 그 말을 듣자 아내가 화들짝 놀라며 달려갑니다.

세탁기가 반자동으로 작동되어, 세탁할 때마다, 아내가 욕조 샤워기로 급수를 하곤 하는데, 그만 이야기하느라 깜박 잊고 잠그지 않은 채 두어 안방 카펫트 위에까지 물이 흥건하게 고여 있었습니다. 세 식구가 정신없이 훔쳐내기 시작했습니다. 물통에 짜내서는 버리고 버리고 하였습니다. 아닌 밤중에 물난리가 난 것입니다.

한참 그러고 있는데, 초인종 소리가 여러 번 울립니다. 얼른 구멍으로 내다보니 어떤 아줌마의 모습입니다. 아랫집에서 올라왔는지도 모르겠다는 예감도 들었으나, 러시아어도 모르는데 열어줘 봤자 소용없다 싶어 숨을 죽이고 있었더니, 앞집 문이 열리고 그 집 사람과 무언가 이야기를 주고받다가 사라지는 눈치입니다.

다시 돌아와, 소리를 죽여 가며 물퍼내기 작업에 열중하고 있는데, 또 다시 초인종이 울려댑니다. 분명히 아래층에서 올라온 것 같았습니다. 물이 새니 올라온 게 분명하다는 느낌이 들었습니다만, 물을 빨아내면서 살펴보니, 카펫트 밑은 비닐장판이었기에, 물이 샐 리가 없다, 샜다고 해도 조금 샜을 것이다, 조금만 더 훔쳐내면 사태가 진정될 것이다, 이런 판단이 들어, 또 문을 열어주지 않고 버텼습니다. 한참 있다가 세 번째 울릴 때는 열어주려고 하였으나, 런닝 바람인 데다 겁 많은 선범이가 못 열어주게 하는 바람에 또 가만있고 말았습니다.

아무래도 불안해서 교회 사모님께 전화했더니만, 물이 새서 그럴 거라 했습니다. 이곳 아파트는 방수시설이 전혀 안돼 있어서, 윗층에서 물이 넘치면 곧바로 아래층으로 간다는 말씀이었습니다. 다시 초인종 울리면 전화를 연결해 달라셨습니다.

드디어 네 번째 종이 울렸습니다. 문을 열었더니만, 곱상하게 생긴 60대 러시아 아주머니가, 무어라 무어라 하며 날더러 자기를 따라오라는 몸짓을 합니다. 가보니 화장실 앞 카펫트가 물에 젖어있었고, 안방은 정전되어 있었습니다. 손전등으로 비춰주어 보니, 물이 새는 바람에 누전이 되어 안방과 화장실 전기스위치가 타서 망가져 있었습니다. 미안하다는 몸짓을 하고 올라와 사모님께 보고했더니 1차 통화를 한 다음, 리자 권사님이 그분에게 다시 전화한 결과, 전기기술자 불러다 전기 원상회복하는 비용으로 6천텡게를 달라고 하더랍니다. 벽지는 마르면 괜찮을테니 전기관련 비용만 6천을 달라고 했으나, 1천텡게를 더 얹어가지고, 아내와 함께 가서 죄송하다며 주고 왔습니다. 사실은, 우리가 계속 문을 열어주지 않았으면, 기관에 신고를 할 판이었고, 그리되면 일이 커지고 복잡할 뻔했는데, 뒤늦게나마 열어주어 신고는 취소되었고, 그 아주머니가 좋은 사람이라 그렇게 해결되었답니다. 독한 사람 만나 몇 십만 불 그냥 날린 경우도 있답니다.

때 아닌 물난리, 이제부터는 세탁할 때, 그 옆을 떠나지 말아야겠다고, 짠돌이 아내는 다짐을 합니다. 아까운 돈은 나갔으나, 일단 매를 맞고 나니, 그렇게 마음이 편할 수가 없습니다. 죄 짓고는 못 산다는 말, 맞는 말입니다.

게으르거나 여유 있는 카작인들

이곳에서 식품점을 운영하는 ○권사님이 그럽니다. 가게에서 일할 사람들이 계속해서 필요하여, 카작사람들을 써보고 있는데, 일하는 것이 우리 같지 않답니다. 우리가 보기에는 게으르다고 할 수밖에 없답니다. 왜 그럴까 생각해 보았는데, 아마도 오랫동안 유목민으로 살아온 경험과 문화의 결과가 아닌가 해석하였습니다.

초원에서 말타고 다니며 양떼를 몰면서, 짐승의 젖을 짜먹거나 그 고기를 먹으면 되니, 상하의 나라 태국 사람들이 아무 데서나 열매 따먹으면 되다 보니 게을러진 것처럼, 그렇게 체질화한 것이 아닌가 하는 해석입니다. 봄에 씨를 뿌려 부지런히 가꾸지 않으면 먹고 살 수 없었던 우리나 우즈벡같은 농경민족과는 다른 환경에서 살아온 결과라는 것이지요.

○권사님의 말만이 아니라, 여기 와서 듣고 있는 몇 가지 정보를 종합해 보건대 정말 그런 듯합니다. 대학에서도 툭하면 결석한다는 이야기, 한 달 수입이 100불밖에 안되는데도 그만하면 족하다며 높은 가격에 넘기라는데도 한사코 가게 넘기려 하지 않는 주인들 이야기 등이 다 그 점을 증명하는 듯합니다. 엊그제도 그 식품점을 갔더니 ○권사님의 부인이 혼자 힘들게 일하고 있어 물어보니, 일하는 카작아줌마 둘이 한꺼번에 안

나왔다고 했습니다. 그런 일이 많다는 이야기였습니다.

○권사님의 말에 따르면, 이곳 사람들이 가장 선호하는 일터가 경비원 일이랍니다. 일정한 시간만 일하면 되고, 그것도 몸 움직이지 않고 편하게 앉아서 지키기만 하면 되니 좋아한다나요.

어쨌든 가게는 운영해야 하므로, 일을 열심히 하는 우즈벡 사람들을 더 많이 쓰고 있다 합니다. 비자문제를 해결해야 하는 어려움은 있지만, 확실하게 일을 잘한답니다. 두뇌회전은 고려인이 가장 빨라, 한 가지 일을 시키면 알아서 다른 일까지 해서 좋기는 한데, 진득하게 일하지 않고, 어디 좋은 데 나오면 옮겨 버려서 좋지 않다고 했습니다. 너무 머리 좋은 것도 흠인 것이지요.

카작사람들의 행태를 어떻게 보아야 할까요? 게으름으로 봐야 할까요? 반드시 그렇게 볼 수는 없지 않을까 싶습니다. 그건 어디까지나 우리 기준으로 보았을 때 그런 것이고, 그 사람들 편에서 본다면 그건 여유가 아닐까, 오히려 우리가 일과 돈과 성과에 얽매여 조급하고 여유 없이 살아가는 것은 아닐까 하는 생각이 듭니다. 한 달에 100불만 벌어도 만족해하며 웃으며 사는 카작가게 주인과 끊임없이 더 벌기 위해 즐기지도 못하고 잠도 설쳐가며 바쁘게 살아가는 한국 주인과, 과연 어느 쪽이 낫다고 할 수 있을지 쉽게 판단하기 어렵다는 생각입니다.

화장품 회사 중앙아시아 책임자로 나와 있는 최 선생 말을 들으니, 정말 게을러서 그런 게 아니랍니다. 문화와 의식이 우리와 달라서랍니다. 자기가 하던 일 다 마친 다음에야 그것도 서서히, 시킨 일을 해준답니다. 절대 잊지는 않는답니다. 다만 느릴 뿐. 그도 그럴 것이 워낙 넓은 땅에서 이동거리가, 어떤 때는 기차로 3박4일 거리도 있다니, 조급해서는 못 견딘대요. 침켄트만 해도 저녁 6시에 타서 다음날 9시 넘어 떨어지니, 아예 다 잊고 자면서 간답니다. 우리같이 서둘다가는 제풀에 지쳐 죽는대요. 이슬람 영향에다 지리풍토적 특수성에서 생긴 문화라고 생각해야 할 일입니다.

타스탁 재래시장에서

여기 대부분의 시장이 월요일에는 문을 닫는데 타스탁 시장만은 월요일에 열고 화요일에 쉰다고 합니다. 교육원 가는 길에, 짐 부치는 데 필요한 비닐끈을 사러 타스탁 시장을 찾아갔습니다. 처음 눈에 띈 건물로 들어서니 공구들만 파는 동이라 비닐끈은 없었습니다. 꽃가게 옆 쓰레기통에서 비닐끈을 주워 가지고 들어가 어느 아가씨 점원에게 물으니, 자기를 따라오라는 눈치입니다.

바로 부근의 가게인 줄 알았는데 공구동을 완전히 빠져나와 길까지 건너 주방용품동으로 나를 인도합니다. 고맙다는 내 인사를 받는 둥 마는 둥 하고 자기 가게로 바삐 걸어가는 그 아가씨의 친절, 자기 가게까지 비워두고 나를 안내하는 그 정성, 인상적입니다.

비닐끈만 가지고 돌아오려다, 이왕에 온 김에 시장구경을 하고 싶어서 천천히 발걸음을 옮기니 생선시장을 지나 청과물 시장이 나옵니다. 한동안 체리만 나오더니 이제 보니 살구와 자두와 앵두가 놓여 있습니다. 뭘 살까 고민하고 있는데, 갑자기 주위가 소란해지면서 인파가 흔들린다 싶더니만, 작은 체구의 주인아주머니가 냅다 과일 소쿠리 하나를 들고 나를 밀치고 뛰어나오더니만, 어느 키 큰 여자의 머리며 어깨를 때립니다. 쳐다보니 그 큰 여자가 아주 작은 여자 하나와 싸움이 붙어서 그 작은 여자를 치고 있었고, 그 아주 작은 여자를 도와주기 위해 이 아주머니가 내달아 과일 소쿠리로 가격한 모양이었습니다. 하지만 워낙 키들이 작고 체격도 작아 그 큰 여자가 한번 악을 쓰면서 그 큰 손아귀로 아주머니의 머리끄덩이를 잡으면서(한국 여자들의 싸움과 똑같았음) 반격을 해대자 그만 뒤로 밀쳐나면서 뒤뚱거렸습니다. 그래도 이겨보겠다고 "카작스탄" 어쩌고 소리를 지르면서 두 손을 휘저어 댔고, 이윽고 시장 경비원인 듯한 남자들이 달려와 뜯어 말리고, 그 큰 여자도 땅바닥에 이리저리 흩어진 과일들을 주워 담아서는 사라지면서 싸움은 끝났지만, 우리의 아주머니는 분이 알 풀리는지 계속 씩씩댔습니다.

싸움이 벌어졌던 가게에서 과일 사면 왠지 과일 맛이 쓸 것만 같아, 입구 쪽까지 나와서 골라보았습니다. 자두가 우리보다는 작아도 먹음직하기에 0.5kg만 달래서 사고 나서 맛을 보니 신맛이 납니다. 우리보다 훨씬 큰 살구를 0.5kg 사서 하나 먹어 보니 아주 답니다. 아가씨 말대로 두 손으로 사과 쪼개듯 힘을 주니 쩍 벌어져서 먹기도 좋습니다. "쟈스!(좋다)"라고 감탄사를 발한 다음, 자두봉지를 보여주며 얼굴을 찡그리며 시다는 시늉을 한 다음 물리고 싶다고 했더니, 금세 알아듣고 물려줍니다. "키타이(중국인)이냐"고 묻기에 "유지니 카레이츠(남쪽 한국인)"이라고 말해 주고 걸음을 옮기는데 아주 명랑한 아코디언 소리가 시장을 진동시킵니다. 검은썬글라스를 낀 러시아 노신사가 허름한 츄리닝 차림으로 아주 낡은 아코디언을 메고 활기찬 음악을 연주하며 다가옵니다. 얼마나 신바람이 나 있는지 발도 까딱거리고 온 몸을 건드렁거리면서 연주합니다. 가게 주인 가운데 더러 동전을 집어서. 이 시장의 악사가 한쪽 손에 걸친 통에 넣어줍니다. 길 가던 아주머니들도 지갑을 뒤져 동전을 던져줍니다. 내가 살던 아현시장이 아주 오래된 재래시장인데 아직 한번도 그런 장면을 못 봤는데 여기서 보니 괜찮습니다. 시장 가게 주인들도 싫지 않은 표정입니다. 싸움판 구경으로 잠시 우울해졌던 내 마음이 흐뭇해지는 것을 느끼며, 버스 정류장으로 향했습니다.

카자흐스탄의 말 몇 가지

이야	예
에리네	물론입니다
워쩨 작서	아주 좋습니다
족	아닙니다
블메이먼	모릅니다

이슬람 사원의 기도시간 알림 소리

아들이 하숙하는 강 권사님 댁 부근(까멘까 지역)에 이슬람 사원이 있는 모양입니다. 저녁 때, 밤 10시경, 새벽이면 어김없이 무슨 소리가 울려 퍼집니다. 나는 독경 소리 같은 소리만 들었는데, 거기 사는 김 권사님(강 권사님의 부인) 말로는 어떤 때는 노래도 나온답니다. 무슬림들에게 기도 시간이 되었다는 것을 알리는 소리랍니다.

그 소리가 들리자, 김 권사님은 귀신 소리같이 들려 기분 나쁘다고 했습니다. 그러자 목사님이 그럽니다. "그런데, 이슬람 믿는 사람들이 매우 도덕적인 생활을 하고 있어요. 이곳에 나와 활동하는 기독교 이단들도 그래요. 매우 윤리적인 생활을 하고 있다는 것이지요. 거기 비하면 정통 기독교라고 하는 우리들이 거기 못 미쳐요. 이게 문제입니다."

좋은 점은 다 받아들여야 합니다. 나쁜 것은 내 것이라 해도 버려야 합니다. 그래서 내용이든 형식이든 다 좋은 것만 받아들여 그렇게 살아갈 때, 존경받는 기독교가 되겠지요.

카자흐스탄 사람들과 빵

이곳에서는 빵을 많이 먹습니다. 주식이 빵입니다. 케이크 외의 대부분의 빵은 달지 않습니다. 길쭉한 것도 있고, 큰 호떡 모양의 둥근 것도 있고 다양하지만 한결같이 담백합니다. 차이(차)에 빵으로만 식사를 떼우는 경우도 더러 있으나, 대부분은 고기라든가 다른 음식과 함께 먹는다고 합니다. 특히 고기는 빵과 더불어 거의 필수적이라 합니다. 우리가 김치 없으면 밥 먹은 것 같지 않은 것처럼, 이곳에서는 고기를 거의 빠뜨리지 않고 먹는다고 합니다.

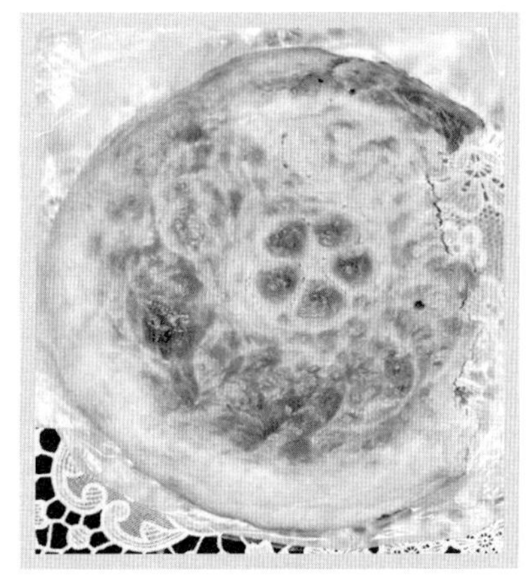

카자흐스탄의 빵

성경에 "사람이 떡으로만 살 게 아니요"라는 말씀이 있는데, 이 때의 '떡'은 팔레스타인 지역의 주식을 의미하는 것으로, 우리 식으로 하면 '밥'인데, 카자흐스탄식 버전으로는 '빵'이라 하겠습니다. 영어 성경에서도 'bread'로 되어 있으니, 주식으로만 하자면 이 지역은 유럽과 통한다 하겠습니다. 최근 안식년을 맞이하여

카자흐스탄의 빵 가게

6개월간 유럽을 여행한 숭실대 조 규익 교수의 보고에 따르면, 그곳에서도 지금 우리 가족이 이곳에서 사먹곤 하는 큰 호떡 모양의 빵을 즐겨 먹는다고, 사진과 함께 소개하고 있으니 말입니다.

말 나온 김에 내 주장 하나 얘기하면, 성경에 나오는 "사람이 떡으로만 살 게 아니요" 이 대목을 우리말로 번역할 때 "사람이 밥으로만 살 게 아니요"라고 해야 마땅하다고 나는 생각합니다. '떡'은 주식이 아니라 별식이므로, 당연히 떡만 먹고는 금세 물려서 못 삽니다. 그러니 '사람이 떡으로만 살 게 아니요'라고 번역하면 하나마나한 말이 되어서 성경이 우습게 됩니다. 우리 말로 번역할 때는 '밥'으로, 인도말로 번역할 때는 '카레'로, 서양에서 번역할 때는 '빵'으로, 각각 그 지역의 주식을 가리키는 말로 번역해야 그 지역 사람들이 제대로 이해하고 감동을 받을 수 있다고 생각하는데, 어디 가서 이런 말 하면, 이단인 줄 알고 경계하니 답답합니다.

아무튼, 카자흐스탄의 주식인 그 빵, 처음에는 아무 맛도 없이 밍밍해 억지로 먹었는데, 몇 번 먹어보니 먹을 만합니다. 특히 어제는 아내와 옥돔바자르라고 여기서 한 30분쯤 걸어가서 있는 제법 큰 시장에 갔다가 돌아오는 길을 잃어, 헤매고 헤맨 끝에, 아내의 직감 덕분에 겨우 방향을 찾아 버스를 타고 집에 돌아오니 너무도 허기가 져서, 그 빵을 정신없이 뜯어 먹었는데 괜찮았습니다. 담백하기에, 많이 자주 먹어도 물리지 않는다더니 정말 그렇습니다. 우리 밥처럼 말입니다.

알뜽오르다 시장의 도살장

아침 먹은 후 8시 40분쯤 강 목사님 형제분과 함께 드디어 알뜽오르다 도살장 구경을 갔습니다. 도살장에 들어서니 한참 양과 소들을 잡는 중. 양 두 마리가 날 잡아잡수 하는 자세로, 그야말로 꼼짝않고 누워 있었습니다. 이윽고 도살꾼이 칼을 들어 그 목을 길고도 깊숙이 찌르는데도 가만히 있습니다. 목에서 붉은 피가 흘렀습니다. 그래도 여전합니다. 피가 어지간히 흘러나온 후, 마침내 칼로 목을 잘라내기 시작합니다. 목이 거의 다 잘라내질 무렵, 그때야 양의 뒷다리가 버둥댑니다. 아마도 신경과 근육에 경련이 일어나면서 나타나는 무의식적인 현상 같았습니다.

소는 달랐습니다. 저쪽 대기실에 서 있다가 도살장 안으로 몰아넣으려는데 버티며 안 들어오려고 합니다. 앞발에 힘을 주어 움직이려 하지 않습니다. 그러자 앞에 있는 사람이 잡아끌고 뒤에 있는 사람이 힘껏 밀어붙여 겨우 겨우 도살장 안으로 들어섰는데도 계속 버티며 그 자세로 후진하려 합니다. 순간적으로, 도살꾼 하나가 줄을 소의 다리에 걸어 확 당기자 힘없이 쓰러집니다. 쓰러진 소의 목에 칼을 들이대어 일자로 길게 찌르니 빨간 피가 뿜어져 나왔습니다. 찌른 부분의 목이 가위 입 벌린 것처럼 벌어지면서 수도꼭지의 물같이 핏줄기가 솟구치기도 하면서 콸콸 흘러나옵니다. 그러면서 그 목 부분에서 무시무시한 소리가 크게 나기 시작합니다. 반쯤 잘린 그 목구멍에서 나는 소리. 한참이나 그 소리가 났습니다. 소가 몸부림치는 바람에 피가 내 바지와 잠바에 튀겨 왔습니다. 그런데 예상과는 달리 아주 진한 피는 아닙니다. 나중에 목사님 말씀으로는, 물이 섞인 피랍니다. 예수님이 돌아가실 때 물과 피를 쏟았다더니 짐승이 죽을 때도 그런 현상이 나타나는 모양입니다. 신기한 일입니다.

바깥에서 일어나는 모습을 보려고 나오니, 우리에서 도살장으로 가는 그 죽음의 100여 미터 길에 며칠 전 늦게 왔을 때와는 달리 소와 양이 들어가 있었습니다. 가만히 지켜보니, 문지기가 있어서 몇 마리씩 집어넣고는 입구를 막곤 하였습니다. 이미 대기하고 있는 소들을 제끼며, 두 청년이 서너 마리의 양을 몰고 도살장 입구 문에 도달하였습니다. 양의 뒷다리를 들어 질질 끌며 왔습니다. 아마도 소들이 있어서 그냥은 전진하

도살장 문 앞이건만 가만히 누워있는 양

지 않을 것 같아서 그렇게 질질 끌고 가는 것이 아닌가 싶었습니다. 문 앞에서 한 마리씩 문을 열고 집어넣는데, 나머지 양들은 눕힌 대로, 눈을 뜬 채 꼼짝 않고 누워있었습니다. 그러자 안아 세워서 그 도살장 안으로 넣자 반항 한 번 안고 순순히 들어갑니다. 그리곤 아까 내부에서 내가 본 것처럼 도살꾼의 칼에 찔려 피 흘리고 죽어가겠지요. 소를 들여보내는 것은 미처 보지 못했습니다. 아마도 이미 들여보낸 소와 양 도살해 고기 다듬는 데 시간이 많이 걸려서 그런 듯했습니다. 우측의 우리마다 양떼와 염소떼가 가득 차 있었습니다. 1년 된 양이 작은 줄만 알았는데 그렇지 않았습니다. 제법 컸습니다. 어쩌다 작은 양이 있어 물으니 6개월 되었다 합니다. 그렇게 어린 양도 도살장에 끌려오다니 불쌍했습니다.

우리는 사진 찍으러 간 건데, 거기 지키는 사람들은 우리가 양 사러 온 사람으로 알아, 자꾸만 다가와 사가라고 합니다. 양 우리에서 들려오는 양떼들의 울음소리, 초원에서 들었다면 참 평화로웠을 테지만, 그렇게 구슬플 수가 없었습니다. 소와는 달리 양떼들은 자기네가 곧 죽을 거라는 사실도 모르고 있겠지요? 아니. 알면서도 그냥 순종 순응하고 있는지도 모를 일입니다.

술 취한 무슬림

고려일보사를 방문하고 돌아오는 길에, 전기버스를 잘못 타서, 시 외곽의 아주 한적한 곳까지 실려 갔습니다. 종점까지 갔다가 시내를 향해 다시 오는데, 무슬림 모자를 쓴 남자가 비틀거리며 올라탔습니다. 술에 만취한 그 사나이는 운전기사 바로 옆 자리에 위태롭게 걸터앉더니만 계속해서 뭐라 뭐라 떠들어대기 시작했습니다.

나는 조마조마했습니다. 운전기사가 언제쯤 그 승객을 향해 폭언을 하며 내리게 할까, 가슴 졸이며 지켜보았습니다. 그런데 웬걸, 아무런 일도 일어나지 않는 것입니다. 이곳 모든 시내버스 기사석과 승객 좌석과의 사이에는 가림막이 쳐 있어, 그냥은 기사의 얼굴을 볼 수가 없어, 일부러 앞으로 나아가서 기사의 얼굴을 쳐다보니, 돌부처처럼 태연하게 앉아 정면만 주시하며 운전에 몰입해 있었습니다. 그리고는 가끔, 하소연하듯 푸념하듯 늘어놓는 그 취객의 잔소리에 대해 머리를 끄덕이며 반응하고 있었습니다.

알라신을 철저하게 섬기는 게 무슬림이요, 술도 금하는 것으로 알고 있던 내게 오늘, 술 취한 무슬림은 충격이었습니다. 그보다 더한 충격은 그 취객을 끌어내리기는커녕, 계속해서 떠들어대는 그 손님의 넋두리를 다 들어주며 의연하게 운전하는 그 기사의 너그러운 인격이었습니다.

샤슬릭 가게에서

카작인의 대표적 음식인 샤슬릭을 사먹으러 가게에 갔습니다. 양고기, 쇠고기, 돼지고기, 닭고기 네 종류가 있는데, 우리나라 꼬치구이와 같은 음식으로 보면 맞습니다. 사막에서 자라는 싹싸울 나무의 뿌리를 태우면서 나오는 열과 연기로 굽습니다. 싹싸울 나무뿌리가 단단하고 화력이 좋고 오래가는 데다 그 연기에 향이 있어, 고기에서 나는 역겨운 냄새들을 제거해 주어, 샤슬릭가게마다 싹싸울 나무뿌리만을 이용하고 있습니다.

언젠가부터, 아들녀석이 샤슬릭 한 번 먹어보겠다는 말은 했으나, 과연 어디가 맛있는지 몰라 망설였는데, 우리가 사는 동네, 딴(아침)이란 슈퍼 맞은 편 노상에서 굽는 샤슬릭이 가장 맛있다고 누가 일러주어 찾아갔습니다. 등잔밑이 어두웠던 것이지요.

자세히 살펴보니, 일단은 싹싸우 나무를 태우다가, 불붙은 것을 길게 끌어내어 깔았습니다. 그리고는 사정없이, 양파를 비롯해서 몇 가지 채소가 들어간 물을 그 위에 들이부어 화염이 일어나지 않도록 하고 불기와 연기만 오르고 퍼지게 만들었습니다. 그리고는 쇠꼬챙이에 한 대여섯 토막씩 꿴 고기들을 그 위에 걸쳐 놓았습니다. 길게 뻗은 불판 위에서 고기들은 연기를 뒤집어 쓴 채 익어갔습니다. 간간히 뒤집어 주었습니다. 그러다 불길이 치솟으면 얼른 그 물을 부어 껐습니다.

내가 카작말을 조금 했더니, 고기 굽던 청년이 "중국인이냐, 한국인이냐"며 묻습니다. "남한 사람"이라고 했더니만, 갑자기 "안녕하십니까?" 하며 우리말을 하는 것입니다. 내가 자기네 말을 하니 그 사람도 내게 호의를 보이는 듯했습니다. "한국에도 샤슬릭 있느냐?"고 묻는데, 엉겁결에 없다고 했습니다. 다음에 다시 가면 우리 나름대로, 이름은 달라도 그런 류의 꼬치구이가 있다고, 오뎅도 있다고 말해 주어야 하겠습니다. 다음에는 아예 카작어 사전을 들고 가서 이런 저런 얘기도 주고받아야 하겠습니다. 어떻게 한국말 아는지도 물어봐야겠습니다. 안트리꿋이라 해서 갈비살만 가지고 만든 샤슬릭은 조금 비싸서 그렇지 아주 맛있다는데, 이곳에서는 없어 맛을 못 봤으나, 계속 시도해 봐야겠습니다(레스토랑에서만 판다는 말도 있습니다).

250텡게(2000원)씩 주고 한 개를 사와 맛을 보니 그냥 먹기에는 짭니다. 이곳 사람들이 즐겨 먹는 무미건조한 빵, 아주 둥그렇게 생긴 대형 호떡 같은 모양의 빵과 함께 아들 녀석에게 먹였더니, 아주 만족스러워 합니다.

"아빠, 빵하고 함께 먹으니까 아주 좋아. 빵이 기름기를 다 흡수해 버리는 느낌이야."

왜 이 나라 빵들 대부분이 무미건조하고, 담백할까, 이런 빵을 무슨 맛으로 먹나, 못 마땅하고 궁금했는데, 오늘 알았습니다. 기름기 많고 짠 이 나라 음식에는 아주 궁합이 쏙 맞았기 때문이었던 게지요. 우리 기준으로 이러쿵 저러쿵 할 말이 아니었는데, 나도 모르게 이 나라 음식문화에 대해 결례를 한 셈입니다.

싹싸울 나무 뿌리

밤에 ○권사님의 차를 타고 수요예배를 가는데, 길거리 음식점 앞에서 장작불이 타오르곤 하기에 무슨 음식을 만들기 위한 것이며 무슨 나무를 때는지 물었습니다. 이 나라 사람들이 즐겨 먹는 샤슬릭(꼬치구이 비슷한 음식)을 만들기 위한 것인데, 싹싸울 나무의 뿌리로 만든 숯이라고 했습니다.

싹싸울 나무는 사막에서 자라는 나무인데, 겉모양은 작고 볼품이 없으나, 뿌리가 어찌나 깊이 박히는지, 수백 미터를 내려간다고 합니다. 수분을 찾아서 그렇게 땅 속 깊이 뿌리를 박는답니다. 어쩌다 모래더미가 밀린다든지 하여 그 뿌리가 드러나곤 하는데, 이 때 사람들이 그 뿌리를 캐내어 말리거나 숯을 만들어 내다 판답니다.

얼마나 단단한 뿌리인지 싹싸울 나무 뿌리로 만든 숯의 화력은 비할 데 없이 강하고 오래 간답니다. 그래서 아주 비싸다고 했습니다.

그 말을 들으며 많이 감동을 받았습니다. 어디 그게 싹싸울 나무뿐이랴, 사람도 그러하지 않을까, 마침 정수일 교수가 쓴 『이슬람문명』이란 역저를 다 읽은 마당이라, 마호멧의 일생과 견주어, 더욱 그런 감동이 컸습니다. 유복자에 고아에, 삼촌한테 양육을 받으며 제대로 교육도 받지 못한 채 온갖 풍상을 다 겪으며 철저하게 보통사람으로 살았기에, 마침

우리나라 장작 같은 카자흐스탄의 싹싸울 나무 뿌리

마침내 신분차이도 성차별도 민족 차별도 하지 말자는 이슬람교를 설파하는, 종교적 지도자이자 세속적 지도자를 겸한 전대미문, 전무후무한 위인이 되었다는 사실을 이번에 비로소 알았는데, 마호멧은 바로 싹싸울 나무 같은 사람이라는 생각이 듭니다.

사고로 죽은 현장에 꽃이나 조형물을

이곳에서 길을 가다 보면, 도로변 나무에 꽃다발이 매달렸거나, 조형물이 세워진 경우를 자주 봅니다. 그게 뭔가 몰랐는데, 길거리를 가다가 사람이 죽으면, 그 현장에 반드시 꽃을 매달아 두거나, 양철 조형물을 세워두고 둘레에다 줄을 쳐 놓는다고 합니다. 우리나라에는 없는 풍속이라 흥미가 있습니다.

사고로 죽은 곳마다 세워둔 조형물

딸띄꾸르간 가는 길에, 카작 운전기사한테, 왜 저런 조형물을 만들어 두느냐고 물으니, 모른다고 했습니다. 무덤은 공동묘지에 쓰고, 죽은 현장에 꽃을 매달아 두거나 조형물을 세운다고 했습니다.

혹시, 제 명대로 살지 못하고 비명횡사한 그 혼령이, 죽은 현장 주변에 떠돈다는 생각에서 그러는 것은 아닐까? 그 이유는 아직 모르지만, 어쨌든, 오가는 사람들에게, 이 조형물이나 꽃은 말할 수 없이 강렬한 교통조심 표지판 구실을 합니다. 함부로 달리거나 길 건너가다가는 너도 여기서 죽을 수가 있으니 조심하라는 말없는 메시지를 던지는 것만 같기 때문입니다. 서울 광화문 앞 해태상이, 조선시대 사람들에게는, 불조심하라는 표시로 받아들여졌던 것처럼 말이지요. 민속이나 관습이 단순히 과거에만 의미 있었던 현상이 아니고, 여전히 현재에도 지속적인 기능을 수행할 수 있다는 사실을 일깨워 주는 아주 좋은 사례 중의 하나가 아닌가 싶어 인상적입니다.

우리와는 다른 부동산 매매 관행

이곳에도 복덕방이 있습니다. 중개인은 '딜러'라고 하는데, 개인 사무실에서 일한다고 합니다. 아파트를 구하러 다니면서 확인한 차이점 몇 가지가 흥미롭습니다.

첫째, 집을 보러 갈 경우, 매매가 이루어지지 않아도 어김없이 돈을 내야 합니다. 500텡게(4천원)를 딜러에게 주어야 합니다. 우리에게는 없는 돈입니다.

둘째, 비싼 집이든 싼 집이든 관계없이, 성사가 되면 8천 텡게에서 1만 텡게 사이의 소개료를, 양자간에 미리 약속한 액수를 준답니다. 우리는 부동산 매매 가격의 일정한 비율을 받으므로, 비싼 집의 매매를 성사시키면 뭇돈을 벌 수도 있으나 여기는 그렇지 않은 것입니다. 하기야 비싼 집이든 싼 집이든 딜러가 하는 일은 거의 똑같고 보면 여기가 더 합리적이라는 생각도 듭니다.

셋째, 집 주인이 해당 부동산을 세 놓고, 다른 곳에 살고 있어서, 매매를 위해 달려올 경우, 그 교통비(택시비)를 구매 희망자가 물어야 합니다. 아예 미리 "내 택시비를 내겠소 안 내겠소?" 이렇게 물은 다음에, 내겠다고 해야 움직입니다. 우리도 150텡게(1200원)를 주었습니다.

백조의 호수

러시아에 가면 발레나 오페라 또는 연극 관람을 해야 한다는 말을 기억하고 있기에, 여기 와서 이곳 교민신문인 『한인일보』에 나온 공연일정을 보고 예매했습니다. 차이코프스키의 '백조의 호수' 2등표를 예매한 것입니다. 로얄석은 1200텡게인데 벌써 매진되었기에 그 옆의 1000텡게(8000원)짜리를 사서 마침내 난생 처음 〈백조의 호수〉를 관람하였습니다.

저녁 6시 30분 공연 시간에 맞추어 아바이 오페라 발레 극장(떼아뜨르)에 간 우리는 깜짝 놀랐습니다. 회색빛 우중충한 거리에서 보던 복장과는 전혀 다른, 정장과 성장을 한 사람들이 계속하여 밀려들고 있었으며, 유치원생이나 초등학생 정도의 어린이들도 예쁘게 차려입고 보호자의 손을 잡은 채 찾아들고 있었습니다. 거지들도 정장을 하고 관람장에 나타난다더니 정말 그랬습니다. 더욱 놀라운 것은, 두 시간 반 동안 진행된 공연 도중, 그 어떤 어린이도 울거나 소리 내는 일이 없었다는 사실입니다.

모두 4막으로 나뉘어 진행되는 〈백조의 호수〉의 본론은 두 번째 막부터라고 보였는데, 우리가 그 동안 귀에 익게 들어왔던 음악들이 자주 나와 반가웠습니다. 두 번째 막이 올라갈 때 잠깐 보인 백조 그림, 물결 위에서 헤엄치는 백조들의 모습은 평화롭기 그지없었습니다. 배경으로 깔아놓은 잔잔한 호수, 그 앞의 무대에서 펼쳐지는 눈부실 만큼 하얀 백조들의 춤, 혹은 한 마리, 혹은 두 마리, 혹은 20마리, 혹은 쌍을 지어서, 온몸으로 기쁨의 감정을 표출하는 모습을 보자니, 여러 느낌과 생각이 지나갔습니다. 줄거리도 잘 모르면서 본 작품이지만, 악의 상징인 듯 검은 수컷 백조가 주인공인 암컷 백조에게 접근해 차지하려 하지만 결국은 흰색 암컷 백조가 검은 백조를 물리치는 내용으로 보였습니다.

이렇게 아름답고 평화로운 예술을 즐기는 러시아 사람들이 어째서 근대의 시기에 그런 광기어리고 어두운 역사를 만들어 왔을까? 참으로 수수께끼로 여겨졌습니다. 2막까지 하고는 10여 분간 쉬는 시간이 있었는데, 우리는 그게 끝나는 것인 줄 알고, 다른 사람들과 함께 일어나려 하다가, 등장인물들의 인사도 없이 끝날 수는 없는 것 아닌가 싶어 그냥 앉아 있었더니만, 안내요원이 다가와 '당신네들은 화장실에도 안 가냐?'는 눈치를 하기에, 화장실에 다녀와서 나머지를 다 관람했습니다. 이런 데 자주 안 다니면 제대로 박수칠 수도 없고 쉬는 시간을 마치는 시간으로 오해하여 퇴장할 수도 있겠다 싶었습니다. 어느 글에 보니까, 영국 사람들과 비즈니스를 하다가, 〈율리시즈〉를 화제로 올렸으나 아는 게 하나도 없어 실패하고 말았다는데, 러시아 문화권 사람들과 교섭할 때는 〈백조의 호수〉, 〈카르멘〉, 〈동키호테〉 같은 유명 오페라와 발레에 대해 어느 정도 알아두는 게 상식이요 예절이라 생각합니다.

카자흐스탄 벼룩시장

밥솥이며 프라이팬이며 구하기 위해 박사장님의 차를 타고 벼룩시장에 갔습니다. 알마티와 달가르 접경에 있다는 그곳에는 없는 게 없었습니다. 점포에서 파는 데도 있었지만 길바닥에 펼쳐놓고 파는 곳도 많았습니다. 집에서 쓰던 낡은 미싱, 말 안장, 기러기 조각(알고 보니 쇠가 아니라 고무제품도 있었음), 옷가지, 모자, 악기, 책, 비디오와 씨디롬 등등 우리 황학동 벼룩시장과 똑같았습니다.

그걸 보다가 문득, 우리 구한말에, 외국 선교사들이 우리의 고서며 생활용품들을 헐값에 사다가 현재 미국이나 영국, 프랑스의 유명 도서관이나 박물관에 소장 전시되어 있는 게 생각났습니다. 지금은 싼 값으로 이곳 사람들의 골동품들을 살 수 있고 만날 수도 있으나, 머지않아 근대화가 진행되면, 우리와 마찬가지로 흔적도 없이 사라지지 않을까, 그런 생각이 들었습니다. 가장 좋은 것은 이곳 박물관에서 정책적으로 이것들을 사서 모아 두어야 하는데, 그렇게 하고 있는지 아닌지 모르겠습니다. 나중에 관련 인사 만나게 되면 훈수해 주어야 하겠습니다. 우리 꼴 나지 않게 하라고 말입니다.

황학동 벼룩시장과는 달리, 시골이고 땅이 넓어서 그런지 가축시장도 있었습니다. 건초더미 옆에 소와 말과 양은 물론 칠면조며 오리, 토끼, 개 등이 팔리고 있었는데, 아내가 부르기에 가보니, 세상에! 닭은 닭인데 발에까지 길다란 털이 멀쩡하게 나 있는 것도 있었습니다. 한참 웃었습니다. 해리포터에나 나올 법한 그런 닭이 세상에 존재할 줄 누가 알았겠습니까? 아들 선범이한테도 보라고 했더니 이미 알고 있었습니다. 녀석이 세상 넓고 다양하다는 것을 이번 기회에 확실히 느꼈으면 좋겠습니다. 밥솥과 냄비는 납 성분의 피해도 있을 수 있으니 중고품이 낫다는 권유에 따라 단돈 1400텡게(11200원)에 국솥을, 1100텡게에 밥솥을 사고, 새 실내화 다섯 켤레를 500텡게(4000원) 주고 샀습니다. 위그르족이 운영하는 식당에 가서 라그만이라는 음식(스파게티 비슷)에 만두와 소 내장 요리를 먹었습니다. 작년에도 박박티 갔다 오다 들린 곳인데, 주방장이 바뀌었는지 맛은 그때만 못했습니다.

점심을 먹은 후 중앙아시아 최대시장이라는 바라홀까 시장에 가서 이불, 도마, 숟가락과 젓가락 따위를 샀습니다. 어지간한 시장 14개를 합한 규모라는데 정말 대단한 시장이었습니다. 혹시 실크로드 시대부터 형성된 시장은 아닌지 모르겠습니다. 큰 길을 사이에 두고 양쪽에 가도 가도 끝이 없이 이어지는데 토요일이라 그런지 자동차에 인파에 북새통을 이루고 있었습니다. 쌀이며 물이며 세제며 야채며 가스렌지 점화용 성냥 등은 또 다른 시장에서 샀습니다. 제조업 대신 유통업이 발달되어 있다더니 사실인 듯합니다. 학교 교무실에서는 보기 어려웠던 남정네들이 이들 시장에서 일하고 있었습니다.

카작인은 평균수명이 짧아요

미국 안디옥 교회에서 파송받아서 의료선교차 나온 분을 만났습니다. 알마티에는 이미 많은 선교사분들이 포진하고 있으므로(지방으로 가야 한다는 것을 알면서도, 자녀교육 문제 때문에, 점점 늘어가는 한인 신자들도 섬겨야 하기에, 그밖에도 여전히 감당해야 할 사역들이 있어서, 알마티에들 집중되어 있는 형편임), 시골에 가서 의료활동을 펴고 컴퓨터와 영어를 가르쳐 주면서 전도하여 현지인 사역자를 물색해 신학 훈련하도록 후원하여 그들을 현지 사역자로 삼아 교회도 지어주고 지원하려는 목표를 가지고 활동하고 있다고 했습니다.

그분의 말에 따르면, 의료 혜택을 받으려는 현지인이 넘친다고 했습니다. 한번 다녀간 사람이라 해도 다른 병이 자꾸 생겨 감당할 수 없을 만큼 많다고 했습니다. 무슨 병들이 많으냐고 묻자, 고기를 많이 먹어 콜레스테롤 과다 섭취로 심장병, 혈압, 당뇨 이런 병자가 부지기수로 많으며, 석회가 섞인 물을 마시다 보니 신장병, 결석 환자가 그렇게 많답니다. 이런 것들이 작용하여 카작인들의 평균수명이 우리보다 아주 짧다고 했습니다. 교육원 박 부원장 말로도, 고려인을 포함하여 카작에서 활동하는 카작 국적의 사람들을 만나 보면, 나이는 많지 않은데 머리가 하얗거나 외모가 아주 늙어 보인다고 합니다. 내가 고려극장 자료 때문에 만나게 될 강 게오르기 교수도 이제 50대 들어선 교수인데 훨씬 늙은 사람으로 보일 것이라고 하는 걸 봐도 그런가 봅니다. 오래 살다 보면 적응이 되어 잘 감당할 수 있을 줄만 알았는데 그렇지 않은 모양입니다. 무섭고 안타까운 일입니다. 그저 맛있어서 고기음식 많이 먹고(내가 사는 로즈바끼에바 샤슬릭 가게 두 곳이 늘 만원인 것만 봐도 알 만하며, 거리거리에서 우리 호떡이나 오뎅 장수만큼이나 많은 또 다른 종류의 고기 썰어서 만두피 같은 데 넣어서 파는 곳들을 봐도 그렇습니다) 살다보니, 아무리 차를 열심히 마시고 빵에 야채도 곁들여 먹는다지만 역부족인 모양입니다. 몸이 감당할 수 있는 한계치를 벗어날 만큼 과부하가 걸려들 있는 모양입니다.

환자가 그렇게 많으면 의료장비와 약품도 엄청나게 많이 필요하겠다고 했더니만, 약물치료는 후유증이 있어서 좋지 않은 방법이라 합니다. 아마도 수지침이나 물리치료로 고쳐주는 듯했습니다. 몇 번만 해주면 아주 효과가 잘 나타난다고 했습니다. 그때부터는 스스로 집에서 하게 해준다고 했습니다.

동물성 기름을 많이 섭취하면, 쓰고 남는 족족 체내에 축적이 되는데, 격렬한 육체노동을 많이 하면, 기름에 불 붙듯이 에너지로 바뀌어 소모되어 괜찮지만 운동량이 부족할 경우 그게 계속 쌓여 각종 성인병을 일으킨다고 했습니다. 특히 돼지고기는 성경에서도 먹지 말라고 했으니 안 먹는 게 좋다고 합니다. 상하기도 쉬운 데다 몸에 안 좋다고 했습니다. 특히 정신노동하는 사람들의 경우에는, 동물성 기름보다는 식물성 기름을 많이 먹어야 한다고 합니다. 이번에 이곳에 한인연합집회 강사로 오신 방선기 목사님이 식사 때마다 스스로 준비해 온 생식으로 거의 끼니를 때우고 있으면서도 환한 얼굴에 건강미가 넘쳐서 웬일인가 했는데, 의료 선교사의 말을 들으니 이해할 만합니다.

의료인 만난 김에, 내 오른쪽 어금니가 부실해져 거의 왼쪽으로만 씹는다는 이야기를 했더니만, 대뜸 내 왼손 중지 첫째마디의 아래 왼쪽의 한 부분을 볼펜으로 찌르는데 무지하게 아픕니다. 아프다고 비명을 지르니, 혈액순환에 문제가 있다며 수시로 자극하면 오른쪽 어금니 상태가 호전될 거라 자신 있게 말합니다. 눈도 나빠지고 있다고 했더니만, 약지의 맨 아래 부분을 수시로 자극해 주라고 합니다. 간을 활성화하는 부위라나요?

에덴동산에 살 때는 공기며 음식이 좋아서 아무런 문제가 없었는데, 타락 이후 모든 게 변질되면서, 이제는 인위적으로 이렇게 특정 부위를 자극해 준다든가 하지 않으면 건강하게 살기 어렵다는 설명을 덧붙입니다. 할 수만 있으면 중지 첫째마디만이라도 열심히 찔러줘야겠습니다.

카자흐스탄의 금기어들(3)

문지방을 사이에 두고 인사하면 안된다.
짝수 송이의 꽃을 선물하면 안된다(짝수 꽃은 장례식용).
칼을 선물하면 안된다.
밤에는 돈을 세지 말아야 하며, 남에게 돈 빌려서도 안된다.
밤에 부득이 돈을 줄 때는 직접 주지 말고 테이블 위에 놓는다.
밤에 소금을 주면 안된다.
부부는 서로의 머리를 깎아주면 안된다.
다리를 흔들면 부모님이 일찍 죽는다.
남녀는 악수하지 않는다.
여자가 식사를 초대하더라도 계산은 남자가 한다.

격세지감

10년 전에 이곳에 선교사로 오신 강 목사님의 전언에 따르면, 10년 전의 알마티, 그러니까 소련에서 독립되어 3~4년 정도 되었던 1994년 무렵의 알마티는 지금과는 비교할 수 없을 정도로 낙후되어 있었다고 합니다. 자동차도 거의 없어서, 교통신호 같은 것은 거의 무시해도 되었답니다. 우리가 한국에서 먹는 우유와 가장 비슷한 우유를 사려면 시장을 뒤지듯 돌아다녀야 했고(비싸서 현지인들이 잘 사먹지 않으니 공급이 부족했던 것), 예배당 유지와 수리에 필요한 공구 한 번 구하려면 마찬가지로 하루 종일 헤매야 했답니다. 스테플러 박는 것 사러 갔는데 하루 종일 돌아다녀 겨우 구하고 보니 알은 다른 데서 구하라고 해서 다시 하루 발품을 팔았다고 하는군요.

그 비슷한 이야기를 남 박사를 통해서 들었습니다. 10년 전 러시아 모스크바에서는 인정을 느낄 수 있었답니다. 자본주의 물이 덜 들어서 그랬는지 길을 물으면 친절하게들 안내해 주는 등 아무튼 인정을 그냥 느낄 수 있었다는 것이지요. 하지만 이제 모스크바는 더 이상 사람 살 곳이 못된다고 할 정도로 삭막하답니다. 러시아인들의 인종적 우월주의도 대단하고, 자기에게 관계되지 않거나 이익이 되지 않는 일에 대해서는 나서

지 않으려 한다는 것이지요. 그곳에서 지내다 이곳에 오니 시골에서 사는 것만 같다며 만족해합니다.

이곳 알마티, 엄청나게 변하고 있답니다. 물가도 부동산값도 아파트 임대료도 무섭게 올랐으며, 곳곳에는 땅집(아파트가 아닌 일반 주택)들을 허물고 아파트단지며 백화점들이 들어서고 있습니다. 알파라비 자마까에바 지역이 미국의 맨하탄을 본뜬 금융가로 변할 것이라고 합니다. 이미 집들을 허물고 기초공사를 시작하여, 그 바람에 그곳에 살던 사람들은 처음에 샀던 가격보다 10배도 더 되는 가격으로 보상받을 모양입니다. 물론 그 대신 그 돈으로 다시 시내에서 그런 집을 사려면 그 값을 주어야 하겠지만, 변두리로 나가면 아직도 평당 15만원 땅도 있으니 재미를 보았다 하겠습니다.

허허벌판이었던 곳에 집이며 아파트가 들어서서 10년 전을 생각하면 믿어지지 않을 정도라고, 사모님도 차를 타고 메데우 야유회 가는 길에 연신 탄성을 발하십니다. "알마티가 이렇게 변할 줄 누가 알았겠어요!" 강 목사님이 그 말씀을 받아 다시 이렇게 들려줍니다. "그런데도 한국에 있는 분들은 여기 사람들을 불쌍한 사람들로 생각해요. 천만에, 한국이 불쌍한 나라인지도 몰라요. 여기 들어와 있는 한국식품점, 한국인 때문에 운영되는 것 아니에요. 현지인 부자들 때문에 운영돼요. 그래서 값이 터무니없이 비싸요. 비싸도 사가거든요."

시원한 까라가치나무 그늘에서

참 신통한 곳입니다. 아침에 선선한 듯하여 겨울잠바 걸치고 나왔다가, 한낮에 무려 32도까지 올라가는 바람에, 죽는 줄 알았습니다. 우즈벡 고려인의 구전설화가 러시아어로 번역되어 실려 있다는 『보이지 않는 섬』이란 책을 사려고, 구르만가지 뿌쉬킨 거리에 있는 과학아카데미(아까데미야 나우크) 구내서점에 들렀다가 허탕을 치고, 다시 고려인연합회 사무실로 김 게르만 교수를 찾아가 구하느라 몇 시간을, 점심도 길거리에서 빵으로 대충 때운 채 버스 갈아타며 돌아다니는데, 얼마나 더운지 숨이 콱콱 막히는 것만 같았습니다.

그런데 참 희한합니다. 도심 곳곳이 공원이나 유원지마냥, 널찍한 공터에 나무들(까라가치나무가 대표수종)이 빼곡히 들어차 있는 이곳 알마티, 길가 인도마다 여름이면 양쪽의 나뭇가지와 이파리들이 서로 닿아서 완전히 터널을 만들고 있는 이곳 알마티, 그 나무 그늘 속에만 들어가면 시원합니다. 햇빛이 직접 쬐는 길거리와 숲속은 완전히 다릅니다. 우리나라 같으면 습도가 있어서 그런지, 아주 깊은 산속이 아니라면, 서울에서는 그렇게 큰 차이를 느끼기 어려운데, 이곳은 다릅니다. 오늘도 아주 더운 날인데, 아파트에 들어와 반바지를 걸치고 한참 앉아 있으니 한기가 느껴

까라가치나무가 우거진 길

집니다. 맹랑한 일입니다. 습도라는 게 얼마나 무서운지, 그놈이 바깥 공기 중의 온도까지 고스란히 전달해 준다는 사실을 절실하게 알 수 있습니다.

고려인연합회 찾아가기 위해 한참 동안 정류장에서 버스를 기다리다 문득 눈앞에 서 있는 까라가치나무들을 자세히 쳐다보고 올려다보았습니다. 3~4m 간격으로 서있는 그 나무들의 높이는 대충 6m는 족히 될 것 같았습니다. 이 도시가 만들어지던 당시, 아니 그 까라가치나무들이 처음 심겨질 때를 상상해 보았습니다. 아주 작은 묘목을 심었겠지요. 듬성듬성 그 작은 묘목들을 심을 때, 지금 이렇게 울창한 가지와 이파리들을 늘어뜨려, 오가는 사람들이 시원하도록 해주는 거목들이 될 것을 과연 믿었을까? 무소불위의 권위를 지닌 저 위의 중앙당에서 시키니까 어쩔 수 없이 그저 심었던 것은 아닐까? 하지만 이제 수십년 세월이 흘러 그 어린 묘목들이 아름드리 나무, 어떤 것은 5층아파트 높이만큼들 장성해서, 뭇사람들을 햇빛과 비바람으로부터 감싸주고 보호해 주고 있다는 사실을 생각해 보니, 엄숙한 느낌이 들었습니다. 우리가 자식 키우고 인재들 가르치는 것도 이런 것이려니, 당장은 한심하기만 하고 아무런 전망도 보이지 않는 것 같지만, 때가 되면 그것들이 거목으로 자라나 가정을 버티고 사회를 유지해 가는 재목 노릇을 하리라는 기대를 가지고, 부지런히 심고 정성껏 물을 주며 보살펴야 하지 않을까? 버스는 오지 않아 짜증은 나지만, 한참 동안 그런 생각을 하며 서 있었습니다.

2장

카자흐스탄의 명소

예정에 없던 천산 여행 | 아내와 침블락 오르기 | 그리이스정교 사원 | 알마라싼 발쇼이(큰) 호수 | 아, 우슈또베 바스또베! | 아타켄트 나들이 | 고골리 공원 | 고려극장(조선극장) 방문

예정에 없던 천산 여행

원래는 박박티 고려인 할머니들을 찾아가기로 했던 것인데, 실크로드 탐사팀과 함께 천산(정확히 말하면 천산산맥)여행을 가기로 바뀌었습니다. 서울대 명예교수인 한상복 선생님을 위시하여 서울대 환경대학원의 이도원 교수 등 여남은 명으로 구성된 실크로드 탐사팀과 함께, 대여한 승합차를 타고 박 사장님의 안내를 받으며, 말로만 듣고 멀리서 보기만 하던 천산에 다가갔습니다.

처음에는 날씨가 흐려 구름이 잔뜩 끼는 바람에, 정상은커녕 중턱의 모습도 잘 안보였습니다. 리조트장에서 세 차례나 리프트를 갈아타며 올라갈 때만 해도. 정상을 볼 생각은 엄두도 못냈습니다. 비가 오면 그냥 내려올 각오까지 해야만 했습니다.

안개 자욱한 천산의 리프트

어쨌든 4000m 고지라 위는 춥다는 안내자의 말에 따라 3500원씩을 주고 겨울옷을 빌려 입고 리프트에 둘씩 탔습니다. 나는 60대 최모 할머니와 함께 탔습니다. 부동산으로 돈을 번 그분은 생활비를 아껴 이곳저곳 여행하며 어려운 민족들 도와준다고 하였습니다. 함께 내려다보이는 경치는 아름다웠습니다. 초원에 가득히 깔려있는 들풀과 들꽃 위로, 자욱한 안개(구름)를 헤치며 리프트는 계속 위로 올라갔습니다.

3단계쯤에서는 혼자 타고 올라갔는데, 구름이 아주 짙어져서 앞 사람이 어슴프레하게 보였습니다. 나는 기도했습니다. "하나님, 이 좋은 곳에 아내와 함께 왔어야 하는데, 고생만 시키고 혼자 왔습니다. 다음에는 함께 오게 해주세요." 저 뒤에서 최 할머니가 큰소리로 찬양하기에 나도 따라 불렀습니다. "참 아름다워라 주님의 세계는 저 아침해와 저녁놀 밤하늘 빛난 별"에 이어 "주하나님 지으신 모든 세계 내 마음속에 그리어볼 때 … 주님의 높고 위대하심을 내 영혼이 찬양하네"

리프트에서 내리자, 말린 에델바이스를, 한 움큼에 무려 100불씩 받고 팔고 있었습니다. 아무도 안 샀습니다. 안내자의 말이, 자기를 따라 오면 얼마든지 볼 수 있다고 했습니다. 안개를 헤치며 한참 올라가자 정말 에델

천산 중턱의 야생화 밭

바이스 군락지가 나왔습니다. 내 평생 처음 보는 에델바이스였습니다. 우리나라 설악산 것보다 작다고 한상복 선생님이 얘기해 주었습니다. 조금 오르다 보니 우리 서낭당처럼, 큰나무에 온갖 헝겊들을 주렁주렁 매달은 게 보였습니다. 각자의 소원을 비는 마음으로 달아놓은 것이라 했습니다.

계속해서 올라가니 계곡에서 물 흐르는 소리가 났습니다. 바위 밑으로 천산산맥에서 물이 흘러내려오고 있었습니다. 손을 대니 3초도 견딜 수 없을 만큼 차가웠습니다. 만년설이 녹은 물이 아니겠는가, 함께 올라간 여선생과 얘기하고 있는데, 저쪽 건너에서 "만년설이다" 하며 부르는 소리가 나서, 안개를 헤치고 건너가 보니, 정말 눈이 쌓여 있었습니다. 8월의 눈! 말로만 듣던 만년설이라고 좋아했는데, 어찌된 일인지 흙을 뒤집어 써서 깨끗하지 못했습니다. 하지만 조금 파보니 속은 희었습니다. 잘 뭉쳐지기도 했고 입에 넣으니 냉기가 입안 가득히 퍼졌습니다.

한참 내려오다가 우리는 경이로운 모습 앞에 입을 딱 벌렸습니다. 순간적으로 구름이 걷히면서, 마치 파노라마처럼, 사방에 산봉우리들이 여기저기 나타나 우리를 굽어다 보고 있었습니다. 허리까지는 구름에 가리운 채 가슴 윗부분을 드러내고 내려다보는 그 모습, 무섭기도 했습니다. 조금 있으니 정면에 해발 4995m의 달가르봉이 그 자태를 완전하게 드러냈습니다. 머리에서부터 가슴까지 온통 하얀 만년설을 뒤집어 쓴 모습은 장관이었습니다. 별세계였습니다. 웅장했고 아름다웠습니다. 사진을 몇 장 찍자마자 별안간 시야에서 사라졌습니다. 자욱한 안개가 다시 가려버렸기 때문입니다. 언제 그랬냐는 듯 시치미 뚝 떼고 우리 주변에는 안개만 자욱했습니다. 최 씨 할머니와 나는 '우리가 찬송 불러서 하나님이 도와주셨나 봐요. 위대하신 하나님을 찬양하니 그 위대함을 느끼게 해 주신 것 같아요.'했더니, 한상복 선생님도 하나님 은혜라며 동의했습니다. 안내자인 박 사장도 말하기를, 여러 번 올라왔지만 이런 날씨와 모습은 처음이라고 했습니다. 대개는 비가 내려서 옷이 흠뻑 젖는다고 했습니다.

우리가 환상을 본 것 아니냐며, 조금 내려오는데, 다시 안개가 걷히면서 우리 앞에 더 선명한 모습으로, 더 광범위한 자태를 보여주는 것이었습니다. 왼쪽으로는 운해가 깔려 있어서 신선의 세계 위에 올라앉은 것만 같았습니다.

금세 다시 자태를 감추고 있는 천산의 정상

우리는 다시 폼들을 잡았습니다. 야생파와 이름 모를 들풀과 들꽃이 가득한 언덕을 배경으로 다시 달가르봉을 담았습니다.

리프트를 타고 다시 내려왔습니다. 한상복 선생님과 이런저런 이야기를 나누었습니다. 유목민 가운데에도 정주목과 이주목이 있다는 것을 알았습니다. 정주목은 평지에서 베이스캠프를 잡아놓고 남자가 소떼를 몰고 다니는 것이며, 이주목은 수직적으로 풀밭을 따라 장기간 베이스캠프를 떠나 양떼를 치는 것이라 했습니다. 유목민이라 해도 이렇게 다양할 수가 있으니 함부로 말해서는 안되겠다는 생각을 해보았습니다. 유목민들이 재산인 가축을 보존하기 위한 방편으로 사촌끼리의 혼인을 하는 전통이 있다고 하기에, 일본의 근친혼은 어떤 배경이냐고 하니, 아직 뚜렷한 설명이 없다고 했습니다.

내려오며 자세히 살펴보니, 천산산맥은 분명히 우리 산보다 높고 우람하였지만, 정감은 느껴지지 않았습니다. 이유는 알 수 없지만 군데군데 대머리처럼 벗어진 곳이 너무 많았습니다. 아예 바위와 바위조각으로만 이루어진 썰렁한 산도 많았습니다. 언제 흘러내릴지 걱정되는 모습으로 말입니다. 산세도 어머니같은 우리 산의 이미지와는 달랐습니다. 우리 마음을 포근하게 해주는 것은 역시 우리 산이 아닌가 싶습니다.

아내와 침블락 오르기

아내와 함께 이곳 최고의 명승지 침블락에 갔습니다. 원래는 ㄱ장로님이 안내하겠다고 해서 주말에 세 식구가 함께 가려고 별렀는데 주말마다 궂은 날씨가 많고 다른 일도 생겨 미루다, 아주 화창한 화요일, 아들은 학교 가고 없지만, 우리 둘이 그냥 나섰습니다.

미리 조사해 둔 대로, 시내버스로 카작스탄호텔이 있는 아바야 도스틱 울리짜(교차로)까지 가서, 메데오 가는 29번 버스를 타니 스케이트경기장으로 유명한 메데오 밑 종점에 내려줍니다. 거기서 만난 침블락 직원 청년을 만나 택시로 침블락 리프트 타는 데까지 갔습니다. 택시비는 한 사람당 1000텡게(8천원)씩이었지만, 택시 외에는 갈 길이 없다고 해서 그냥 갔습니다. 그 친구는 러시아와 카작어와 영어를 능숙하게 구사하였습니다. 대충 카작어와 영어를 섞어서 의사소통을 하며 갔습니다.

두 사람씩 타는 리프트에 아내와 함께 탔는데, 이게 웬일, 가림대가 없어 앞이 허전하여 무서움이 밀려옵니다. 요동이라도 치면 떨어질까 봐, 이것저것 꼭 붙들고 가다가, 아무리 생각해도 이상해, 앞 사람들 타고 가는 리프트를 관찰하니, 발판이 있습니다. 그제야 머리 위 손잡이를 끌어내리니 발판이 내려옵니다. "작년에도 와본 사람이 이것도 모르냐?"고 아

천산에서 아내와 함께

내가 핀잔합니다. 그 일로 한참동안이나 웃었습니다. 공부하는 일 빼놓고는, 왜 그렇게 잘 잊거나 생각해 내지 못하는지 모르겠습니다. 늘 새잡이이니 말입니다. 하도 춥다고들 하기에 완전 겨울철 복장으로, 츄리닝까지 껴입고, 털모자에 장갑까지 준비해 갔는데, 1단계까지만 가는 바람에, 오고 가는 길에 너무 더워서, 고려인들의 말로 '죽다 살았습니다.' 리프트 타는 데서는, 여전히 겨울 잠바를 대여하고 있었습니다만, 중무장 안 해도 되는데 호들갑을 떨었다고, 아내가 계속 놀려댑니다.

400텡게씩을 내고, 리프트를 타니 바람이 불어옵니다. 밑에는 눈 쌓인 비탈, 옆으로 천산산맥의 봉우리들이 지나갑니다. 하늘에는 하얀 구름이 뭉게뭉게 피어오릅니다. 구름 사이로 비치는 강렬한 햇빛을 보며, 1단계 2600m 정류장까지 올라갔습니다. 주말에는 3단계 3200m까지 올라간다는데, 평일인데다 최근 눈사태 사고로 1단계만 운행하여, 아쉽게도 거기서 만족해야 했습니다. 저 아래 알마티 시내가 아슴프레 눈에 들어옵니다. 위에는 하얀 눈밭입니다. 우리 서낭나무처럼, 오고 가는 사람들이 그랬는지, 기원하는 뜻에서 수없이 많은 깃발쪼가리를 매달아 놓은 나무 앞에서 사진도 찍고, 바람을 쐬다 다시 리프트를 탔습니다.

맑은 창공에서 힘차게 배회하던 매 한 마리가, 우리 전나무처럼 기품있게 생긴 나무 꼭대기에 사뿐히 내려앉습니다. 같은 매라도 이런 데 사는 매는 호연지기를 지녔겠구나, 품이 다르겠구나, 품은 뜻도 다르겠구나, 세상을 굽어다 보며 살겠구나 싶었습니다. 늠름하게 앉은 그 모습이 부러워 사진기를 눌렀습니다. 문득 신라 향가 〈찬기파랑가〉가 떠오릅니다. 기파랑의 인품이 저 천산의 매와도 같았을지도 모른다는 생각을 해봅니다. "잣나무가지 높아 서리 모를 기상이여!" 여기 지상에 살아도 하늘에 속한 사람으로서 늠연하게 살고 싶다는 마음을, 그 매를 보며 가져봅니다.

그리이스정교 사원

눈 내린 토요일 오후 아내와 아들과 함께, 9번 전기버스를 타고 빤빌로브공원 안에 있는 그리이스정교사원 구경을 갔습니다. 세 번째 보는 것이지만, 눈이 내린 날 보는 모습은 더 아름다웠습니다. 이 성당의 특징은, 못을 일절 안 쓰고, 오로지 나무로만 지었다는데, 1914년의 대지진 때인가 이 건물만 끄떡하지 않고 버텼답니다. 이곳 신자들은 그게 다 하나님이나 마리아가 지켜주신 덕이라고 믿고들 있다네요.

광장에서 신혼부부가 기념촬영을 하고 있었습니다. 비둘기떼가 웨딩드레스를 입은 신부 주변에 앉도록 모이를 뿌려 유인한 다음, 일시에 날리면서 그 장관을 찍느라, 사진사는 비둘기를 모으고 날리고 하기를 반복하였습니다. 평화로운 장면이었습니다.

사원 문이 닫혀 있었으나 혹시나 해서 밀어보니 열렸습니다. 가만히 아내와 함께 들어가니 마침 예배가 진행되고 있었습니다(오후 4시 45분경). 중앙 복판에서 사제가 뭐라 뭐라 염송을 하였고, 수많은 신도들이, 의자가 없는 홀에서 그냥들 선 채 성호를 그어가며, 때때로 그 염송에 화답하고 있었습니다. 우리도 거기 섞여서 고개도 숙이고 후레쉬 안 터지게 하고 사진도 찍었습니다.

빤삘로브공원 안 그리이스정교 사원(성당)

그리이스정교사원에서 15분 정도 걸으면, 이슬람사원이 나옵니다. 한 번 가보았는데 그렇게 소박할 수가 없습니다. 내부는 안 들어가봤지만, 그리이스정교와는 확 구분됩니다. 그리이스 정교사원은 외부만 아름다운 게 아니라 내부도 호화롭기 그지없습니다. 외부의 분위기는 마치 황금으로 화려하게 장식한 커다란 왕관을 보는 것만 같은 느낌을 줍니다. 내부도 마찬가지입니다. 벽마다 온갖 성화가 장식하고 있으며, 예수님을 비롯하여 열두 제자로 보이는 성인들의 조각이 있어 그 앞에 촛불을 켜고 기도하게 되어 있습니다. 마치 박물관이나 미술관에 들어선 것만 같습니다.

단순소박하기로는 개신교 교회도 마찬가지입니다. 그런데 예배에서 느껴지는 활력이랄까 뜨거움은 개신교 교회가 더하지 않은가 싶습니다. 이

그리이스정교 사원(성당) 내부의 예배 모습

슬람예배는 참석하지 않아 잘 모르겠지만, 종교의 생명은 정제된 의례나 엄숙한 분위기나 화려한 장식보다는 우리를 변화시키는 실질적인 능력과 뜨거운 회개와 신앙고백에 있는 게 아닐까, 아름다운 정교사원을 나서면서 그런 생각을 해보았습니다. 이슬람사원의 내부 장식과 예배 분위기는 어떤지 언제 한번 관람해 보고 싶습니다.

알마라싼 발쇼이(큰) 호수

강 목사님의 호의로, 그 동안 말로만 듣던 알마라싼 발쇼이 호수, 우리로 치면 산정호수를 찾아갔습니다. 아들 선범이, 목사님 딸 예나, 핀란드에서 대학을 다니다 잠시 방문중인 이희도 군도 동행했습니다. 같은 천산자락인데도 메데우와는 분위기가 또 달랐습니다.

침엽수도 더 울창하고 가는 길이며 모든 게 더 아기자기하고 정겨웠습니다. 곳곳에 전통 천막집을 세워 놓고 샤슬릭도 팔고 차도 파는 게 보였습니다. 여유 있는 사람들은 이곳에 놀러 와서 잠도 잔다고 했습니다. 아주 시원해서 여름에 이곳에서 지내면 신선놀음이겠다 싶었습니다.

아주 꼬불꼬불 험한 산길을 자동차로 달리는데, 고소 공포증이 있는 선범이는 연신 비명을 질러대고, 예나는 자꾸만 더 무섭게 하려고 놀려대고, 가다가 가끔 차를 세우고 아래 위 절경도 구경하며 사진을 찍었습니다. 일반 등산객들은 도저히 차도로는 못 오르고, 송수관을 따라 올라갔다가 자전거로 차도를 내려온다는데, 정말 가다 보니 여러 젊은이가 송수관을 타고 오르고 있었습니다. 3천 미터 고지쯤 된다는데 그 위에 오르자 발 아래로 정말 호수가 있었습니다.

이곳저곳 산계곡에서 내려오는 물소리를 들으며 사진 찍고 즐기는데,

알마라싼 발쇼이 호수에서 아들과 함께

아래쪽에서 구름이 밀려들기 시작하였습니다. 가까운 거리에서 짙은 안개나 연기 같은 구름의 움직임을 직접 보는 경험도 하였습니다. 이 물이 알마티 사람들의 식수원이랍니다. 석회가 섞여서 그런지 물빛이 회색을 띠고 있었습니다. 역시 물은 우리나라 물이 최고입니다.

다른 사람들은 호숫가에만 있는데, 우리는 목사님의 안내를 받아 옆으로 더 올라가 천문대 부근에서 아래를 굽어다 보며 즐겼습니다. 희한하게도 그곳은 넓은 평원이었습니다. 까마귀가 날아다니며 들꽃이 지천으로 피어있고 산새 소리가 들려오는데, 아까 퍼져오던 구름이 더욱 자욱해져 가까운 거리만 보였습니다. 혹시나 구름이 열려 사방의 높은 산 자태를 보여줄까 기대했으나, 다음에 다시 오라는 뜻인지, 구름이 더욱 짙어지고 비까지 내려 하산하였습니다.

아, 우슈또베 바스또베!

마침내 찾아갔습니다. 원동에서 화물기차에 실려 중앙아시아에 처음 내버려진 고려인들의 일부가 1937년 10월 9일부터 이듬해 4월 10일까지 토굴집을 짓고 살아남은 곳, 그리고 그분들이 묻혀 있는 곳, 그곳을 찾아갔습니다. 2006년에 우슈또베에 들러 구전설화를 채록하였지만, 시간에 쫓겨 미처 들르지 못한 그곳, 알마티에서 350여 km 거리에 있는 그곳을 오늘(2008년 7월 17일) 강 목사님이 승용차를 운전해 주어, 강 권사님과 요엘 군과 아들 선범이와 함께 리자 권사님의 통역에 힘입어 다녀왔습니다.

바스또베는 우슈또베에서 5리쯤 떨어진 곳에 있었습니다. 멀리서 보니 언덕이었습니다. 갈대가 우거진 수로 옆의 자동차 길을 달려, 조금 가까이 다가가니 얕은 산 아래로 보였습니다. 완연한 공동묘지가 보였습니다. 차를 더 달려 산 아래 길로 접근해 무덤 사이에 차를 세우고 걸어갔습니다. 사진으로만 보던 표석이 눈에 띄어 달려가니, 돌판에 선명하게 새겨진 글씨, "이곳은 원동에서 강제이주 된 고려인들이 1937년 10월 9일부터 1938년 4월 10일까지 토굴을 짓고 살았던 조기 정착지이다." 오른쪽에는 똑같은 내용이 러시아어 돌판에 새겨져 있었습니다. 돌판 뒤에 보

우슈또베 바스또베의 고려인 토굴집 유적지

이는 두 개의 토굴 흔적, 70여 년의 세월 속에, 그리고 개방 독립 이후 많은 한국인들이 다녀가면서 많이 메꾸어졌지만 움푹 패인 그 자리를 보는 순간, 왈칵 눈물이 흘러내렸습니다. 짐승도 아닌데 땅을 파고 살았다니, 아들 녀석을 데려다 그 앞에서 설명해 주면서 함께 사진을 찍었습니다. 다른 때는 '김치' 하면서 밝게 찍었지만, 그럴 수 없었습니다.

거기 내가 만났던 이 따냐 할머니가 살고 임 로자 할머니가 사셨다는 생각을 하면서, 그분들이 여기 살면서 무엇을 보았을까 생각하면서, 나는 이리 뛰고 저리 뛰어다니면서, 사면팔방의 모습들을 사진기에 담았습니다. 저 멀리, 기차에서 내렸을 서쪽도 바라보고, 남쪽, 동쪽, 그리고 산쪽인 북쪽도 올려다보았습니다. 30여 미터 앞의 갈대 무성한 물길도 찍었습니다. 거기 지금도 지천으로 우거진 갈대(고려말로 '깔')를 꺾어다 토굴집 이엉을 했겠지요.

우슈또베 바스또베 고려인 토굴집 유적지의 비석 앞에서

먼 거리에서 토굴자리와 공동묘지 전체를 내려다보고 올려다보면서도 찍었습니다. 언덕 꼭대기에 올라갔습니다. 우리 할머니들이, 할아버지들이, 그때 이곳에 살면서, 언덕 위에 올라가 과연 그 너머 무엇을 보았을까 궁금해 올라갔습니다. 아, 망망한 벌판이었습니다. 아득한 벌판을 바라보며, 절해고도와 같은 그곳에서 빠져나갈 엄두도 내지 못한 채 살았을 할아버지, 할머니를 생각했습니다.

발길을 돌려 우슈또베로 향하는데, 오른쪽으로 벼밭이 보입니다. 그때 고려인들이 처음으로 일군 논이겠지요. 큰 냇물이 옆에 있었습니다. 물이 흔한 곳입니다. 참으로 다행한 일입니다. '고려인들은 돌밭에 앉혀 놔도 살아남는다'는 말을 카작인들이 한다고, 고려인 2세 리자 권사님이 말해 줍니다. 밀밭도 보입니다. 고려인들을 짐 부리듯 버렸을 기차길에 들어가 사진을 찍었습니다. 그때 역도 아닌 곳에 버리고 나서, 다시 자동차로 이곳까지 실어 날랐다지요. 선로에 서서 바스또베를 바라보니 마침 그곳만 구름에 가려져 검은 색으로 웅크리고 있습니다. 고려인의 한이 맺혀서 그런 것만 같습니다.

우슈또베를 빠져나오는데, 카작 청년(아저씨?) 하나가 양무리를 몰고 지나갑니다. 1937년 당시 우리 고려인들을 친절하게 대해준 카작인의 후손이겠지요. 자기네도 어려우면서도 뜨거운 물도 주고 빵도 주어 죽지 않게 돌봐준 그 천사같은 민족의 후손이겠지요. 다시 바라보니 여전히 저 멀리로 바스또베(머리 산)가 검은 빛을 띤 채 슬프게 누워있습니다.

아타켄트 나들이

이곳에서 가구공장을 지어 운영하는 분(지담 사장)이 아타켄트(우리의 삼성동 무역센터 같은 곳)에서 가구전시를 한다기에, 퀸즈장로교회 김 목사님과 함께 찾아갔습니다. 원래는 입장료가 200텡게씩인데 초대장이 있어서 공짜로 들어갔습니다. 아타켄트 앞을 수십 번 지나다녔지만 아름답게 세워진 문과 그 옆의 몇몇 가게만 들어가 보았을 뿐, 그 안에는 들어가 본 일이 없었는데, 대단했습니다. 널찍한 주차장에 야외풀장에 레스토랑, 여러 동으로 이루어진 전시장들은 별세계였습니다.

가구 전시를 하는 9-A동 쪽으로 걸어들 가는데, 옆동 현관 앞에서 골동품들을 팔고 있습니다. 아주 오래된 카메라며 망원경이며 소련 시절의 동전과 각종 훈장, 레닌 초상이 들어간 물건들이 가득 놓여 있습니다. 얼른 보기에 향로나 사무실 담배잿털이처럼 보이는 차 끓이기용 물건도 여럿 세워져 있어, 사두면 골동품으로 좋다고들 김 목사님이 소근댔습니다.

그 옆에는 카작인들의 전통생활이며 자연을 담은 수채화 액자며 가죽제품에다 각종 문양과 그림을 그린 액자, 벽걸이용 소형 양탄자 제품, 보석류들이 있습니다. 책 크기만 한 수채화 액자 하나를 사고 싶었는데 무려 3천텡게나 달래서 망설이다, 김 목사님이, 외국에서 오실 손님을 위해

아타켄트 정문의 야경

가죽그림을 사면서 끼워 사서 주시는 바람에 2천 텡게(18,000원)에 내 손에 넣었습니다.

〈주라기공원〉 첫머리에 나오는 호박이란 보석도 팔고 있었습니다. 우리나라에서는 비싼데 여기서는 아주 좋고 싸다고 합니다. 햇빛에 비쳐보니, 벌이며 각종 곤충이 그 안에 들어 있습니다. 소나무 송진 같은 것이 오랜 세월동안에 굳어지면서 화석화한 보석이다 보니, 그 속에 곤충들이 함께 들어가 있다고 했습니다. 별난 보석이라는 것을 비로소 알았습니다. 곤충이 송진에 빠져 죽은 것은 불행이지만 그렇게 거기 빠져 죽었기에, 그 보석과 함께 지금껏 그 모습이 남아 우리 눈에 보일 수 있다는 게 흥미롭습니다. 하도 싼 데다 딱 하나밖에 안 남았다기에 1500텡게(12,000원) 주고 하나를 샀습니다만 육안으로는 곤충이 잘 안 보입니다. 한국에 돌아가 돋보기로 한번 살펴봐야겠습니다. 과연 어떤 곤충이 들어있을지 궁금합니다.

고골리 공원

고려극장에 〈아리랑〉 연극을 보러 가는 길에 고골리 공원에 들렀습니다. 나는 작년에 들어가 보았지만, 그때는 비가 와서 제대로 둘러보지도 못하고 말았으나, 이번에는 날씨가 좋아 어느 정도 다 둘러보았습니다.

정문에서 곧장 걸어 들어가니 무슨 집 같은 게 있고 문이 있기에 들어가 보니 경기장이었습니다. 내 관심은 작년에 못 보았던 동물원에 있었기에, 운동장에서 노는 아이들한테 몸짓을 동원해 동물원이 어디 있느냐고 물었으나, 연기가 시원치 않았는지 연신 고개만 갸우뚱거립니다. 비상수단으로, 볼펜을 꺼내들어 종이에 호랑이 얼굴을 그렸더니만, 얼른 알아채고는, 다시 경기장을 나가서 오른쪽으로 가라는 시늉을 했습니다.

그 말대로 오른쪽으로 가보니 놀이기구 타는 곳만 보일 뿐이었습니다. 날씨가 맑으니 아이들을 데리고 나온 부모들이며, 젊은이들이 짝을 지어 한가롭게 시간을 보내고 있었습니다. 솜사탕 장수도 분주했고, 샤슬릭 장수도 연기를 피워대며 손님을 부르고 있었습니다.

대학생으로 보이는 청년에게 다가가, 영어를 아느냐고 물은 후, "zoo"를 찾는다고 하니 금세 알고 안내합니다. 그 친구가 알려준 대로 가니, 한갓진 곳에 정말 동물원이 있었습니다. 입구에서는 뱀과 토끼와 이구아

고골리 공원의 정문

나와 부엉이 등을 가지고 아이들이나 어른들 기념사진 찍게 해서 돈 버는 사람들이 앉아 있었습니다. 뱀이 어찌나 훈련이 잘되었는지 마치 장난감처럼 빳빳하게 포즈를 취하고 있어서, 깜빡 가짜인 줄로만 착각했습니다.

매표소에서 200텡게씩 내고 들어가니, 가장 먼저 낙타가 기다리고 있었습니다. 가지가지의 독수리, 오리, 표범, 여우와 늑대, 까마귀, 원숭이를 구경했습니다. 날이 더워져서 그런지 표범들은 하나같이 축 늘어져 있어서 만사가 귀찮다는 자세였습니다. 사자와 호랑이는 아예 없는지 끝내 볼 수 없었습니다. 꼬리를 활짝 펼친 공작은 이곳에서도 아름다웠습니다. 동물원에 갈 때마다 느끼는 것이지만, 어떻게 저렇게 제각기 기기묘묘하게 생겨서 예쁜 저것들이, 한 생명체에서 진화된 것이라고 생각할 수가 있는지, 아무래도 억지 같습니다. 애초부터 정성들이고 공들여서 만들어낸 작품들로 인정하고 보는 게 동물들에 대한 예의가 아닐까 싶습니다.

고려극장(조선극장) 방문

한동안 크즐오르다에 있다가 이곳 알마티로 옮겨져 여전히 활동중에 있는 고려극장에 다녀왔습니다. 스탈린 치하, 우리 말과 문화를 말살하려는 정책을 펼 때도, 우리 말과 우리 문화를 지키기 위해 노력해 온 상징적인 기관 중의 하나인, 유서 깊은 고려인의 극장입니다.

운영이 어려워서 그런지 아주 외곽, 싸야핫 시외버스 터미널과 공항 중간쯤에 있어, 택시 타기는 싫고, 대중교통 수단은 없대서 걱정하며, 교통편을 알려달라고 전화했더니만, 친절하게도 알마티 한국교육원까지 차를 보내주어, 아내와 함께 편히 찾아갈 수 있었습니다. 우리가 대단한 손님도 아니건만 환대해 주니 몸둘 바를 모를 정도였습니다. 역시 예술쪽에서 일하는 분들이 순수한 듯합니다.

이곳에 소장되어 있다는 과거의 공연대본 가운데에서, 고전을 소재로 한 연극들의 대본을 구하려고 찾아간 것인데, 나를 맞아준 고려인 리 감독과 러시아인 극장장은, 그 문제는 최영근 선생을 만나야 한다기에, 점심을 먹으면서 기다렸습니다. 식당 옆 공연장에서는 현재 공연중인 〈아리랑〉의 리허설 소리가 한창이었습니다. 리 감독 말로는, 싸야핫공항(공항까지는 아타켄트에서 79번이나 38번 버스 이용)에서 521번타면, '까레이스끼

고려극장에서 공연 중인 〈아리랑〉 연극

떼아뜨르(고려극장)' 정문에서 내린다고 합니다.

후미진 곳에 자리 잡아서 그렇지, 내부는 괜찮아 보였습니다. 어떻게 운영하나 궁금했는데, 마침 이곳의 운영상황을 보러 왔다는 외교부 산하 해외동포재단의 정 국장과 YTN의 팀장을 만나, 일정한 지원이 있다는 사실을 알았습니다. 다행한 일입니다. 좀더 재정이 확충되어, 동포들이 쉽게 이용할 수 있도록 교통 편리한 곳으로 이전할 수 있었으면 더 좋겠습니다.

3장

카자흐스탄의 고려인

중앙시장의 고려인 아주머니들 | 고려인 소설가 김 아나똘리 선생 | 고려인 가정의 돌잔치 | 양노라 할머니와 점복 | 4개 국어에 능통한 고려인 리로베르트와의 대화 | 이걸로 닭이나 한 마리 사 먹어 | 교회 다녀서 우리말, 우리글 잘해요 | 고려인 최고의 부자 채유리 씨 전설 | 외국어대 박넬리 교수댁 방문 | 안아주며 인사하고 싶어요 | 박박티, 박박티, 박박티 | 고려인의 배신감 | 어쩔 수 없어 살아요 | 고려인을 먼저 보낸 것은 | 하나님의 섭리 | 명 드미트리 교수 | 고려인 안림마 교수 | 시신의 얼굴을 개봉한 채 치러지는 서구식 장례 | 양원식 고려일보 편집장의 장례식

중앙시장의 고려인 아주머니들

중앙시장에 가면 고려인 할머니가 많이 앉아 계시다는 박 사장의 말을 믿고, 9번 전기버스를 타고 갔습니다. 얼마 전에 간 백화점 실크웨이와는

알마티 질료니 바자르(녹색시장) 2층 반찬가게의 고려인 아주머니들

달리, 재래시장 분위기가 물씬 풍기는 곳이었습니다.

1층을 아무리 돌아다녀도 고려인 할머니는 보이지 않았습니다. 배가 고파 우선 바나나 한 개(20텡게 : 160원)를 사서 먹었습니다. 더 사먹을까 하다가, 고려인 할머니 가게를 찾아서 팔아 주어야 한다는 생각에, 주린 배를 움켜 안고 계속 돌아다녔으나 안 보였습니다. 그래서 이번에는 100텡게어치 살구를 사서 먹었습니다. 그리고 나서 또 한 바퀴 돌았으나 눈에 띄지 않았습니다. 그래서 이번에는 산딸기 50텡게어치를 사 먹었습니다.

지친 몸으로 어찌어찌 헤매다 보니 2층으로 오르는 계단이 보였습니다. 구경이나 할 요량으로 올라가서 둘러보는 내 눈 앞에 반찬이며 음식 만들어 파는 가게가 즐비했는데, 그곳으로 눈을 돌려 가게 주인을 보는 순간, 누나같은 얼굴이 확 들어왔습니다. 고려인인 것을 그냥 직감할 수 있었습니다. 그 한 줄 전체가 고려인 차지 같았습니다. 시장권을 고려인이 많이 점유하고 있다더니 그런 모양입니다.

내가 다가가자, 둥글둥글하게 생긴 40~50대 아주머니가, 내가 달라고도 안했는데, 이것저것 음식을 젓가락으로 집어서 먹으라고 하였습니다. 내가 사양하자, "잡숴요. 잡숴." 이러면서 막무가내로 종이에 담아서 내밀었습니다. 감격스러운 고려말이었습니다.

내가 한 입 먹었더니 계속해서 고기며 채소 반찬이며 한데 조합하여 젓가락과 함께 권했습니다. 과일로만 배를 채운 상태라, 그냥 받아서 먹었습니다. 더 주려고 하기에, 이제 그만 달라고 했습니다.

먹고 나서, "할머니들은 어디 계셔요?" 했더니, "할머니 없어요." 하는 것이었습니다. 재차 물었으나 대답은 마찬가지였습니다. 다들 돌아가셨다는 대답이었습니다. 기대가 무너지는 순간이었으나, 가방에서 제보자들 선물용으로 준비했던 복주머니 하나를 건넸더니 좋아했습니다. 내가 제스처를 써서, 거기에 돈도 넣고 이것저것 넣는 것이라고 했더니 막 웃었습니다.

고려인 소설가 김 아나똘리 선생

김아나똘리, 알고 보니 정말 거물이었습니다

양원식 선생님 장례식 때 만났던 김 아나똘리 선생, 그저 유명한 작가란 말만 들었지 어느 정도 위상을 차지하는 분인지 몰랐는데, 내 집에 다시 와서 대화를 나눈 북한 출신 원로 음악학자 정추 선생님이 자세하게 말해 주어서 알았습니다.

러시아 현대 작가로 추앙받는 인물이 셋이 있는데, 〈수용소 군도〉로 유명한 솔제니친, 징기스 아이마또브(키르기스스탄인)와 함께 김아나똘리도 그 셋 중에 속한다는 말을 듣고 놀랐습니다. 그러면서 덧붙이는 말이 인상적입니다.

> 아나똘리가 러시아어로 글을 썼으니 그렇게 인정받은 것이지, 우리말로 썼어 봐. 누가 알아주겠어? 내가 고려인 민요를 모아서 책으로 냈지만 그 책을 볼 사람이 얼마나 되겠어? 누가 보겠어? 아나똘리는 우리말도 잘 못하고 우리 글도 못 쓰지만, 러시아어로 글을 써서 그렇게 유명해진 거야.

그 말을 들으니 이해는 되면서도 왠지 기분이 착잡해집니다. 공용어인 러시아어로 글을 쓰니 독자가 많아 인정도 받고 세계적인 인물로 알려지게 되었지만, 민족문학이라는 점에서는 정체성을 상실하는 결과를 가져왔다는 사실 앞에, 과연 어느 게 바람직하고 현명한 일인지 복잡해집니다. 고려인들이 러시아어를 부지런히 배워 러시아화한 덕분에 공무원과 교사와 학자가 어느 민족보다 많아졌지만 말을 비롯해 우리 문화는 많이 잃어버린 것과는 대조적으로, 중국인들은 러시아어는 많이 익히지 못해 지도급 인사들은 못 되었으나 중국 문화는 고스란히들 보존하고 있다고, 얼마 전에 만난 로베르트가 얘기해 준 게 다시 생각이 났습니다. 두 가지를 조화롭게 할 수는 없는 것인가, 어렵지만 그래야 할텐데, 이제부터라도 그런 의식을 가져야 할텐데, 그런 안타까운 마음만 가질 따름입니다.

> 나는 짧은 성을 가지고 있다.
> 먹는 것은 김치와 된장이고
> 배운 것은 러시아 문화다

고려인 시인 리 스타니 슬라브가 지은 시의 일부라며, 북한 출신 원로 음악학자 정추 선생님이 알려주십니다. 이곳 고려인들의 실상과 고민을 가장 잘 드러내준 명시라면서 말입니다. 내가 봐도 그렇습니다.

러시아인들은 톨스토이니 솔제니친이니 해서 아주 긴 성을 가지고 있는데, 우리는 김, 이(리), 박처럼 한 글자 성, 잘해야 두 글자 성(선우, 남궁)을 가지고 있으니 아주 다른 점 가운데 하나가 성이 짧은 것인데 아주 잘 지적했습니다. 음식 가운데에서 우리 민족을 대표하는 발효식품으로 김치와 된장이 있는데 이것도 시에서 잘 말했습니다. 그러나 정작 학교에 가서 배우는 것은 한민족의 말이나 문화가 아니라, 온통 러시아 말과 러시아 문화, 러시아 역사인 현실 앞에서 시인은 혼란에 빠져 어리둥절하는 것이지요. 그 세 가지가 동일한 우리로서는 상상하기 어려운 당혹감과 괴리감과 슬픔을 딱 세 줄 시로 집약해 놓은 것이지요. 짧은 작품이지만 공감대가 넓습니다. 가슴을 아리게 합니다.

고려인 가정의 돌잔치

외국어대 한 넬리 교수 딸아이 돌잔치에 초대받아서 참석했습니다. 우리처럼 몇 가지 물건을 늘어놓고 아이에게 집도록 하여 그 아이가 장래 어떤 사람이 될지 짐작하며 즐거워하는 이른바 돌잡이를 그대로 하고 있어서 반가웠습니다. 연필, 청진기, 돈, 컴퓨터 마우스, 마이크, 실 등을 상에다 차려놓은 다음, 팡파레가 울려 퍼지자마자 부모와 함께 입장한 아이가 여러 물건 중에서 선택하도록 했는데, 맨 먼저 돈을, 두 번째로는 마우스를 집었습니다. 돈 많이 버는 아이티 회사의 사장이 될 모양입니다.

아이의 부모가 앉은 좌석 뒤에는 부모와 아이 형제들의 사진을 붙여놓았고, 맞은편(진행자의 자리)에는 가계도를 그려놓았는데, 친가와 외가의 증조부모 대로부터 아이의 형제자매에 이르기까지의 계보를 한눈에 알 수 있도록, 각인의 이름과 출생연도를 적어, 수형도(나무 모양)로 제시하고 있었습니다. 그 귀퉁이에는 아이의 이름을 적고, 그 이름의 뜻도 밝혀 놓았습니다. "李 完(오얏 리, 완전할 완)" 이렇게 써놓았습니다. 그렇게 해서 고려인으로서의 정체성을 이어가도록 노력하는 것이 아닌가 해서 퍽 고마웠습니다.

5시에 시작한 돌잔치는 밤 11시까지 이어졌는데, 한국인 식당을 빌리는 바람에 11시로 끝났지만, 현지인 식당의 경우는 새벽 3~4시까지 간답니다. 돈 주고 사온 여자 진행자가 사회를 보고 반주자가 반주하는 가운데, 여러 게임도 진행하고, 음식 먹다가, 나와서 춤추고, 다시 가서 음식 먹고, 한 사람 혹은 그룹으로 불러내어서는 한마디씩 덕담을 하게 하였습니다. 이 나라 사람들 정말 말 잘했습니다. 한 사람도 빼거나 주춤거리지 않고 술술 말했고 유머도 섞는지 많이들 웃었습니다. 아마도 사회주의 독재 시절에 자아비판이니 이런 거 하면서 길러진 발표력 같습니다. 우리가 어릴 때 "말 많으면 공산당"이라고 했는데, 북한 사람들 말 잘하는 것처럼 여기도 마찬가지라는 걸 실감합니다. 그리고는 다시 한바탕 춤추며 노래하다가는 또 먹고 또 덕담 나누고 또 춤추고, 계속 그 반복이었습니다. 물론 풍선 터뜨리기 등 게임도 간간히 들어갔고, 그 풍선에서도 덕담 쪽지가 계속 나왔고 터뜨린 사람이 모두가 듣도록 읽었습니다.

나도 처음에 이것저것 먹다 보니 배가 불러 괴로웠는데, 불려나가 덕담 한 마디 한 다음 한바탕 춤을 추고 나니 배가 꺼지는 것을 느꼈고, 그제야 이 사람네가 열심히 춤추는 이유를 알 것 같았습니다. 신나게 흔들어대는 사람들을 지켜보노라니, 정말 즐거워서가 아니라, 어쩌면 우리 삶이 고통스럽고 덧없고 불안하다 보니, 그것을 잊고 싶어서, 실제의 감정과는 반대로 격렬하게 흔들어 대는 것은 아닌가, 그런 생각이 들었습니다. 그렇게 보니 춤추는 게 좀 슬프게 느껴지기도 합니다(다음 날, 주일예배하러 교회 갔더니만, 내가 춤추는 모습을, 그 시간에 다른 일로 놀러 오셨던 교회 목사님 가족과 청기와 식구들이 보았다는 충격적인 말을 들었습니다).

대부분 러시아 노래에 맞추어 춤들을 추었는데, 고려인 아줌마들을 위해 우리 노래도 틀어주었습니다. 대개 러시아어로 말하고 노래하는데, 한 노인은 나와서 덕담은 러시아어로, 노래는 우리말로 하였습니다. "곱지 곱지 내가 곱지요" 하는 가사가 들어간 민요여서 반가웠고 뭉클했습니다. 아마도 그분이 어릴 때 들어왔던 민요겠지요.

함께 간 김 장로님 말씀으로는, 돌잔치비용으로 한 넬리 교수 열달치 봉급은 들어갔겠다고 했습니다. 고려인들이 특히 그렇답니다. 못 살아도 그렇게들 빚내어서 생일, 환갑 잔치들을 한다네요. 꼭 올 사람들한테만 초청하고, 초청받은 사람은 우리보다 두 배 정도 되는 축의금을 가져가고, 형제자매들이 비용을 분담한다는 말도 들었습니다. 어떤 가정에서는 사흘간 잔치하기도 하는데, 하루는 가족, 둘째 날은 친구들 이런 식으로 계속한다는군요.

양노라 할머니와 점복

아침에 양노라 할머니 댁을 세 번째로 방문해서, 빌려왔던 노래책도 돌려드리고, 노래책 속에 끼워 있던 『사가점』이라는 점복책에 대해 몇 가지 여쭤보았습니다. 중국 용정의 조선족 대학생들이 1922년에 작성한 것으로 되어 있는 그 점복책은 네 자리 숫자별로 점괘를 적어놓아, 어떻게 점을 치는지 궁금했는데 그 의문을 풀었습니다.

밤콩 80개를 바닥에 놓고 손으로 휘젓다가 한 움큼 자기 마음대로 움켜쥔 다음, 그것을 네 개씩 나누어 남는 숫자를 적습니다. 모두 네 번해서 나온 네 자리 숫자가 그 사람의 일년 운수를 나타낸다는 것인데, 이 할머니는 교회에 나가면서도, 지금까지도 이 점으로 온 가족의 1년 신수를 확인해 공책에 기록해 놓고 있었습니다. 재미로 한다고는 하지만, 그 정도를 조금 넘는 듯했습니다. 어떤 때는 신통하게 맞기도 한다며 웃으셨습니다. 하기야 외로운 이곳 타향에서 불안하게 생활해 온 이분들이 점복에 관심을 가지는 것 함부로 나무랄 일은 못되지 않을까 싶습니다.

내 것도 한번 쳐보라며 강권하기에, 한번 해보았더니, 1114가 나왔습니다. 점괘를 보니, "다른 사람들한테서는 좋은 소식이 들리는데 자신에게는 좋은 소식이 없네" 이런 요지였습니다. 마음에 안들었는지 할머니는 아무 말씀도 안하시고는 아내의 것을 쳐보라고 했습니다. 배우자의 것은 왼손으로 집는다기에 그대로 했더니, "금은보화를 많이 가지고 길을 떠나네" 이런 내용이었습니다. 그제야 할머니는 환하게 웃으시며 좋아하셨습니다. 내 일생이, 다른 사람에게 좋은 소식을 전해주었으면 참 좋겠다, 내게는 아무런 유익이 없더라도 제발 그런 인생을 살았으면 좋겠다는 생각을 했습니다. 아내의 점괘처럼, 나는 정말 이곳에서 금은보화에 비길 수 없이 많은 자료와 경험과 사귐과 만남과 감동을 안고 모레면 길을 떠나니, 그 점괘 신통하다 싶었습니다.

그 친구 한철주 할머님 댁에 다시 가서, 노래책 크기를 재고, 그 집에서도 같은 점복책을 발견해 들여다보니, 맨 뒤에 일수점 치는 요령이랑 몇 가지 한자수수께끼 메모가 되어 있어 조사했습니다. 점복에 대한 관심이 양노라 할머니 개인만의 것이 아님을 알 수 있었습니다. 다만 한철주 할머니는 교회에 나가면서부터는 화투도 그만두고 점도 치지 않는다고 했습니다.

4개 국어에 능통한 고려인 리로베르트와의 대화

외국어대를 졸업하고 한국교육원에서 근무하는 리 로베르트란 고려인 청년을 만났습니다. 4개국어를 하며(러, 영, 카, 한) 독일어도 조금 하는 총각이라는 말을 듣고, 부탁할 게 있어서 만났습니다. 고려극장에서 공연한 대본 가운데에서 춘향전, 심청전 등 고전을 소재로 각색한 작품의 대본을 한두 가지라도 입수하여 연구하고 싶은데, 고려극장 관련자와 연락이 안 돼, 그 원본을 보관하고 있다는 국립중앙도서관 문서보관국에 자유롭게 드나들 수 있는 현지인을 물색하던 중, 로베르트를 알아 만난 것이지요. 부원장 말로는 강 오르기라는 고려인 학자가 이 도서관의 고문서를 활용해 수많은 연구업적을 내고 있으니 그분의 도움을 받도록 중간다리 역할을 해주겠다는데, 이 두 사람을 통하고도 안되면 포기할 생각입니다.

로베르트는 장차 교수가 되겠다는 사람인데, 이번 8월에 한국 국비유학생으로 선발되어 경희대에서 어학연수 받은 후 대학원 과정을 밟을 것이라 했습니다. 지금은 이곳 교수 봉급이 형편없지만 머지않아 현실화할 수 있을 테니 열심히 공부하라고, 가능하면 두 나라의 언어나 문화를 비교하는 주제로 논문을 써보라고 권유했습니다.

로베르트를 보고 말했습니다. 고려인 4세, 5세들이 우리말을 전혀 모르는 문제에 대해 말했습니다. 그랬더니만 내가 몰랐던 사실을 말해줍니다. 카작인들이 우리 말을 더 빨리 깨친다는 것은 이미 들어서 아는 사실이고, 현재 여러 학교에서 한국어를 선택과목으로 가르치고 있기는 한데, 한국어 강사들의 한국어 실력이 형편없어서 오히려 한국어 공부를 망친다는 탄식이었습니다. 하기야 언젠가 '자동판매기'를 가르치면서 '자동차 판매기'라고 소개한다는 말을 들은 적이 있는데, 로베르트 말을 들으니, 문제가 심각하긴 한가 봅니다. 고려인들 부모가 2세에 대한 한국어 교육의 필요성을 인식한다 해도, 가르칠 교사가 없다는 현실, 교육원에서도 13세 이상의 고려인에게만 가르쳐 주고 있다고 했습니다.

한참 이야기하다가 로베르트가 그럽니다. "우리 고려인의 모국어는 무엇입니까? 러시아어입니까, 한국어입니까?"그렇게 말하는 심정을 충분히 알 수 있기에 나도 이렇게 대답했습니다. "물론 러시아어요. 어릴 적에 배우는 말이 모국어 아니겠어요? 더구나 국적이 러시아였으니, 러시아가 모국어인 것은 당연하지요. 하지만 항상 민족적 정체성을 따질 수밖에 없고 그러면 영원한 까레이츠이니, 한국어도 해야만 자신을 위해서나, 세계화 시대에 기여할 수 있으니 한국어를 해야 한다고 강조하는 것이지요."

로베르트는 고려인 외할머니 품에서 자라 고려말을 익힌 데다 외대 한국어과를 졸업해 모교와 교육원에서 한국어 강사로 일하는 행운을 누리고 있으니 복된 일입니다(고려말을 안다고 한국어 잘하는 것은 아닙니다. 북한방언을 기조로 변형이 가해진 형태라 많은 부분 의사 소통이 잘 안되는 경우가 많기 때문입니다. '머리 아프다'를 '골 아프다'로 표현하는 것은 약과이고 – 머리는 머리카락을 의미한다고 함 – , 2천을 '양천', '자기 스스로'를 '제비'로, '연금'을 '벤시'로, '찐빵'을 '베고자', '초상나다'를 '상세나다', '물밥'을 '물이밥이'로 표현하는 등등).

로베르트에게 당부했습니다. 카작말을 할 줄 아니, 늦기 전에 카작 이야기꾼을 찾아가 그 이야기를 녹음해 두라고, 그러면 나중에 보람있을 거라고 말입니다. 제발 내 말을 들어서 그리했으면 좋겠습니다.

이걸로 닭이나 한 마리 사 먹어

기독교인들에게는 지금이 사순절 기간입니다. 예수님이 십자가를 지시기 전의 그 40일간, 몸가짐과 마음가짐을 경건하게 가지면서 지내는 기간입니다.

사순절 기간의 어느 주일이었습니다. 버스가 제대로 와 줘서, 평소보다 15분쯤 일찍 교회에 도착했습니다. 문 밖 입구 의자에 고려인 할머니들이 앉아 담소를 나누시기에 인사도 드리고 잠시 서 있을 때였습니다.

부유하게 사시는 편인 안 예까치리나 할머니가, 손을 내밀어, 옆에 앉은 할머니에게 뭔가를 건네며 말씀하시는 소리가 가까이 서있던 내 귀에 들렸습니다.

> 이걸로 닭이나 한 마리 사 먹어.

흘낏 보니, 돈 같았습니다. 500텡게짜리 지폐를 꼬깃꼬깃 접어서 건네는 게 분명했습니다. 통닭 한 마리 값이 대개 400텡게부터 있으니까 말입니다.

예배 시간에, 다리가 불편해, 일제히 일어서서 진행하는 순서가 될 때마다 엉거주춤 힘들어하시던 그 할머니는, 안 예까치리나 할머니의 그 손길을 자꾸 뿌리치며 밀어냈고, 예까치리나 할머니는 억지로 그 주머니에 넣어 주십니다.

흐뭇한 장면이었습니다. 어떻게 보면, 그분들의 출발은 똑같았을 겁니다. 원동에서 이곳으로 아무것도 챙기지 못한 채, 여기 강제이주당해 올 때, 거의 같은 조건이었을 것입니다. 지금 80대인 그분들, 10대의 어린 나이에 여기 올 때, 정말 같은 처지였을 것입니다만, 70년의 세월이 흘러오는 동안, 한 분은 좋은 남편을 만나서 그랬는지 잘난 자식을 두어서 그랬는지, 연금도 많이 타고(16000텡게) 건강한 몸으로 여유롭게 사시는데, 한분은 어쩌다 이제 몸마저 불편한 채 구차하게 살고 계십니다. 도저히 설명할 수 없는 인생의 신비이자 아이러니가 아닐 수 없습니다.

예까치리나 할머니는, 어쩌면 그 생각을 하면서, 함께 출발한 그 동무가 어렵게 사는 게 안타깝고, 당신만 편하게 사는 것이 못내 미안해, 당신이 쓸 용돈 중에서 일부를 떼내어 그 할머니에게 건넨 것이겠지요. 그렇게라도 해야 당신의 마음이 편할 것 같아서 말이지요.

사순절이라 그랬을까요? 예까치리나 할머니의 그 손길과 은근한 말씀이 더욱 아름답게 보이고 들렸습니다. 지금도 잊혀지지가 않습니다.

교회 다녀서 우리말, 우리글 잘해요

박박티에 사는 문선진 할아버지 댁을 방문했을 때, 그 부인이 60대인데도 우리말과 우리 이야기를 아주 잘하기에, 그 이유를 물었습니다. 어릴 때 배운 것도 있지만, 대부분은 고려말을 쓸 필요가 없기에, 러시아어를 써야 편하다 보니, 고려말을 잊어버리기 일쑤인데, 이 아주머니는 이곳에 들어와 있는 교회에 나가서 우리말을 잘하게 되었다고 했습니다.

박박티에는 카나다 한인교회에서 파견한 한국인 선교사가 와 있는데, 우리말로 설교하고, 우리말 성경과 찬송가를 쓰니, 처음에는 서툴었으나, 한 주도 거르지 않고 교회 나가다 보니, 우리말도 잘하게 되고, 우리 글도 잘 읽게 되었다고 했습니다. 맞는 말입니다. 교회 나가서 얻는 부수입이 참 많습니다.

그런 의미에서도 교회는 꼭 있어야 합니다. 무교회주의자도 있지만 아닙니다. 교회는 필요합니다. 혼자서는 못할 일은 교회는 합니다. 혼자서는 경험 못할 일을 교회를 통해 합니다. 부지런히 교회 나가서, 이미 마련해 놓은 복들을 받아 누려야 합니다. 고려인 아주머니는 구원의 은혜와 함께 우리말 실력을 닦았듯, 우리 각자도 그래야 합니다. 이 세상에 태어나서 도둑질만 빼놓고 다 해보라는데, 교회 경험도 해봐야 합니다.

고려인 최고의 부자 채유리 씨 전설

신문 기사 고쳐주러 갔다가, 고려인으로서 엄청난 부자가 된 채유리 씨 전설을 들었습니다.

채유리 씨의 본직은 권투선수였다는군요. 말하자면 소련 국가대표선수였는데, 한번은 미국에서 흑인선수와 경기를 치르게 되었답니다. 미국의 흑인선수를 멋지게 이겼는데, 그 경기를 관람하던 재미 교포 한 분이, 아주 감격스러워, 채유리 씨를 저녁식사에 초대했다는군요. 한국인이 적성국가인 소련의 선수를 만난다는 것은 불법이었지만, 워낙 돈이 많은 교포니까 어찌어찌 손을 써서 그런 특별한 자리를 만들었다지요.

식사 자리에서 그 교포는 채유리 씨에, 좋은 경기를 보여주어 통쾌하고 기뻤다는 말과 함께, 아주 예상치 않은 말을 꺼내더랍니다. '무슨 소원이든지 한 가지 말하라, 들어주겠다'는 말이었습니다. 한참 생각하던 채유리 씨는 '정말로 들어주실 겁니까?' 물었고, 틀림없다고 말하자 비로소 소원을 얘기했답니다.

"100불짜리 한 장만 주십시오."

지금이야 달러 가치가 떨어져 형편없지만, 그 당시 100불짜리 한 장은 알마티에서는 엄청난 액수였답니다. 평생 만져보지 못할 돈이었다지요.

선물로 100불짜리 지폐를 받아들었지만, 그 달러를 몰래 가지고 들어오는 일이 여간 어렵지 않았답니다. 궁리 끝에 자신의 항문에 그 100달러 지폐를 숨겨가지고 들어왔다지요. 그리고는 다시 꺼내어 다리미질을 했는데, 워낙 많은 돈이라 끝내 사용할 수는 없었답니다.

그후 채유리 씨는 88올림픽을 계기로 한국에서 들어오는 돈들을 관리하면서 그때부터 일어나기 시작하여 지금은 회사, 학교, 빌딩, 시장(젤료니바자르라는 대표적인 이곳 재래시장) 등을 소유하는 갑부가 되었는데, 지금도 그 집 벽에는 그 전설의 100달러 지폐가 액자에 넣어진 채 걸려 있다는군요. 그 때, 그 어려웠던 시절을 잊지 말자는 뜻에서랍니다.

외국어대 박넬리 교수댁 방문

설날(3월22일)보다 더한 명절인 여성의 날(3월 8일), 국제관계 및 외국어대 한국어학과 학과장인 박 넬리 교수의 점심 식사 초청을 받아, 김 장로님 가족, 우리 식구가 공항행 79번 버스를 타고 댁으로 찾아갔습니다. 도심을 벗어나 한결 한적한 곳에 자리잡은 2층집이었습니다. 93세(1914년생)인데도 정정하기만 한 그 아버님(박 세르게이 옹)께서 대문 앞에 나와 기다리고 있다가, 한참 헤맨 끝에 찾아간 우리를 어린이같은 미소로 반기셨습니다. 들어서니 앞뒤로 텃밭도 있어서, 가을에 심은 마늘 싹이 돋아 오르고 있었습니다.

거실에 앉아 세르게이 할아버지께서 살아오신 이야기를 들었습니다. 중국 소련 조선의 국경이 닿아있는 하산에 살다가, 이르쿠츠에서 군대생활을 하던 중 강제이주가 되어, 가족은 타슈켄트에 떨어졌다가, 그 매부가 떨어진 우슈또베로 곧 옮겼는데, 할아버지는 제대 후인 38년에 우슈또베로 합류해 그곳에서 1945년까지(전쟁기간) 우편국 업무를 보았답니다. 그 공로로 전쟁영웅 표창을 받았고 그 혜택을 누리며 산다고 자랑스럽게 그 증명서와 훈장을 꺼내 보여주었습니다. 소련이 이겼기에 일본이 항복을 해서 마침내 조선도 해방되었다는 사실을 몇 번이나 강조했습니다.

전쟁 후 까즈구 대학에서 저널리즘을 전공하였고, 졸업 후 다시 우편국에서 불러 그 일을 61년까지 하다가 알마티로 옮겨왔다고 했습니다. 93세인데도 귀도 밝고 말씀도 잘하셨습니다. 약간 알아듣기 답답한 면도 없지 않았으나 대부분 알아들을 만큼, 우리 말을 잘하셔서 고마웠습니다. 옛날이야기를 기대하였으나 그건 다 잊었다고 하셨습니다.

식사하러 내려오라기에 무슨 말인가 했더니, 마치 비밀통로처럼, 네모난 뚜껑 아래 밑으로 내려가는 계단이 있어, 그리로 한 사람씩 내려가니, 지하에 식당이 있었습니다. 과연 어떤 음식이 차려 있을지 궁금했습니다. 혹시 비위에 안 맞는 음식만 나오면 어쩌나, 아내와 우리는 걱정을 했는데, 된장과 상추와 양파줄기(된장에 찍어 먹음), 밥, 녹두싹, 감자 섞인 닭고기 요리, 된장, 장물(우리 말로 '국'인데, 된장에 야채와 돼지고기가 들어간 국인데 먹을 만함), 말고기, 돼지 훈제, 토마토 반찬 등이 나와, 각자 취향에 맞추어 배불리 먹을 수 있었습니다. 여성의 날인데도 우리 위해 정성을 다해 차린 음식이며 배려가 그렇게 고마울 수가 없었습니다.

식사가 끝나자, 카자흐스탄에서 만든 과자와 사탕, 차가 나와, 오랫동안 환담을 나누었습니다. 할아버지도 한동안 우리 옆에 앉아서 듣기도 하고 우리 질문에 대답도 하셨습니다. 어떻게 소일하느냐 여쭈었더니만, 친구들이 많이 사망했다고 했습니다. 박 교수의 말씀으로는, 집안일이며 다른 집의 전기세 내는 일 등을 도맡아서 하시느라 분주하다 하셨습니다.

기념촬영을 하고 작별하고 대문을 나섰는데, 우리가 골목길을 나와 시야에서 사라질 때까지, 할아버지는 손을 흔들었다 내렸다 하시며 시종 환한 미소로 우리를 배웅하셨습니다. 93세, 어쩌면 처음이자 마지막일지도 모른다 생각하니 가슴이 아려왔습니다.

안아주며 인사하고 싶어요

전 블라디미르 할아버지를 만나 생애담을 녹음하기 위해 부지런히 한국교육원에 갔습니다. 비가 억수같이 쏟아집니다. 약속시간인 오전 10시가 한참 지났는데 오시지 않습니다. 마냥 기다리다가 포기하려는 순간, 전에 만났던 김 안똔 할아버지가 나타나셨습니다. 전 할아버지에게 사정이 생겨, 당신이 먼저 왔노라고 하셨습니다. 여전히 건강하게 보여 감사했습니다. 강제이주 이야기만 자세히 들었습니다. 점심 드시러 가시자고 하니, 어서 집으로 가봐야 한다셨습니다. 병환중인 할머니 때문일 것입니다. 작별 인사를 할 때, 안똔 할아버지가 그러십니다. "나는 좋은 사람과는 안아주며 인사합니다." 얼른 내가 안아드렸습니다. 서로 등을 토닥거리며, 작별하였습니다. 뭉클하였습니다. 제발 건강하게 사셔서 내가 책을 드릴 수 있기를 기원해 봅니다.

점심 요기할 요량으로 빵과 환타를 사서, 임 로자 할머니 댁 가는 112번 버스를 탔습니다. 알려주신 대로 찾아가니 전에 한번 헤맨 곳이라 그런지 쉽게 할머니 댁을 찾았습니다. 4시쯤 간다는 사람이 1시 조금 넘어 도착하자 깜짝 놀라며 반기셨습니다. 빵을 먹으려고 했더니만, 당신도 식전이라며 고려인 밥상을 차려 주셔서, 아주 맛있게, 두 그릇이나 비웠습니다. 김치가 없어서 좀 아쉬웠지만, 생채 같은 데에 가자미를 숭숭 썰어서 약간 썩힌 듯한 요리(북한지역 음식인 '식해'), 전에는 징그러워 못 먹었는데 오늘 먹어보니 아주 맛있었습니다. 할머니 말씀을 들어보니, 여간 정성이 깃든 음식이 아니었습니다. 여러 번 가자미의 물을 짜내는 과정을 거치고 양념을 한 결과물이었습니다. 왜 비린내가 안 나는지 그 이유를 알 수 있었습니다. 러시아인들도 환장하고 먹는다고 하셨습니다.

로자 할머니한테서도, 강제이주 부분만 자세히 들었습니다. 로자 할머니는 바스또베에서 처음 땅굴을 파고 살았던 바로 그 고려인 중의 한분이었습니다. 땅굴의 구조에 대해 그림까지 그려 달래서 자세히 들었습니다. 내일 이따냐 할머니의 증언까지 들으면 진상이 드러날 것 같습니다. 내일 오전 교육원 특강 마치는 대로 점심 먹고, 이따냐 할머니를 찾아뵈어야 하겠습니다. 아주 일이 순조롭습니다. 헤어지면서 당부드렸습니다. "할머니, 제가 책 들고 올 때까지 살아계셔야 해요." 안똔 할아버지한테 배운 대로, 로자 할머니를 꼭 안아드렸습니다.

박박티, 박박티, 박박티

딸띠꾸르간으로 가는 줄 알았더니, 박박티로 민박집 박석화 사장님이 봉고로 나를 데려다 주었습니다. 알마티에서 중국과 러시아 국경으로 이어진다는 1500km의 넉넉한 도로를 시속 160km의 속도로 1시간 넘게 달렸습니다. 1시간쯤 지난 다음에는 망망한 초원길로 접어들어, 오직 눈에 보이는 것이라곤 끝간데 없이 펼쳐진 스텝 초원 혹은 아무것도 자라지 않는 불모지뿐이었습니다(다녀온 뒤 지도를 보니 타우쿰 사막이었습니다).

조금 무서운 생각이 들 정도였습니다. 나무도 물도 없어, 길을 잃었다가는 동서남북조차 구분할 수 없는 광야에서 속절없이 헤매다 죽을 수밖에 없겠다 싶었습니다. 문득 이스라엘 백성의 출애굽 도정이 떠올랐습니다. 이스라엘 백성들이 물을 달라고 먹을 것을 달라고 데모했던 심정이 조금은 이해될 것도 같았습니다. 아무것도 없는 광야에서, 더구나 형체도 없는 하나님만 믿으라는 지도자 모세의 인도 앞에서, 때로는 불안감에 휩싸인 나머지 원망도 할 법하겠다 싶었습니다. 가도 가도 산도 보이지 않고 그저 지평선만 보이더니, 멀리 산맥이 눈에 들어왔습니다. 그 산 너머 너머에 박박티가 있다고 했습니다. 정말 그 산을 넘어 다시 한참을 달려서야 박박티에 도달했습니다.

79세의 문선진 할아버지 댁을 찾아갔습니다. 이 마을에서는 고령에 속

박박티 가는 길

한다고 했습니다. 아무도 살지 않는 이곳에, 고려인들이 들어와 처음 농사를 지으며 개발 정착한 곳이 이곳이라고 소개했습니다. 300여 호가 살았는데 지금은 다들 외지로 나가고 고려인은 30여 호 정도라고 했습니다.

옛말(구전설화) 들으러 왔다니, 예전에 할머니들한테 숱하게 많이 들었으나, 살기 바빠 다 잊었노라며 손사래를 치셔서 처음에 실망했습니다. 이야기 들려줄 만한 다른 사람도 없다고 단언하셨습니다. 있었는데 다들 돌아가셨다는 것이었습니다.

하지만 그냥 물러설 내가 아니었습니다. 너무도 가난해 공부할 기회가 없었다는 그분, 하지만 아들 손자만은 대학 졸업 다 시켰다는 그분, 오직 일만 하며 살아오셨다는 그분이 살아오신 모든 이야기를 다 들어드린 다음,

박박티에 사는 문선진 할아버지 내외분과 함께

준비해 간 옛이야기들을 들려 드렸습니다. 그랬더니만, 그 부인이 할아버지에게 "거 무슨 무슨 이야기 있잖아요? 그거 해요." 그러는 것이었습니다.

할아버지는 〈귀신이야기〉를 재미있게 구연하셨습니다. 처녀의 혼령이, 자신의 제삿날 본가에 찾아왔다는 이야기였습니다. 나는 신이 나서 다른 이야기를 더 들려주었습니다. 할아버지는 〈김선달이야기〉를 세 편이나 연달아 구연하셨습니다. 다른 이야기도 들려주셨습니다. 잊었던 이야기들이 떠오른 것입니다. 얼핏 헤아려 보니, 그간 할머니들한테서 들었던 이야기의 3분의 1에 육박합니다. 인사드리고 다시 알마티로 되짚어 왔습니다. 많이 배우지 않은 분들이 전통문화를 더 많이 보존하고 있다는 사실을 확인하게 해준 기회였습니다.

고려인의 배신감

아타켄트 가구 전시회를 보고 나서 강 사장이 운영한다는 야외 음식점에 들어갔으나 샤슬릭이 없어 다시 나와 아우에조바 고골랴에 있는 음식점으로 갔더니, 로즈바끼에바 샤슬릭보다 더 맛이 있었습니다. 갈비 샤슬릭인 안트리꼿은 로즈바끼에바에서는 팔지를 않아 못 먹어봤는데 그것도 있어서 처음으로 먹어봤습니다. 역시 맛이 있었습니다.

어떻게 양고기를 그렇게 노린내 안나게 부드럽게 구울 수 있는지 신통했습니다. 로즈바끼에바만 최고인 줄 알았는데, 역시 많이 돌아다녀야 할 일입니다. 그렇잖으면 우물안 개구리 되기 십상입니다. "한 가지만 아는 것은 아무것도 모르는 것과 같다"고 누군가 말한 것처럼, 무식이 용기가 되어서는 안될 일입니다. 우리는 안에서 먹었지만 밖에도 나무 밑에 테이블들이 놓여 있고, 자리마다 담요들이 덮여있어 왜 그런가 궁금했는데, 여기는 한여름에도 밤 기온이 차가워, 밤손님들이 몸을 싸고 먹으라고 마련해 놓은 것이랍니다. 우리로서는 상상할 수 없는 풍경입니다.

샤슬릭을 사주기 위해 뒤늦게 합석한 가구공장 사장님이 이곳에서 사업하는 게 만만치 않다는 이야기를 하면서, 고려인들이 한국인들에 대해서 가지고 있는 뿌리깊은 배신감을 말해 줍니다. 오늘 아타켄트 전시장에 'LG' 이름으로 가구들을 전시했는데, 다른 한국인이 그 같은 전시장 한쪽에 똑같이 'LG'가구전시장을 꾸며서는 덤핑으로 가격을 선전하는, 이 나라의 분위기에서는 상상할 수 없지만, 한국인들로서는 비일비재한 아주 황당한 일이 벌어져 속상하다는 이야기 끝에 나온 이야기였습니다.

독립되고 나서 한국인들이 처음 이곳에 들어왔을 때, 선교사와 장사하는 이들이 가장 먼저 왔답니다. 고려인들은 선교사들을 그야말로 반갑게 맞아주었고 먹여주고 재워주며 그렇게 지성껏 대접했답니다. 그런데 일부이지만, 당시만 해도 현지인들에 비해 경제적 여유가 있던 선교사분들이 자기네보다 더 나은 집에서 갖춰놓고 사는 것을 본 순간, 배신감을 느끼기 시작했다고 하네요. 지금은 이곳의 경제성장이 괄목하게 좋아지고 있어서 현지인도 돈이 많아 선교사들이나 다른 교민들이 더 이상 부유층에 들지 못하지만 초기에는 달랐던 모양입니다.

한편, 독립과 개방 이후 이곳에 진출한 1세대 사업가들(장사하는 이들)은 한국에서도 건실하지 못한, 한마디로 질이 아주 안 좋은 사람들이, 머리는 좋으나 건전하지 못한 방향으로 그 머리를 쓰는 성향의 사람들이 몰려와, 이주 좋지 않은 이미지를 각인시켜 놓았다고 합니다. 예컨대 옷을 가져와서 팔려다가, 이 나라 사람들과 사이즈가 안 맞아 판매가 여의치 않자, 서로들 덤핑 경쟁을 하였고, 그 결과 한국 물건 값은 부당하게 매겨진 것이니 마구 깎아야 한다는 불신감을 심어주는 일을 비롯해, 고려인들을 이용해 먹고는 잠적하거나 도망치는 등 잘못한 게 많답니다.

고려인들의 마음 속에는 그때 받은 상처와 배신감, 그로 말미암은 불신감이 뼛속 깊이 새겨져 있다는 사실을 항상 염두에 두면서 대해야지 그렇지 않으면 큰일난다고 충고합니다. 물론 고려인 역시 머리들이 좋아, 그중에서 건전치 못한 사람들은, 선교사나 사업자에게 접근해서 뭔가 이익을 보려는 의도도 가져, 그 과정에서 갈등도 생기고 감정을 상하는 경우도 많았다고 합니다. 더 많은 사람들을 만나서 1세대의 실수와 문제점들을 종합할 필요가 있을 듯합니다.

그 말을 듣고 보니 그 동안 만나본 고려인 중에서, 고려극장의 최 아무개 씨를 비롯해 왠지 경계하는 듯한 느낌을 주었던 이들이 있는데 그래서 그런 게 아닌가 싶습니다. 모두가 1세대 한국교민들이 저지를 원죄라면 원죄의 값을 지금 받고 있다 하겠습니다. 고려인 믿었다가 빈털터리가 되어 울고 나가는 소식이 종종 들리는데, 그때의 앙갚음을 받고 있는 게 아닌가 싶습니다. 모든 선교사나 사업가들이 다 그렇게 잘못된 단추를 끼웠던 것은 아니겠지만, 일부일지라도 그분들의 잘못된 처신으로 말미암아 고려인들의 상당수가 상처를 입었다면, 이제 그 2세, 3세에 해당하는 이들이 감동적인 처신들을 함으로써 그 상처를 치유해 주어야 하지 않을까 합니다. 병 주기는 쉬워도 약 주고 회복시키기는 아주 힘들겠지만 그래도 사명감을 가지고 그래야 하지 않을까 싶습니다.

나부터도 더욱 조심하면서, 절대 거들먹대지 말아야겠습니다. 이용만 하려 하지 말고 존중하고 베풀고 갚아주면서 만나야겠습니다. 엊그제 인터넷 신세를 지고 있는 한국교육원의 고려인 직원들 네 사람을 불러내, 싸구려지만 교민이 운영하는 중국집 〈투란돗〉에서 볶음밥이며 만둣국 등 점심을 사주었는데, 오늘 이 이야기 듣고 보니 참 잘한 일입니다. 성경에 한 사람 아담이 범죄함으로 모든 이에게 죄가 들어왔으나 한 사람 예수 그리스도가 죽음으로 모든 이에게 생명이 주어졌다는 말씀이 있듯, 이제 여기 살고 있거나 드나드는 한국인 하나하나가 새로운 이미지를 심기 위해 힘써야 할 것 같습니다.

어쩔 수 없어 살아요

1958년도에 모스크바를 거쳐 이곳에 오신 ㅈ 선생님을 다시 만났습니다. 귀국날짜도 다가오고 해서, 전에 약속한 대로 큰글자 성경책을 드리기 위해 만났는데, 만난 길에 러시아동화 책 한 권 사서 아들녀석한테 주려고 함께 책방을 다니다가 저녁식사 때가 되어 한국음식점인 로뎀에 갔습니다. 어머니를 이어 복스럽게 생긴 딸이 관리하고 있었는데 처음보다 확장해서 운영하는 등 장사가 잘되는 모양입니다. 손님 중에서 내가 아는 얼굴들도 여럿 보였습니다.

나는 야채비빔밥을 시키고 ㅈ 선생님은 된장찌개를 주문했는데, 밑반찬으로 김치며 오징어졸임이며 여러 종이 나왔습니다. 기본으로 나온 밥을 다 먹은 다음, ㅈ 선생님이 밥 한 공기를 더 시키면서 하시는 말씀,

> 반찬이 많이 남아서 아까워서 그래요. 이런 한국 반찬, 집에서는 먹을 수 없어요.

이러십니다. 관심 가지고 여쭤보니, 러시아 여성과 결혼한 이래, 지금까지 한 번도 집에서 한국음식을 먹어 본 적이 없답니다. 안해 준다는 것

이지요. 된장 냄새 싫다면서 안해 준다는 것이지요. 정말 남편을 사랑하면, 한 번 정도는 한국음식 해 주려고 노력할 만도 한데 그런 법이 없다며, 43년에 평양에 먼저 가서 영화활동을 하는 형 만나러 어머니께 "금세 다녀올게요" 인사하는 순간, 당신의 인생은 망해 버린 것이라고, 자신의 생활신조는 "절대 고향 떠나지 마라"라 했습니다. 1943년 38선을 넘은 이후, 90년대에 들어 고국을 방문할 때까지 피차 생사도 확인 못한 채 살았고, 그 사이에 어머니는 돌아가셨으며, 형제도 작고하고, 이제는 고향인 전남 곡성군 오산면 봉동리 마을에 돌아가도, 반겨줄 사람 아무도 없다는 ㅈ 선생님. 러시아 부인과의 사이에서 딸 하나를 두었는데, 어찌된 일인지 아버지와는 말도 안하며 살아가고 있다십니다. "아들 없으면 성이 없어져 버리잖아?", 이러면서 시종 쓸쓸한 표정으로 나머지 식사를 하십니다.

사촌이라도 있었으면 나도 벌써 이혼했을 거요. 의지할 데라고는 없으니, 할 수 없이 산 거지. 부모님이 곁에 계셨으면 국제결혼 못하게 하셨을 텐데, 나 혼자니 뭘 모르고 국제결혼한 건데, 잘못이야. 자기 민족끼리 결혼해야 제대로 얻어 먹어. 항상 한국음식 생각이 나지만, 어머니가 해주신 음식 먹고 싶지만, 할 수 없이 러시아 음식 그냥 먹고 살고 있는 거요. 좋아서 먹는 거 아니요.

러시아 유학도 했고, 이제 84세면 현지음식에 길들여지신 줄 알았던 내게 그 말씀은 충격입니다. 아, 미각은 무서운 거구나, 어릴 때 먹었던 음식에 대한 기억은 죽을 때까지 가는구나 싶습니다. 국제결혼한 사람이 모두 불행한 것은 아닐 테지만, 어쨌든 ㅈ 선생님은 불행한 분입니다. 부인이라도 정있는 사람을 만났어야 하는 건데, 자녀라도 붙임성 있는 아이를 가졌어야 하는 건데, 모두 "할 수 없어서 사는" 관계이니 말이지요. 끔찍한 일입니다.

북한에 들어가 보니, 남한에서 읽고 들은 것과는 달리 김일성일인독재를 하고 있자, 이에 실망하였으나 남한으로 올 방법은 없지, 성분이 좋지 못하니 북한에서 출세할 수도 없지, 마침 러시아어대학이 신설되자, 러시아어만 잘하면 무슨 돌파구가 생길 것 같아 들어가 다녔고, 졸업 무렵에 러시아로 보내는 국비유학생을 선발하기에 합격하리라는 기대도 않고 응모했는데, 지원분야가 예술(음악)이라서 그랬는지 선발되어 유학길에 올랐고, 유학생활 중에 스탈린이 죽고 흐루시쵸프에 의해 스탈린 격하운동(스탈린의 1인독재를 비판함)이 벌어지자 김일성일인독재에 대한 비판의식이 더욱 격화되어 선동하는 연설을 했고, 그 바람에 북한에 들어갈 수도 없게 되어 마침내 이곳으로 와서 지내는 ㅈ 선생님. 천행으로 살아서 여기 와서 고려인의 민요를 채록해 박사도 받고 교수도 되고 음악활동을 하며 지내지만, 개인적으로는 이렇게 불행하게 사는 줄 비로소 알았습니다. 어쩌면 하나님은 오직 한 가지, 음악이면 음악, 이런 것 하나를 이루게 하시려 살려두시는 분인지도 모른다는 생각이 듭니다. 모든 환경이 좋아지면 그 일에 매진하지 못할까 봐, 불행하게 만들어 어떤 한 가지 일에 몰입하게 만드시기도 하는 것이 아닐까, 한국음식 반찬이 아까워 추가로 공기밥을 시켜 혼자 천천히 맛있게 다 들고 계시는 ㅈ 선생님의 모습을 보면서 그런 생각을 해보았습니다.

고려인을 먼저 보낸 것은 하나님의 섭리

『카작 – 한국어사전』을 낸 김계원 선교사를 만났습니다. 6년째 이곳에서 살면서 중앙아시아문화를 한국에 소개하는 일에 힘쓰는 분입니다. 한참 대화를 나누다 이런 말을 했습니다.

> 하나님이 고려인을 이곳에 먼저 보낸 데는 큰 뜻이 있다고 봅니다. 이 분들이 여기 살고 있지 않다면, 그리고 그분들이 공직에 진출해서 활동하지 않았다면, 지금처럼 우리 한국인이 기업이든 개인이든 이곳에 와서 이렇게 지낼 수 없었을 거라 생각해요.

나도 그 말에 전적으로 동의합니다. 앞으로도 카작문화를 우리나라에 알리는 일에 집중하겠다고 했습니다. 당장, 여기 영상회사인 '터어키 세계(International Telestudio인 TURKI ALEM)' 영화감독이자 작가인 Dokturkhan Turlybek이 만들어 방영했다는 카작 전통문화 다큐멘터리를 보여줄 때 함께 가기로 했습니다. 한국교민을 위한 주간지 『주간한인』에 연재하고 있는 '카작문화' 원고가 어떻게 만들어졌는지도 소상하게 알았습니다. 카작 현지 강사들이 강의한 카작어 원고를 자료로 삼되, 김 선교사가 우리

말 번역은 물론 소제목을 부여하고 일정한 삭제도 가하고, 미진한 부분은 참고문헌을 보아 보태기도 해서 완성한 것이라 했습니다. 이 달 말쯤 대사관에서 카작의 이해 길잡이 책자를 만들어 배포할 텐데, 문화 부분을 김 선교사가 작성했고, 『주간한인』에 연재하는 원고가 그중의 일부로 들어갔다고 했습니다.

내 최대의 관심사인, 구전서사시를 구연하는 이야기꾼을 만날 수 있는지 물었습니다. 아마도 그런 분들은 돌아가셨을 것 같고, 그분들의 이야기 구술하는 것을 보며 들은 사람들로부터, 그것을 흉내내는 정도의 구연은 가능하지 않겠느냐기에, 어쨌든 현지인 만나면 알아봐 달라고 부탁했습니다.

우리나라에서도 70년대 들어서야 구전문학이라는 게 학문의 대상으로 인정받고 자료수집의 성과가 두드러지기 시작했는데, 여기서는 아직 구전문학이나 민속 연구는 초기단계인 것 같습니다. 만나는 학자들이나 학생들에게, 늦기 전에(채록할 수 없게 되기 전에) 민요며 설화며 이런 것들을 부지런히 녹음하도록 이르라 당부했습니다. 나는 그저 기념으로, 이야기꾼의 설화구연 실황을 녹음해 보고 싶습니다. 어조만이라도 들어보면서 우리와 비교해 보고 싶기 때문입니다.

민요의 경우는, 소로소 재단에서 만들었고, 그 DVD를 어느 분이 빌려갔으니, 언제 가서 가져오면 들어보라고 했습니다. 기대가 됩니다. 내가 카작책을 읽을 수 있으면 설화와 민속을 한국에 소개하고 싶습니다. 김 선교사가 주력하지 않는 분야만이라도 그렇게 했으면 좋겠습니다. 고려인들이 그 일의 주역이 되면 좋으련만, 러시아어만 하지 카작말은 못하니 아직은 기대하기 어려워 아쉽습니다. 나를 포함해서, 고려인이 터닦아 놓은 길에 편승해서 여기 진출한 한국인들이 앞으로 해야 할 일이 많다는 생각을 거듭 가져 봅니다.

명 드미트리 교수

오후 5시에 고려인 3세 명드미트리 교수를 한우리에서 만났습니다. 동안이라 나와 동갑내기가 아닌가 했으나 66세랍니다. 여기는 정년이 없어 자신이 원하는 날까지 할 수 있답니다. 다만 연금은 62세인가부터 받는다고 했습니다. 여성은 그보다 이른 57세인가부터 받는다지요. 카즈구대학에서 학사, 석사, 박사를 받았으며 철학박사에 현재 아구대학(알마티국립사범대학교) 사회학과 교수로 있다고 했습니다. 정상진 선생과 같은 교회에 출석하고 있다고 하는데, 아주 차분하며 해박한 분입니다. 이 분과의 대화를 통해 새로 안 사실 몇 가지를 적으면 다음과 같습니다.

첫째, 강제이주는 우리 민족만 당한 게 아니다. 스탈린의 소수민족의 민족성 말살 정책에 따라 독일을 비롯해 여러 민족이 함께 당했다. 여기저기 흩어 놔야만 민족성이 사라지니까 그리한 거다. 어떤 이는 원동에서 살 때보다 잘 살게 되었다고도 한다. 하지만 이는 잘못된 일이다. 가장 좋은 것은 자기 땅에서 사는 거다. 그렇게 못하게 만든 1차 책임은 무능한 조국이다. 그래서 원동으로 갔고 다시 스탈린에 의해서 쫓겨났다. 자기 스스로의 선택으로 어디든 가야 한다. 우리는 그러지 못했다. 지금 상황은 다르다. 이제는 스스로 좋아서 외국에 나가서 산다. 아무도 말릴 수 없고 말려서도 안 된다.

둘째, 알마티 도시를 벗어나 100km만 나가면 러시아어 모르고 살아가는 카작인을 만난다. 이곳에서 살려면 카작어를 해야 하는 이유가 여기 있다. 지금은 러시아어로 살 수 있으나 차츰 카작말의 비중이 커질 것이다.

셋째, 고려인 교수가 500명쯤 된다. 의사도 많다. 비즈니스도 많다. 부자가 많다. 하지만 행정부나 국회에 들어가기는 어렵다. 권력 관련한 기관에는 카작인들을 기용하기 때문이다.

넷째, 자원이 아주 많다. 석유만이 아니라 금도 많다. 자원이 이 나라 발전의 원동력이다. 현재 7천불인데, 우리 대한민국이 20년 걸린 발전을 이 나라는 10년만인가에 이루어냈다. 곧 우리와 같아질 거다. 한국과 카작간의 정치 문화 교류가 나날이 활발해지고 있다. 한국어 배우겠다는 카작인도 많아지고 있으며, 고려인과의 결혼도 좋아한다. 성실하고 일 잘하는 민족으로 존경한다.

다섯째, 강제이주 1세대의 증언(인터뷰)자료는 없다. 고문서실 자료는 이미 책으로 냈는데 거기에도 없다. 강 게오르기 교수가 낸 강제이주사 책에도 개인의 증언이나 체험담은 없다.

여섯째, 1세대(가장으로서 가족을 데리고 강제이주당한 세대)의 경우에도 고생한 사람이 있는가 하면, 부자라서 연어알을 비롯해 먹을 것과 돈(루블화)을 많이 가지고 와서 걱정없이 왔다는 사람도 있는 등 다양한 것으로 안다. 하지만 이런 사실은 어떤 책에도 나온 것 같지 않다.

박사장님과 함께 교민이 운영하는 중국음식점 진짜루에 가서 요리를 먹었습니다. 내가 내려고 했던 건데 박사장님이 냈습니다. 명 교수를 참 좋아하고 존경하는 눈치입니다. 모든 걸 다 알면서도 말없이 지켜보고 있는 게 가장 큰 매력이라 했습니다. 절대 나서지 않으면서도, 꼭 있어야 할 자리에 늘 있는 분이라고도 했습니다.

고려인 안림마 교수

알마티 특강 시간에 만난 고려인 안림마 교수를 서울에서 만났습니다. 알마티 경제대학에서 한국어를 가르치는 여성 교수인데, 이번 여름 알마티 한국교육원에서 열린 한국어교사 세미나 특강 시간에 내 강의를 들었고, 지금 국제교류재단에서 지원해 성균관대학교에서 열리고 있는 구소련(CIS, 중앙아시아) 한국어교육자 세미나에 참석중이라고 연락을 해와, 만났습니다.

성균관대에서 만나, 저녁을 먹자고 했더니만, 한국 아이스크림이 맛있다며 그걸 먹겠다고 해, 대학로에 나와서 아이스크림집에 앉아 아몬드와 쵸코 아이스크림을 먹으며 이야기를 나누었습니다. 알마티에서 7인, 우즈베키스탄에서 4인, 기타 키르기스스탄이랑 다른 나라에서도 와서 모두 20여 명이라고 했습니다. 대학 교수만 참여할 수 있고 한 학교 한 사람씩만 올 수 있다고 했습니다. 알마티 세미나보다 재미가 없다고 불만을 말하기에, 조금 더 듣다 보면 재미있는 강의도 있지 않겠느냐 말해 주었습니다.

아마 한국에만 벌써 10번째 방문인 데다, 1999년의 독학에 이어 경희대(2001)와 연세대(2005)에서의 공부에다 경제대에서 계속 한국어를 강의하고 있어 이미 실력이 높다 보니, 어지간한 내용에서는 흥미를 못 느끼는 것이 아닌가 합니다. 하지만 알마티 세미나는 참 재미도 있고 도움도 되었다고 하는 것을 보면, 우리나라 대학에서의 강의에 문제가 있는 것은 아닌가 여겨지기도 합니다. 아마도 현지 교육자들의 상황이나 수준 등 그 특수성에 대한 이해가 부족하다 보니, 한국인 수강자들에게 강의하듯 하는 데서 오는 불만이 아닐까 싶습니다. 알마티 교육원에서 강의하는 분들이 대부분은 이미 현지의 사정을 익히 알고 있어, 거기 맞는 강의를 하여 수강자들이 좋아하는 것은 아닌가 합니다.

이런 주변적인 것 말고도, 안 교수와 이야기 나누면서 새로운 사실을 알았습니다. 안 교수의 할아버지가 원동에서 강제이주당해 온 분인데, 부부가 기차 타고 오다가, 그 부인 즉 안 교수의 할머니가 병에 걸렸고, 그냥 방치하면 전염될까 봐 어느 역에서인가 강제로 내리게 했는데, 그후로 지금까지 전혀 소식을 모르고 있다는 슬픈 사연이었습니다. 말로만 듣던 비극을, 그 가족의 입을 통해 처음 확인하는 순간이었습니다. 경리일을 보아 비교적 유족했던 할아버지는 우즈벡에 와서 새 부인을 맞아 생활하였답니다.

안 교수 아버지는 군인학교를 나와 군인생활을 하였는데, 모스크바, 우크라이나 등 여러 곳을 전근해 다녔다고 합니다. 그 바람에 자신은 학교를 아주 많이 옮겨 다녀 괴로웠는데, 그중에서도 사귀던 남자와 헤어지는 게 가장 좋지 않았다고 합니다. 군인들은 아이들 키우는 게 힘들어 아이를 둘 이상은 두지 않았다는 이야기도 합니다. 그러면서 왜 나더러 아들 둘만 낳고 더 안 낳았느냐고 합니다. 군인도 아니면서 왜 적게 낳느냐는 질문이었습니다.

또 한 가지 사실, 스탈린 치하에서 모든 민족의 민족어는 공식적으로 교육하지 못하게 했는데, 그럼에도 불구하고, 우슈또베, 크즐오르다, 우즈벡의 호레즘, 타슈켄트 부근 등 고려인이 집단으로 거주하던 일부 지역에서는 여전히 우리말 교육을 해왔다고 했습니다. 내가 입수한 타슈켄트

중학교 교사 신학표 님의 우리말 교재 원고본의 사진을 보여주자, 그런 해석을 하였습니다. 1953년도가 스탈린 사망한 해라서 이 책을 내려 한 것 아니냐고 했더니, 그런 것만은 아니라고 했습니다. 스탈린 말년에는 이미 측근들의 힘이 세져서 그 이전에 비해 민족어 교육에 대한 탄압이 느슨해졌다고 보아야 한다는 것이었습니다.

알마티와 우슈또베와 딸띄꾸르간 지역을 예전에는 카작어로 '제띄수(7개의 강)' 러시아어로 '세미레치예(7개의 강)'이라 불렀다고 합니다. 자신의 박사논문의 제목이 바로 『세미레치예에서 살고 있는 고려인의 경제와 사회 발전(1937~2002)』(아구대 즉 알마티사범대)라서, 잘 안다고 했습니다. 자신은 현장조사보다는 푸쉬킨 도서관의 고문서 자료들을 주로 보았다고 했습니다. 교육상황에 대해서도 자세히는 못 다루었지만 일부 포함했다고 했습니다.

자신의 어머니(77세)가 지닌 앨범에, 원동 사진도 있다는 말을 합니다. 나중에 다시 알마티 가면 꼭 그 집에 들러서 사진도 보고 다른 자료도 살펴보아야 하겠습니다.

아이스크림 먹고 나서, 함께들 묵고 있는 웨스턴 코프 레지던스 호텔(을지로5가 국립의료원 건너편)로 간다기에, 이왕 대학로에 나온 김에 연극을 보고 가라고 했더니 좋아합니다. 무슨 연극을 보고 싶냐니까, 애정물이면서 재미도 있고 눈물도 나게 하고 해피엔딩인 것이라 합니다. 티켓 파는 데 가서 주문하자, 〈한 남자, 한 여자〉를 추천합니다. 두 쌍의 연인 이야기인데, 안 교수의 입맛에 맞아, 웃다가 눈물도 훔치곤 했습니다. 다행이었습니다. 안 교수의 우리말 (듣는) 실력이 대단하다는 것을 확인하는 기회이기도 했습니다.

시신의 얼굴을 개봉한 채 치러지는 서구식 장례

교인 중에 돌아가신 분이 있다기에 가보니, 작년에 내가 들렀던 집이었습니다. 최정숙 할머님(1924~2006). 옛날이야기는 기억하는 게 없어 살아온 이야기만 들었던 분이었습니다. 그때 만났던 큰아드님께 문상하니, "어찌 알고 왔느냐"며 반깁니다.

빈소는 그 할머님이 쓰다 돌아가신 방에 차려져 있었는데, 방 한 켠에 커튼 드리우듯 천으로 가려 놓아 시신을 볼 수 없었습니다(나중에 확인해 보니, 평상시 입던 옷 가운데에서 깨끗한 옷을 입혀, 염습 과정을 거치지 않고 묶지도 않고 그냥 관에다 넣어 안치해 둔다고 합니다). 빈소 옆에 화환만 놓여 있었고, 사진이나 이런 것도 없었습니다. 목사님과 함께 우리는 빈소를 향해 기도를 하였습니다. 기도를 드린 후 대문 밖에서 장례예배를 드리겠으니 모두 안으로 들어오시라고 목사님이 말하자, 사람들이 모여들었고, 목사님께서 기도한 다음, 모두가 다시 대문 밖으로 나왔습니다. 공동묘지 직원인 듯한 사람들이 관을 모시고 나왔는데, 뚜껑은 운구차에 싣고, 시신의 얼굴이 보이도록 개봉한 관을 대문 앞 받침대 위에 놓은 채, 목사님의 집례로 장례예배를 드렸습니다. 최정숙 집사님은 머리에 빨간 수건을 쓰신 채 아주 환하고 평안한 얼굴로 누워계셨고, 그 위에는 손수건 몇 장과 꽃이 놓여 있었습니다.

시신의 얼굴을 드러내놓고 치르는 고려인의 장례식

시신의 얼굴을 개봉한다는 것, 평소의 옷을 입힌다는 것, 유족도 평상복 차림으로 임하되, 딸과 며느리만은 하얀 스카프를 한다는 것도 우리의 전통 장례 풍습과 달랐지만, 가장 인상적인 것은 고인과의 작별 순서였습니다. 설교가 끝난 후, 목사님께서 "이제 이 예배가 끝나면 정든 집에서 떠나 장지로 갈 텐데, 마지막으로 고인에게 하실 말씀이 있으면 나와서 해주시기 바랍니다." 이러자, 가장 먼저 그 큰아드님이 나와서, 어머님을 소개하고 추모하는 말을 하였습니다.

우리 어머님은 어려운 시절을 살아오신 분입니다. 10남매를 낳으셨으나 일곱은 일찍 죽었고, 3남매만 살았습니다. 어렵게 사시면서도 항상 착하게 살아오신 분입니다.

이어서 35년간 사귀어 왔다는 동네 러시아인 할머니가 나와서 작별을 했습니다.

이곳에서 남편도 여의고, 자녀들도 다 떠나보내고, 오직 당신과만 친구로 지내었는데, 이제 당신마저 세상을 떠나셨군요.

사모님이 통역해서 들려주는 그 사연들을 듣자니 눈물 없이는 들을 수 없었습니다. 유럽식이지만 참 좋은 시간이라는 생각이 들었습니다. 우리도 한번 적용하면 어떨까 싶습니다.

장지인 브룬다이 공동묘지는 알마티 시를 벗어나 알마틴 주에 있었습니다. 박박티 가는 길처럼 무한히 펼쳐진 언덕과 초원지대를 지나서 있었습니다. 하관예배를 드린 후 시신 위에 놓였던 생화들을 꺼낸 후 뚜껑을 덮고 그 위에 "성도 최정숙지구"라고 쓰여진 붉은 천을 덮고, 미리 깊이 파놓은 구덩이에 관채로 시신을 드리워 내렸습니다. 직원이 삽에다 흙을 퍼서 들고 있으면, 아들에서부터 차례로 지나가면서 그 흙을 한 움큼씩 집어 뿌렸습니다. 나도 그렇게 했습니다. 묘지에는 수백 마리의 까마귀 떼가 몰려들어 상공에서 배회하다 날아내려 묘에 세워둔 그리이스 정교회 십자가나 묘비 위에 앉곤 했습니다. 공동묘지 저쪽으로 알마티 시내가 아득하게 보였습니다. 그곳에서 바라보니, 정말 우리나라 춘천처럼, 알마티시는 이곳 언덕과 천산 사이에 움푹 들어가 있는 전형적인 분지에 형성된 도시였습니다.

같은 공동묘지라 해도, 빈부 차이가 있었습니다. 우선 묘비만 해도, 가난한 사람들은 돌이 아니라 강철판으로 된 것을 썼으나, 우리처럼 돌비를 세운 경우도 많았습니다. 가난한 이들은 묘비에 이름과 생년 몰년만 새겼으나 사진까지 넣은 경우도 많았습니다. 봉분처럼 돋우어놓은 흙이 무

알마티 교외 부룬다이 공동묘지

너져 내리지 않도록 별도로 묘 테두리를 둘러놓은 경우도 있었습니다. 아무튼 어떤 경우이든 묘마다 꽃들이 아주 풍성하게 놓여 있어 참 보기 좋았습니다. 어떤 무덤은 꽃으로 완전하게 뒤덮여 있기도 했습니다. 그런 무덤이 많았습니다. 이곳은 러시아 정교인과 고려인들의 공동묘지인데, 고려인들은 각종 명절마다 와서 꽃을 바친다고 했습니다. 한식날이나 추석날 같은 명절이면 와서 꽃을 놓는답니다.

집으로 돌아오는 길에, 길 옆에 무슨 모형 이슬람사원 같은 집들이 모여 있어서, 저게 뭐냐고 물으니, 이슬람교도 즉 카자흐스탄 현지인들의 공동무덤이라 했습니다. 완전히 다른 분위기였습니다. 나중에 그곳에 다시 한번 가서 찬찬히 들여다봐야겠습니다.

나중에 김정복 장로님한테 들으니, 장례식 때, 시신의 얼굴에 일일이 입을 맞춘다고 합니다. 이곳에 영향을 준 유럽에서 대부분 그렇다는데, 우리로서는 상상하기 어려운 일입니다.

양원식 고려일보 편집장의 장례식

오랫동안 고려일보 한글판 편집장 일을 보던 양원식 옹(74세)이 갑자기 세상을 떴습니다. 부인과 함께 집으로 들어가던 중 괴한의 습격을 받아, 그리 되었답니다. 동란 이후, 북한에서 국비 유학생으로 선발되어 모스크바에서 공부하다가 김일성체제를 비판하는 발언을 한 까닭에 돌아가지 못하고, 1960년 무렵부터 이곳 카자흐스탄에 와서 살게 된 10명의 인사 가운데 한 분인데, 이 분이 돌아감으로 이제 정추 선생을 비롯해 세 분만 생존해 있다고 합니다.

오전 11시에 한국교육원에서 열린다기에 가보니, 본관건물 현관에, 이곳의 관례대로 관뚜껑을 열어놓은 채 고인의 유해가 안치되어 있었습니다. 머리를 다쳐서 그런지 얼굴만 내놓고 나머지 부분은 흰 천으로 감싸 놓고 있었습니다. 아주 잠자는 듯이 평온한 모습이었습니다. 많은 이들이 모여들었습니다. 정추 선생님도 다시 만났고, 전화 통화만 했던 이정희 선생도, 옛날이야기 들려주셨던 한철주 할머니도 보였습니다. 석 달간 출입을 못하실 정도로 편찮으시더니 이제 그만해져서 이번 주일에는 교회에도 나오실 수 있다는 고마운 말씀이었습니다.

12시가 되자, 서너 명의 취주악대가 부는 장송곡 소리가 울려 퍼지면서, 운동장으로 유해가 운구되었습니다. 그 앞에서 여러 사람이 차례로 나와 고인을 추모하는 인사말을 하다가, 화환을 안은 일행이 앞서고 그 뒤에 여섯 명이 운구하는 유해가 따르고, 가족과 조문객이 정문까지 행진한 다음, 장례차에 실었습니다.

시내 레스끌로바 공동묘지로 간다기에, 나는 박넬리 교수와 외대에 가서 한국유학생 전화번호를 알아보기로 약속한 처지라 박넬리 교수만 찾아 헤매는데, 한우리 박사장님이 차를 타라기에 멋모르고 탔더니만 공동묘지행이었습니다. 시인인 리 스타니 슬라브와 러시아 학술원 회원이며 최고의 문학가로 추앙받는 김 아나똘리 선생님(70세), 카작 문인 쟈나이다로프라는 이도 동승해, 가고 오면서 많은 대화를 나누었습니다.

우선 김 아나똘리 선생님이 여러 문인과 함께 작년에 냈다는 책(우리말로 『보이지 않는 섬』이란 제목의 책)은, 1978년도 봄에, 타슈켄트 황만금농장 즉 김병화농장과 함께 러시아 전역에 소문났던 고려인 농장에 가서 고려인 노인들이 모인 자리에서 세 분의 노인한테서 사흘 동안 저녁마다 들었던 옛날이야기를 러시아로 번역한 것이 들어 있는 책이라고 했습니다. 알마티에서 출판했다는데 본인도 가지고 있지 않다기에 김 게르만 교수한테 물어보니, 과학아카데미 구내서점에서 판다고 했습니다.

그 밖에 다른 카작 이야기책도 러시아로 과거에 번역된 적이 있으니, 필요하면 얘기하라는 고마운 얘기였습니다. 아마도 60년대쯤 러시아로 번역되고는 다시는 그런 작업이 진행되지 않아 헌책방에서도 구경하기 힘들게 되었다가, 요즘 들어 카작말로 나오기 시작하는 눈치입니다. 카작 문인한테 물으니, 월요일쯤 협회사무실에 오면, 보여주기도 하고 주기도 하겠답니다. 모두 얼마나 되냐니까 500권은 된다니, 아주 풍부한 구비문학 자료를 보유한 나라입니다. 천지창조, 인간창조 신화도 있다고 했습니다. 전통적인 내세관으로는, 이 세상은 신과 새가 사는 곳, 인간이 사는 곳, 도깨비와 귀신이 사는 곳, 이렇게 세 차원으로 나눠지는데, 사람이 죽으면 선인이든 악인이든 구분 없이 모두 신과 새가 사는 곳으로 간다고 믿었답니다. 우리 저승관념과 유사해서 흥미 있었습니다.

묘지에서 유족과 조문객들이 흙 한 줌씩을 뿌린 후, 인부들이 무덤 만드는 작업을 하는 동안, 계속해서 김 아나똘리 선생과 이야기를 주고받았습니다. 러시아말을 고려말보다 편하게 여기는 눈치였으나, 가끔 막히면 리 스타니 슬라브 시인이 거들어서 아무런 어려움이 없었습니다. 우즈벡 고려인 구전설화를 어떻게 조사했는지 자세히 물으니, 고려말로 구술하는 것을 들으면서 수첩에 러시아어로 줄거리를 메모한 것을 토대로 책을 냈다고 했습니다. 당시에 70 이상의 고령들이라 지금은 다 돌아갔다고 했습니다.

묘지에서 모든 일이 끝나자, 도스틱 거리에 있는 쥴름인가 하는 식당으로 가라는 안내가 있어, 모두 그리로 모여 식사를 했습니다. 박사장님 말로는 최고급 식당이라는데 정말 그런 듯했습니다. 외관도 멋졌고 나오는 음식의 종류며 품질이며, 무엇이든 떨어졌다 싶으면 번개같이 갖다가 채웠습니다. 한참 먹고 있으니, 조문객들 중에서 한 사람씩 마이크 앞에 나아가 고인을 추모하는 말을 한마디씩 하였습니다. 어떤 사람은 길게, 어떤 이는 짧게, 어떤 이는 눈물을 훔치며, 대부분은 원고도 없이 편안하게 말하였는데, 어떤 이는 메모를 보아가며 했습니다. 대충 15명 정도가 나가서 추모담을 하는 듯했습니다. 어지간히 마무리되자, 그 아들이 나와서 감사하다는 말을 하였고, 사회자가 나와 “이것으로 공식적인 모임은 마친다”고 선언하자 슬슬 자리를 뜨기 시작하였습니다. 가난한 집에서도 비록 허름한 식당일망정 잡아서 정성껏 대접하는 게 이곳 풍습이랍니다.

집에 돌아와 거실 소파에 걸터앉아 있노라니, 양 선생님이 내 아들 보라고 건네준, 당신의 손때가 묻은 『러한사전』이 보입니다. 안방에는 그분이 손수 복사해 준 우즈벡판 김선달이야기모음집이라고 할 『알다르코세』 러시아번역본(1959년판)이 있습니다. 그밖에도 옛날이야기와, 북한노래를 비롯한 몇 편의 민요를 구연해 준 게 테이프 안에 고스란히 남아 있습니다. 녹취 과정에서 확인해 보니 김선달 이야기 몇 편이 녹음이 안 돼 있어, 다시 해야지 하고 있었는데, 이제 영영 그분은 뵐 수 없게 되었습니다. 소설 쓰는 것 마무리 단계니 끝나면 문장 검토 해 드리기로 약속했는데, 신문 만드는 일로 시간에 쫓겨 차일피일 미루어지는 것을 안타깝게 여기시더니 그만 가셨습니다. 그래도 남겨준 자료며, 어떻게든 도와주려 하시던 그 인정 많은 모습은 오래도록 기억될 것입니다. 게다가 오늘의 장례식 덕분에 좋은 분들을 한꺼번에 많이 만나는 행운까지 누렸으니 다시금 감사할 일입니다. 양 선생님, 부디 평안히 잠드소서. 이제 자유로운 몸이 되었으니, 두고 온 북한의 가족들, 생사도 모르던 그분들의 소식도 알아보시고, 만나소서.

4장

카자흐스탄의 한국인

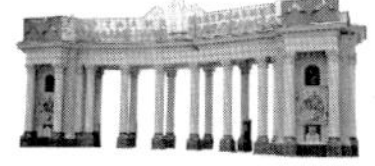

봉급을 털어 가며 가르치는 ㄱ장로님 | 침켄트의 배 장로님 | 돈 있는 티를 내면 당해요 | 알마티감리교회 달래캐기 나들이

봉급을 털어 가며 가르치는 ㄱ장로님

ㄱ장로님을 보면 머리가 수그러집니다. 한국에서 명예퇴직한 후 이곳에 와서 이곳 학생들에게 한국어를 가르치는데, 가만히 들어보니, 봉급으로 받는 200불은 학생들한테 다 써버리는 눈치입니다. 생활은 당신에게 매달 들어오는 한국의 연금으로 부인과 초등학교 2학년 손녀와 함께 꾸려 가는 분입니다.

이분이 여기 온 데는 분명한 목적이 있습니다. 장로로서, 노후를 선교에 바치려는 일념으로 여기 오셨습니다. 침켄트라는 지방도시에서 4년간 있으면서 현지인들을 가르치고, 다시 이곳 알마티에 오셔서 2년째 한국어과 교수로서 한국어를 가르치고 있는데, 정말 물질까지 동원해 가며 열심히 가르치고 있습니다.

여기 학생들은 일반적으로 게으르다고 합니다. 조금만 몸이 아파도 결석해 버려서 진도 따라가기가 어렵답니다. 그렇지만 ㄱ장로님이 맡은 카작학생반은 분위기가 좋은 편이랍니다. 첫 시간부터 이렇게 말한답니다.

> 얘들아, 나는 너희를 사랑한다. 정말 열심히 가르칠테니 너희도 결석 말고 열심히 공부해라. 몸이 아파도 학교에 와서 아파라.

이러면서, 기회가 되면 한국식당에 데리고 가서 한국 음식을 먹어보게 도 하며, 일일이 음식 이름을 확인하게 해, 책에서 배운 내용을 실제로 익히도록 한답니다. 함께 야유회도 가서 사진을 찍어 빼다 주면서, 그것을 교재로 삼아 우리 말 지도도 한답니다. '누구 앞에는 누가 있고, 누구 뒤에는 누가 있고…' 이런 식으로 말이지요.

우리말을 곧잘 하는 학생이 있는데, 편모 슬하에서 가난하게 살아, 아침과 점심을 거르며 학교 다니기에, 매주 1000텡게(8천원)씩을 주어 점심 사먹게 한답니다. 최근에는 전기세 50만원이 밀려 단전된 상태에서 촛불 켜고 공부한다기에, 관계 기관에 도움을 요청해 장학금을 받도록 주선해 놓았다고 합니다.

이 분의 소망은 이렇습니다. 이곳에서 한 명의 학생에게만이라도 복음을 전해 신학교에 진학하게만 하면 바로 이곳을 떠서 유럽 지역으로 옮겨 여행 겸 또다른 선교활동을 하다가 귀국해 한국에 묻히겠다는 아름다운 꿈입니다.

이렇게 세상에는, 은퇴 후의 노년을 보람있게 희생적으로 봉사적으로 사시는 분도 있습니다. 이런 분이 더 많아졌으면 합니다. 은퇴하고 나서 건강이 허락할 때까지 ㄱ장로님처럼 사는 것도 좋겠다 싶습니다.

침켄트의 배 장로님

마침내 침켄트에 다녀왔습니다. 우즈벡에서 살다 온 고려인을 만나 그 구전설화를 조사하기 위해 간 것입니다. 영주권 내용 변경의 일로 잠시 알마티에 올라오신 정승진 장로님을 한우리에서 우연히 만나 이야기가 되어 그분을 따라 침켄트행 기차에 아들과 함께 탄 것입니다. 8개월밖에 안된 분이지만 60 나이에도 기초 러시아어 공부부터 하신 분이라, 기차표 끊는 일에서부터 침켄트에 도착해 그곳에서 사업을 하는 배대환 장로님 사무실에 가는 일 등등 다 도와주어 편했습니다. 원래는 정 장로님 아파트에서 지내다 올라오려고 했던 것인데 한 끼만 그분댁에서 먹고, 나머지는 배 장로님 댁에서 다 얻어먹었습니다.

6시 15분에 알마티에서 침켄트로 떠나는 기차를 탔는데 한 방에 4인이 들어가는 침대차였습니다. 요금은 성인이 3202텡게(3만원), 학생은 그 반이었습니다. 우리 셋이 한 방을 쓰는 줄만 알았는데, 타고 보니, 주말이 다가와서 그런지 우리 세 사람은 각기 다른 방에 배정이 되어 있었습니다. 내 쿠페의 카작인 3인은 일행인지 자정이 다 되어가도록 술 마시며 시끄럽게 대화를 나누었습니다. 들어가기가 싫어 아들, 정 장로님과 함께 복도 창가에서 차장 밖을 내다보며 이야기를 나누었습니다. 알마티 외곽에는 유르타(몽골의 '빠오') 모양의 땅집들이 많았고, 도시를 지나자 캅차카이 갈 때처럼 드넓은 평원이 한없이 이어졌습니다. 저녁 때라 여기저기에서 말탄 목동들 앞에서 수많은 양떼와 소떼와 말떼가 집으로 돌아오고 있었습니다.

정 장로님 말에 따르면, 대부분 삯꾼 목동이랍니다. 아침이면, 한 동네의 말들이, 모이는 시간과 장소들을 알아, 제 스스로 대문을 밀치고 나와 한곳에 집결한다네요. 그래서 한 동네 말들이 다 모이면 목동이 몰고 나가서 하루 종일 풀을 뜯기다가 저녁때가 되면 다시 그렇게 자기 집으로 모여서 돌아온답니다. 혹시라도 주인집에서 대문을 닫아 놓고 있으면 열어줄 때까지 하염없이 그 앞에 서 있다는군요. 삯꾼 목동은 말 한 마리당 얼마씩 품삯을 받는다는데, 시골에서는 돈 쓸 일이 없어서 그 돈이 상당하다고 했습니다.

침켄트까지 무려 15시간이 걸린다는 열차는, 중간중간에서 특급열차 지나갈 때까지 마냥 서 있곤 했습니다. 밤이 되자 어두워져 아무 것도 보이지 않아 내 쿠페에 들어오니 여전히 떠들고 있었습니다. 조용히 2층 내 침대에 올라가 누워서 책을 보다 잠이 들었습니다. 나중에 듣고 보니, 카작인들이 함께 술 마시라며 과잉 친절을 베풀어 괴롭힌다는데, 내가 책을 펴고 있어서 그런지 그런 요구는 하지 않아 편했습니다.

다음 날인 금요일(2006년 6월 30일) 아침에 눈을 떠서 내다보니 침켄트에 가까워오는지 평원 대신 농사짓는 땅들이 많이 보였습니다. 알마티쪽보다 따뜻해서 그렇다고 했습니다. 알마티나 침켄트나 비가 적어야 하는 지형이라, 요즘 들어 비가 많아지는 일은 이곳에는 좋지 않다고 했습니다. 비가 안 와야 하는 곳에는 비가 안 오게 하는 게 하나님의 섭리가 아닌가 생각하게 하는 말입니다. 사람 사는 마을에서 별로 떨어지지 않은 곳에 만들어진 공동묘지들이 많이 보였습니다. 죽음을 늘 가깝게 보면서 살아가는 초원의 이슬람 유목민들의 생각은 어떤 것일까, 상당히 초연해

지지 않을까 그런 생각을 하게 하는 모습이었습니다. 무덤은 집 모양으로 멋지게 조성해 놓지만, 일단 한번 무덤 써 놓으면 거의 돌보지 않아 풀이 무성해, 사람에 따라 가끔 꽃이나 갖다 놓을 뿐이라고 하니, 지성껏 잔디를 입히고 벌초도 하는 우리와는 또 다른 의식들을 가지고 살아간다 하겠습니다. 죽은 자는 죽은 자에게 장사지내게 하고 나를 따르라고 하셨던 예수님의 명령을, 어쩌면 이슬람 교도들이 더 잘 지키는 것은 아닌지 모르겠습니다.

오전 9시 30분쯤 침켄트 역에 도착해 꾹뎀 시장 부근의 정 장로님 아파트에 갔습니다. 부인이 잠시 한국에 가서 혼자 숙식을 해결하고 있다 했습니다. 세들어 사는 작은 아파트지만 아주 깔끔하게 꾸며 놓은 집이었습니다. 아침 겸 점심을 먹고 배 장로님 사무실에 갔습니다. 한국에서 사업이 잘못되어 이곳에 오셨다는 배 장로님, 이곳에서 10년간 이 일 저 일을 했으나 계속 실패만 거듭하다가 큰 기대는 하지 않고 시작한 보일러 시공 일이, 처음에는 이 일도 고전했지만, 3년 전부터 카자흐스탄에 불어 닥친 건설 붐에 힘입어, 거기에 그 동안에 쌓아온 신용이 결합되어 지금은 종업원 15인을 거느리고, 이미 예약금과 선금으로 5천만 원이나 받아 놓고 어디부터 해줄까 고민하고 있을 정도로 본궤도에 오른 건실한 업체가 되어 있었습니다. 보일러 일을 시작해서도 고전을 면치 못해 위기에 몰려 있을 때, 이곳에서 사귄 김정복 장로님이 선뜻 당신의 퇴직금 5천만 원을, 뗄 각오를 하고 부인과 합의하에 빌려주어 그 돈을 밑천으로 다시 일어설 수 있었다며, 평생 그 은공을 잊을 수 없다는 흐뭇한 미담도 들려주었습니다.

밤 9시 50분에 떠난 열차는 다음 날 아침 9시 30분경에 알마티 역에 도착하였습니다. 함께 탄 일행은 아주머니 하나와 아가씨 하나였는데 두 사람 다 아주 조용하여 잠도 편하게 자고 왔습니다. 내리기 직전 안내양 가운데 아주 글래머인 아가씨한테 사진 한 장 찍어도 좋으냐고 하니 흔쾌히 포즈를 취해 줍니다. 초보 카작어지만 사는 곳이며 이름(쟈지라)이며 나이며(25세) 집안 가족 상황 등에 대하여 이야기 나누었습니다. 한국에서 왔다니까 아는 체 하며 "타마샤"라고 하기에 나도 카작 칭찬을 했습니다.

우리나라 안내양들은 미모이고 날씬한 사람들만 뽑는 듯한데 여기는 그렇지만도 않은 듯합니다. 내가 보기에는 평범하게 생겼고 거구인 아가씨도 많습니다. 카작 비행기 탔을 때 그저 평범하기만 한 스튜디어스들을 보며 느꼈던 것인데 기차 안내양도 그런 듯합니다. 외모 지상주의가 우리보다는 덜한 것인지, 미모의 기준이 우리와는 다른 것인지 그건 잘 모르겠습니다만, 일단은 좋아 보입니다. 건강해 보입니다. 함께 사진 찍고 이야기 나누며 가까이 하니 아주 정겹기만 합니다. 짧은 침켄트 여행이었지만 흐뭇하고 즐거운 시간들이었습니다.

돈 있는 티를 내면 당해요

평온한 나라 같지만, 이곳에서도 살인사건은 있는 모양입니다. 지난 번 시골읍인 우슈또베에 갔을 때, 우리가 묵었던 고려인 안 씨네 앞집이 폐가처럼 되어 있기에, 누가 살던 집이냐고 했을 때, 충격적인 대답을 들었습니다.

얼마 전까지 노인 하나가 살고 있었는데, 세들어 살던 마우제 놈이 죽였소.

연금과 월세를 받아서 살던 노인이었는데, 세들어 살던 러시아인 청년이, 연금이 탐이 나서 살인을 저질렀다는 말이었습니다.

얼마 전에는 다른 살인사건 소식도 들었습니다. 한국인이 운영하는 ㅊ식당의 지배인이 피살되었다는 소식입니다. 현지인 지배인이었는데 누군가가 죽였답니다.

그 두 가지 소식을 듣고 겁이 나서, 누구한테 그 말을 하자 대뜸 하는 말.

알마티에서 살인당하는 사람은, 대개는 있는 티를 내서 그래요. 그리고 대개는 그 사람 사는 형편을 잘 아는 사람이 죽여요. 있는 체 하면 안돼요.

알마티감리교회 달래캐기 나들이

한국교육원에서 카작말 공부를 하고 있는데, 누가 문을 두드립니다. 문 열고 나갔다 들어온 분이 나가보라고 해서 나갔더니, 아내였습니다. 지금 달래 캐러 가니 빨리 나오라는 명령이었습니다. 강사가 바뀌어서 처음으로 하는 카작말 수업, 다행히 첫 시간이라 45분만 하고 끝난다고 했고, 거의 끝나갈 무렵이라, 한결 가벼운 마음으로, 책보따리 챙겨서 아내와 아들과 함께 교회로 달려갔습니다. 날씨가 아주 화창하여, 아침에 결정한 일이라는 목사님의 설명이었습니다. 진즉부터 들어왔던 알마티감리교회 한인들의 연중행사 '달래캐기'에 마침내 우리가 참여하게 된 것입니다.

12시에 출발하여 1시간 30분을 달렸습니다. 바라홀까 시장에서 조금 막히고, 다연이 엄마 차가 단속 카메라에 찍혀 벌금 무느라 약간 지체되었지만, 알마티 도심을 벗어나, 교회 한인 식구들을 태운 넉 대의 승용차는 신나게 달렸습니다. 포장상태는 우리만 못하지만, 우리 고속도로처럼 쭉쭉 뻗은 도로, 양 옆으로 울창한 나무들이, 마치 광주에서 담양, 조치원에서 청주 들어가는 길목(영화 〈글레디에이터〉 마지막 장면인가에도 나오는 바로 그 환상적인 모습)만 같았습니다. 교외로 접어들자, 차들이 줄어들면서 사람도 드물어지고, 차창 밖으로 일망무제의 들판이 펼쳐집니다. 군데군데에서 한가롭게 말과 소가 마른풀을 뜯어먹고 있습니다. 길가로 갈대숲 같은 게 노란 빛을 자랑하며 나부끼고 있습니다. 가슴이 툭 트이는 것만 같은 정경입니다.

알마티에서 멀어질수록 길 옆 나무들의 키가 작아집니다. 강수량이 적어서 그렇답니다. 그 대신 까마귀들의 집이 많아집니다. 까치는 한 나무에 하나 정도만 집이 있는데, 까마귀는 목사님 표현대로 완전히 아파트입니다. 한 나무에 감 열리듯 여러 개가 지어져 있습니다. 아니 아파트 단지처럼 아예 그 일대의 나무마다 수십 개, 수백 개의 까마귀집이 떼 지어 있습니다. 날 때도 무리를 지어 다니더니, 사는 것도 그러합니다. 까치와 까마귀의 대조적인 생태를 그냥 느끼게 해줍니다.

깝차카이 호수, 흐르는 물을 막아서 인공으로 조성했다는 이 호수는 바다라고 불러야 할 만큼 넓었습니다. 푸른 물빛을 멀리에서 보면서 차는 계속해서 조금 더 달렸는데, 언덕에 무슨 이라크 전쟁터를 연상하게 하는, 폐허화한 집들이 군데군데 보입니다. 다차라 해서, 사회주의 시절, 여름이면 주말농장처럼 채소도 가꾸고 휴가를 보내던 집들인데, 분리독립 이후, 그곳에 물을 공급하는 비용을 개인들이 부담하게 되자 저절로들 포기하면서 폐촌이 되고 말았다는 설명입니다. 그 마을 쪽으로 차를 달리니, 아까보다 더 끝없는 평원이 보여 우리로 하여금 계속 탄성을 자아내게 합니다. 작년에 박박티 갈 때, 나는 이미 한번 체험한 것이지만 다시 보아도 좋습니다. 이윽고 포장도로가 끝나고 울퉁불퉁, 꼬불꼬불한 길을 달립니다. 장난 좋아하는 목사님이 갑자기 길을 벗어나 초원으로 차를 몰아 우리를 정신 못 차리게 만듭니다. 아이들은 살려달라고 아우성을 치고 한참동안 세상 근심 잊어버리고들 웃었습니다.

망망한 초원 지대에 그런 곳이 있을까 상상도 못했는데, 가파라는 언덕길을 곤두박질치듯이 하며 더 내려가자, 산이 보이고 강물이 흐릅니다. 얼마나 맑은지 아주 진한 녹색 강물입니다. 왼쪽으로 꺾여서 낭떠러지길

깝차카이 계곡에서 달래를 캐고 나서 점심 먹는 알마티감리교회 식구들

달래캐기 현장이 있는 캅차카이 계곡(협곡)으로 내려가는 길

을 조심조심 차를 몰아 넘어가자, 지금까지와는 전혀 다른 공간이 나옵니다. 사방으로 산이 둘러싼 가운데, 풀밭이 전개되었습니다. 바로 그곳이 달래밭이랍니다. 눈을 들어 강 건너를 보니, 달나라도 같고 화성도 같습니다. 나무가 자라지 않아 오직 바위와 흙과 모래로만 이루어진 그 산들이 뿜어내는 기이한 분위기, 뭐랄까, 이 나라 사람들이 즐겨 먹는 그 담백한 빵 같은 그런 묘한 느낌을 줍니다. 때때로 그 강 건너편에서 방목하는 말들이 물 마시러 내려오곤 한다는데 철이 일러서 그런지 안 보였습니다. 엄 권사님은 때때로 낚시하러 이곳에 온다는데, 물이 맑은 나머지 아가미가 빨간 고기들, 특히 커다란 잉어들이 그렇게 많답니다. 손을 대보니 얼음물이었습니다. 천산에서 눈이 녹아 흘러내린 물이 여기까지 오는 것이라나요?

아이들이 마냥 좋아합니다. 고삐 풀린 망아지들처럼 그 풀밭을 뛰어올라 산 정상까지 갔다 오더니만, 이번에는 물가로 내려가서 노느라 정신이 없습니다. 우리들은 남녀 할 것 없이, 준비해 간 쇠꼬챙이로, 달래 캐느라 인사불성입니다. 흙이 그렇게 부드러울 수가 없습니다. 달래를 발견하는 순간, 쇠꼬챙이로 그 옆을 푹 찌르면 쑥 들어갑니다. 한번 재끼면 순순히 재껴지면서 달래 뿌리가 보입니다. 흙만 탈탈 털어서 비닐봉지에 넣는 재미가 쏠쏠합니다. 아직은 좀 일러 달래가 작은데 일주일쯤 지나면 파만해진다고 하니 다음 번 나들이가 또 기다려집니다. 그걸로 김치를 담갔다가 일년 후에 먹으면 아주 일미라고들 합니다. 이번 주일날에는 그걸 썰어 넣은 간장으로 콩나물비빔밥을 해먹기로 했습니다. 오면서 목사님한테 말씀드렸습니다. "이 달래캐기 전통, 계속 유지하도록 하세요. 아름다운 나들이입니다." 그런데 금년 11월로 파송 10년을 맞는 강 목사님, 원래 약속했던 기간이 종료되므로, 현지인 목사님을 물색해 그분에게 교회를 넘기고 새로이 주어지는 사역을 감당해야 한답니다. 그렇다고 당장 알마티감리교회를 그만두는 것은 아니고, 당분간 그 옆에서, 현지인 목사님이 완전히 자립할 수 있도록 도와주는 역할은 해주어야 할 것 같답니다. 문득 선교사로 나온 분들에 대해서 무언가 말할 수 없는 존경심과 함께 인간적인 안쓰러운 감정이 솟구칩니다. 내 것이 없는 삶, 안정을 바라서는 안 되는 삶, 유목민처럼 계속해서 새로운 사역을 찾아 떠나야 하는 삶, 그것이 선교사 분들의 길이라는 사실을 비로소 느낍니다.

저녁 속회예배가 있기 때문에, 4시에 그곳을 떠나는데, 더 달래를 캐고 싶고 더 있다 가고만 싶습니다. 서울에 있는 우리 교회 어린이들을 데리고 오면 얼마나 신날까 싶습니다. 다음 주 토요일에 또 가기로 했는데 벌써부터 기다려집니다.

5장

카자흐스탄의 선교

해결사 강득성 선교사님 그리고 | 아파트를 무료 제공하는 권사님 | 알마티감리교회 사모님 | 노인 온천 봉사 | 선교사 현지어 설교 및 통역 설교의 한계와 그 대안 | 외국 한인들이 선교 가는 이유 | 아침밥을 늦게 먹는 선교팀 | 건달에서 목사로 바뀐 최유라 씨 | 한 건축기술자가 교회 나온 계기 | 괴짜 목사 김명관 선교사님 | 지혜롭지 못한 선교 | 캐나다 해밀톤에서 단기선교하러 온 분 | 김 장로님과의 만남 그리고 | 매주 성경을 통독하는 선교사님 | 어린이예배의 통역 설교

해결사 강득성 선교사님 그리고

알마티 감리교회 강득성 목사님은 해결사이십니다. 언젠가 "장로님, 필요한 거 있으면 종이에 적어서 주세요." 그러시기에, 그것 보고 시장 봐 주시는 줄로만 알았는데 그게 아니었습니다.

아직 구하지 못했거나 고장이 난, 진공청소기(카펫트문화라 이게 꼭 필요함), 세탁기, 주전자, 설거지한 식기 담을 소쿠리, 샤워기, 인터넷 연결 선 등을 적어 드렸더니만, 하루 만에 해결해 주셨습니다. 교회 3층으로 데리고 올라가시더니만, 수많은 이삿짐 보따리들을 풀어 제껴서 이것들을 찾아내 내게 넘기신 것입니다.

이곳에서 선교활동을 하다가 귀국하시는 분들이, 쓰다가 남기고 간 것들이라 합니다. 샤워기와 인터넷 연결선만, 시장에 가서 사주셨습니다.

사모님이 그러십니다. 처음에 목사님과 결혼할 때, 근엄하게 설교나 하고 그러시는 분으로 알고 결혼했는데, 선교사로 파송되어 지내보니, 온갖 일을 다하시더랍니다. 그러면서 몇 번이나 강조하십니다. "일반 목사님과 선교사는 달라요."

목사님의 지론도 그랬습니다. "선교는 생활입니다. 함께 사는 게 선교입니다." 참 은혜로운 말씀입니다. 현지인과 함께 살면서, 현지인이 필요로 하는 것을 공급해 주며 사는 것 그게 선교라는 것이지요. 하기야 나는 이미 서울에 있을 때, 그렇게 목회하신 이준영 목사님 밑에서 30년 세월을 지냈으니, 새삼 놀랄 것은 없지만, 강 목사님에게서 다시 그런 목회자상을 발견하고 확인하게 되어, 참 감사하기만 합니다.

그뿐만이 아니었습니다. 강 목사님은 교인들과 3·6·9게임도 함께 하는 선교사님이었습니다. 어느 날 내가, 교회의 분위기가 화목해서 좋다고 했더니, 알마티 지역 모든 교회가 부러워한다고, 사모님이 자랑을 합니다. 주일과 예배시간 외에는 편한 차림으로 지내면서, 금요속회로 모였다 하면 예배하고 식사하고 교제하며 11시 12시까지 가는데, 윷놀이는 물론 3·6·9게임을 교우들보다 더 신바람나게 하신답니다. 통닭내기 윷놀이를 벌이면 하도 잘해서 교우들의 호주머니를 털기 일쑤인데, 그러면 교우들 가운데에서는 입이 이만큼 나와 가지고는 "목사님이 이래도 되는 겁니까? 너무하는 거 아닙니까? 교회 안 나올랍니다" 이렇게 투정 겸 협박도 할 정도랍니다.

평소에는 이렇게 함께 놀아주기도 하고 격의 없이 어울리며, 커피도 손수 끓여 대접하고, 생일축하 때는 직접 나이프를 들어 케이크를 나눠주기도 하지만, 말씀을 전할 때는 조금도 봐주지 않고 '깐다'고 했습니다. 그게 지론이라 했습니다. 정말 내가 들어봐도 매주 설교가 그렇습니다. 절대로 교인들의 눈치를 안 보고, 막 바른 말을 해서 듣는 이의 심기가 편하지 못하게 흔들어 놓곤 합니다.

아파트를 무료 제공하는 권사님

한국에 있을 때부터 알마티감리교회 강 목사님께서, 우리가 알마티에 와서 아파트를 바로 마련하지 못하면, 교회에 빈 아파트가 있어 한 보름간은 그냥 살 수 있으니 그러라고 계속해서 권유했지만, 신세 지는 게 싫어 그냥 민박집에 머무르면서 아파트를 알아보고 있었습니다. 그러면서 나나 박 사장님이나, 목사님에게 여유 있는 아파트가 있다니, 이게 웬일인가 조금 이상하게 여겼던 것이 사실인데, 드디어 오늘 그 비밀이 풀렸습니다.

내가 들어가지 않고 있는 그 아파트에, 마땅히 갈 곳이 없는(호텔숙박비가 과다함) 한림대 연구팀을 오늘 하루 저녁 묵게 하였다고 해서, 그분들과 만나 함께 수요예배 드리고 저녁까지 비빔밥으로 대접받고, 일행과 함께 목사님의 차를 타고 가다가, 내가 "목사님, 그 아파트 무슨 아파트예요?" 라고 물으니, 목사님 설교의 통역을 담당하는 고려인 2세 리자 권사님의 것이랍니다. 처음 교회에 나올 때는 아주 가난한 가정이었답니다. 통역으로 일하던 분을 다른 교회 리더로 파견해, 통역자가 필요하던 차, 그 당시 교인으로 출석하며 모 직장에 나가던 리자 권사님께, 월 20불밖에 안 되는 사례비이지만 일해 주시겠느냐고 했더니, 다니던 직장을 그만두고 왔다지요. 그런데 하나님이 그때부터 물질의 복을 그 권사님에게 베푸시기 시작하여 지금은 아주 부유해져서 얼마 전에는 딸에게 1억짜리 집을 사주기도 했다니 놀라운 일입니다. 그 분이 소유한 문제의 그 아파트를 작년까지는 유료로 제공했는데, 금년부터는 필요한 사람들(주로 선교사들)에게 단기간 무료로 제공하기 시작했고 우리한테도 그렇게 호의를 베풀려 했던 것이며, 오늘 연구팀에게도 그런다고 했습니다. 통역 일이며 기타 모든 교회 봉사도, 이제 아무런 보수 없이 무료로 해주고 있다고 했습니다. 아들 선범이의 입학을 위해 두 군데 학교 다니며 통역 수고를 해주셨기에 사례하려고 하였으나 펄쩍 뛰시는 바람에 겨우 택시비만 200텡게(1600원) 드리고 말았는데, 이제야 그 비밀도 알았습니다.

멋진 리자 권사님, 우리 아이도 나중에 돈 많이 벌고 러시아어 잘해서 이렇게 베풀며 섬기며 살았으면 좋겠습니다.

알마티감리교회 사모님

예배 시간마다 가장 크게 '아멘'하는 분은 사모님입니다.

목사님의 설교를 가장 열심히 듣고, 수시로 성경 본문에다 메모하는 분도 사모님입니다.

통성기도 시간에 가장 크게 울면서 열렬히 기도하는 분도 사모님입니다.

성가대에 앉아 계시는데 가장 예쁜 분도 사모님입니다.

강 목사님은 참 좋은 동역자를 만나셨구나, 든든한 배우자를 만나셨구나, 참 행복한 분이시구나, 싶습니다.

이곳에서의 목회만 10년이 넘었다는데, 어쩜 그렇게 한결같이 남편의 설교에 은혜를 받으며 저렇게 열심일 수가 있는가, 참으로 아름다운 모습입니다.

노인 온천 봉사

알마티감리교회에서 노인들을 모시고 실로암 유황온천에 가서 목욕을 시켜 드렸습니다. 1인당 5백텡게인데 400원으로 할인해 주어, 덕분에 우리도 목욕했습니다. 500텡게가 아까워, 목사님도 좀처럼 오지 않는다고 했습니다.

유황냄새가 나는 이곳 물, 솟아나는 그대로라는데 기막히게 온도도 적당합니다. 미끌미끌한 느낌이 색다릅니다. 한 시간쯤들 목간하고 나온 노인들의 얼굴이 발그스레 한결 젊어지셨습니다.

식사 후 한인끼리 담소를 나누는데, 목사님이 부릅니다. "할머니들이 이 장로님 오시래요." 아하, 오늘도 옛날이야기 하라는 거구나, 눈치를 채고 달려갔더니 편안한 자세로 기다리고들 계셨습니다. "이야기 듣다가 피곤하면 주무세요." 목사님의 말씀에 덧붙여 나도 한마디 했습니다. "저도 이야기하다 졸리면 자겠습니다."

준비해 간 이야기들을 해드렸습니다. 며느리 이야기, 바보 이야기, 제사 이야기, 교회 유머 등을 계속 해 드렸더니 박수하며 즐거워하십니다. 처음에는 우리말로만 하다가, 우리말을 잘 못 알아듣는 몇몇 분을 위해, 리자 권사님이 통역해 주었습니다. 나는 할머니들 덕분에 책을 냈고, 나는 할머님들을 이야기로 즐겁게 해드립니다. 나를 도와준 할머니들을 위해 내가 할 수 있는 일이 있다니 다행입니다.

목사님이 건강법 특강을 하는 것으로 마무리지었는데, 이 소냐 할머니가 그러십니다.

교회 나오기 전에는, 우리는 그저 먹고 살고, 아이들 낳아 기르고, 일하는 것밖에는 몰랐어요. 왜 사는지도 모르고 살았어요. 교회 나오지 않았으면 정말 아무 것도 모르고, 뜻도 모르고 살다 갈 뻔 했어요. 주일예배 끝나고 집에 가면, 수요일까지는 견딜 만해요. 그런데 수요일부터 교회 가기를 기다려요. 그 사나흘 견디기 힘들어요.

노인들을 위해 주일만 버스가 운영하기 때문에, 그리고 힘도 없기에, 스스로 교회 나오기는 어려워, 주일날만 기다리며 사시는 것이지요. 노인들에게 교회와 예배가 얼마나 큰 위로가 되는지 알 수 있게 하는 간증이었습니다. 그런 마음으로 교회 다닌다면, 학교 다닌다면, 직장 다닌다면, 누구를 만나며 산다면, 우리들 피차 얼마나 행복할까요?

선교사 현지어 설교 및 통역 설교의 한계와 그 대안

강 목사님을 통해, 선교사들의 현지어 설교와 통역 설교가 모두 한계가 있다는 사실을 알았습니다. 강 목사님이 주일예배 때 한국어로 설교하면 리자 권사님이 러시아어로 통역하는 것을 보면서, '러시아어를 익혀서 러시아어로 바로 설교하면 좀 좋지 않을까?' 이런 생각을 하고 있었는데, 아니라는 말씀이었습니다. 실제로, 이 지역에서 러시아어를 아주 유창하게 하시는 우리 선교사 분이 러시아어로 설교를 하셨는데, 우리가 듣기에는 매끄러운 것 같았으나, 현지인들이 듣기에는 영 아니었다고 했습니다.

예컨대, '눈 먼 사람'을 표현할 때, 소경, 장님, 맹인, 시각장애인, 봉사 등등 여러 단어가 있고, 그 상황에 따라 달리 선택해서 표현해야만 하는데, 외국인이 아무리 우리말을 잘 구사한다 해도 그러기는 어려우며, 그 결과 외국인이 하는 우리말을 우리가 들을 때 어색하기만 한 것과 마찬가지 이치라는 설명을 듣고 납득할 수 있었습니다. 차라리 통역설교가 낫다고 했습니다. 하지만 통역설교도 문제가 있는 게, 어떤 경우에는 통역이 자기 말을 막 보태거나, 자기가 이해한 부분만 확대해서 말하기 때문에, 심하면 교우들이 두 편의 설교를 듣는 결과를 낳기도 한다 했습니다.

이래서, 강 목사님이 깨달은 대안은 이렇답니다. 어서 속히 현지인 리더를 양성해서, 현지인들을 위해서는 그 현지인 리더가 설교하고, 강 목사님 같은 선교사는 이곳 교민들을 상대로 설교하면서, 현지인 리더를 양성하며 교회 개척해서 지원하는 일에 몰두해야 한다는 것이지요. 이미 그런 구상을 가지고 실천에 옮기실 태세였습니다. 다행히도 이곳에서 처음으로, 알마티 감리교회가 올해부터 재정 자립 단계에 이르렀고, 충분히 그럴 수 있다는 감사한 말씀이었습니다. 구상대로, 어린이예배, 현지인예배, 교민예배가 동시에 삼원화되어 진행할 수만 있다면, 선교사들에게 아주 좋은 모델이 되지 않을까 싶습니다.

외국 한인들이 선교 가는 이유

카자흐스탄에는 선교팀이 많이 옵니다. 방학이면 더욱 많아져서 비행기표 구하기가 어려울 정도입니다. 대학생에서부터 각 교회 남녀선교회 등 다양합니다. 특히 미국이나 캐나다 등 외국에서 사는 한인들이 많이 옵니다. 비행기삯도 비싸고 체류경비도 상당한데도 말입니다.

어느 날 내가 묵는 민박집 주인이 물었답니다.

여기 오고 머무는 경비를 이곳 선교사들한테 주면 더 효과가 좋을 텐데, 이곳 사정도 잘 모르고 기교도 부족하면서, 왜 굳이 들 와서 돈 쓰고 고생합니까?

그 대답은 의외였답니다.

우리도 그거 잘 알아요. 하지만 그렇게 하는 이유가 두 가지 있답니다. 첫째, 선진국에 있는 한인들은 보이지 않는 차별을 느끼며 서럽게 살고 있어요. 그 열등감과 스트레스들이, 우리보다 못한 지역 사람들한테 와서 봉사하는 과정을 통해서 해소가 되기 때문에 열심히 참여하려 한답니다. 둘째, 한인교회 안에 동포끼리의 갈등이 상당히 있어요. 가진 자와 못 가진 자의 갈등이 가장 크고 다른 요소들도 있지요. 하지만 이런 외국 선교라고 하는 큰 과제를 수행하다 보면, 작은 갈등들은 잠시 잊어버린 채 이 과제를 성공시키기 위해 단합하는 효과가 있답니다. 선교를 다녀간 후에도 한동안은 이것을 보고하고 보고받은 내용을 화제로 올려 지내느라 갈등을 잊을 수 있어 좋답니다.

아주 솔직하게 말하는 그 답변을 듣고서야, 민박집 주인은 납득할 수 있었다고 했습니다. 나도 비로소 그 내막을 알았고 공감이 되었습니다. 조직을 유지하고 이끄는 데에서, 공동의 과제를 많이 개발해서 거기 몰입하도록 하는 것의 필요성과 효과, 이게 어찌 교회만의 일일까, 학과나 학교나 나라나, 어디에서나 마찬가지로 요구되는 게 아닐까 생각해 보았습니다. 지금 우리나라가 이렇게 헤매는 이유도, 그런 공동의 이슈, 누구나 참여하고픈 사명감과 신명을 느끼게 할 만한 아젠다를 내걸지 못하는 측면도 있지 않은가 생각해 보았습니다. IMF관리체제로 들어섰을 때, 금모으기 운동과 같은, 누구나 절박하게 느끼며 참여할 그럴 과제가 무엇인지 곰곰이 생각하는 지도자들이 되었으면 좋겠습니다. 아니 남 말할 게 아니라, 내가 소속한 집단, 내가 영향력을 발휘할 집단에서, 그게 무엇일지늘 고민하며 살아야겠습니다.

아침밥을 늦게 먹는 선교팀

미국에서 온 동포 선교팀이 아프가니스탄에서 선교활동을 펼치다가 내가 머무는 민박집에 잠시 머물다 떠났습니다. 목사님의 인솔 아래, 교포 2세 대학생들로 구성된 팀이었습니다. 경비의 반은 교회에서 지원하고, 나머지 반은 각자 부담하는데, 떠나오기 전에 바자회라든가 이런 활동을 통해 모으긴 했으나, 빠듯한 예산으로 오는 모양입니다.

넉넉하지 않다는 것을 나는 몰랐는데, 주인인 박 사장님이 말해 줘서 알았습니다. 이곳 민박집에서는 하루 두 끼만 제공합니다. 아침과 저녁만 주는 것을 원칙으로 삼고 있지요.

남들은 8시쯤 정상적으로 아침밥을 먹는데, 이 선교팀은 늦게 늦게 방에서 나와, 11시쯤에야 아침을 먹었다고 합니다. 그 이유는 뻔하다는 겁니다. 그렇게 먹어서 점심을 겸한 아침밥을 먹어, 한 끼 식사비(5불)를 아끼기 위한 것이라는 이야기였습니다.

우리말도 제대로 구사 못하는 그 친구들이 조금은 얄밉기도 했으나, 그 이야기를 듣고 다시 보였습니다. 저들이 여유로운 상태에서 흥청망청하며 생활하지 않는구나, 그야말로 먹을 것 제대로 못 먹으며, 절약해서 선교하는 팀이구나 싶었습니다.

건달에서 목사로 바뀐 최유라 씨

타라즈(잠블)에서 청년을 데리고 카자흐스탄 청년집회에 참석하러 올라온 최유라 목사님과 함께 7월 금요심야기도회를 가졌습니다. 강 목사님이 여기 선교사로 파송받아 와서 얻은 첫열매라고 합니다. 고려인인 최유라 목사님은 원래는 권투선수이자 마피아 조직에도 관계하여 껄렁껄렁 살아가던 건달이었답니다.

교회에 가면 친절하게 대해준다는 말은 어디서 듣고, 어느 날 알마티 감리교회에 찾아와 재워 달라, 밥 달라, 용돈 달라, 이러면서 빈대붙었다지요. 교회에서는 친절하다는데 과연 언제까지 내 뜻을 받아들여 줄 것인가, 드러내놓고 빈정대며 그랬다지요. 하지만 아무 말 없이 반기며 친절하게 대해 주는 강 목사님 내외분과 교회 분들의 태도에 점차 감동받아 주님을 영접하기에 이르렀다고 합니다.

교회 다니면서, 어머니가 대학교 총장인 아주 참한 아가씨한테 반한 최유라 씨는 적극적으로 구애를 하였고, 아가씨가 너무 어리자, 모든 준비를 마치고 아가씨가 법정 결혼 연령인 18세 되기만을 눈빠지게 기다리다가, 그 아가씨가 18세가 되자마자 정확히 사흘 만에 웨딩 마치를 울렸다는군요.

타라즈에서 올라오기만 하면 이것저것 호심탐탐 노리며 마구 챙겨가고 집어간다는 최유라 목사님, 이번에도 두리번거리면서 무엇 가져갈 것 없는가 열심히 탐색합니다. 신 집사님보고는 "집사님, 지금 타고 다니는 승용차, 흠 안 나게 잘 몰고 다니세요. 나중에 내가 타야 하니까요." 이러면서 노골적으로 눈독을 들이며 침을 발라 놓습니다. 강 목사님보고는 교회 청년들이 사용하는 전자 악기 하나를 가져가도 되느냐고 떼를 써놓았다는데, 강 목사님은 리자 권사님한테 "교회 재정 남은 것 얼마나 돼요?" 확인합니다. 아마도 어지간하면 그 소원 들어줄 눈치입니다. 올라오기만 하면 거덜내고 간다며 웃는 사모님의 표정을 보니 그래도 마냥 즐거운 빛이 역력합니다.

목사 안수를 받아, 알마티 감리교회에서 전도사로 일하다, 잠블 교회로 파송받아 여러 해째 목회하고 있다는데, 지방 교회에서 목회하는 게 하도 힘들어(주로 고려인이며 어린이까지 포함해 100명 교인), 목회 그만두고 싶은 마음이 굴뚝같았는데, 이번 집회에서 은혜를 받아 다시금 기운을 차려 열심히 하겠다는 간증을 하는 듬직하게 생긴(마치 곰 한 마리가 버티고 선 듯한 인상의) 최유라 목사님을 보면서, 강 목사님은 최유라 목사님 하나만 봐도 이미 성공한 분이 아닌가 생각해 보았습니다. 선교사로 파송받아 온 지 10년이 되는데, 이제 누가 몇 년 되었느냐고 물어오면, 러시아어도 잘 못하고, 이루어놓은 것도 없어 대답하기 싫다는 강 목사님이지만, 내가 보기에, 현지 사역자인 최유라 목사님 하나 키워낸 것만으로도 큰 보람이라 생각합니다.

한 건축기술자가 교회 나온 계기

알마티 감리교회 고려인 통역사가 여성 분(2010년 현재 장로)인데 그분의 남편은 건축기술자였습니다. 함께 점심을 먹다가 내가 물었습니다.

"교회는 언제부터 나오셨습니까?"

그랬더니, 1992년부터 나오기 시작했다고 했습니다. 그러면서 묻지도 안했는데 이 말을 덧붙였습니다.

"교회에서 한글을 가르쳐 준다기에, 한글 배우러 나오다가 교회 나오게 되었습니다."

아마도 그 부인도 그때부터 함께 교회 나와, 통역의 사역까지 맡은 게 아닌가 싶습니다.

할 수만 있으면, 교회에서 사회봉사 활동 많이 해야겠다는 생각을 가지게 하는 대목이었습니다. 말로 복음을 전하는 것도 중요하지만, 어떻게든 교회에 발걸음을 옮기게끔, 사회인들이 필요로 하는 게 무언지 알아서, 각종 프로그램을 실천함으로, 자연스럽게 교회에 호감을 가지게 하고, 마침내는 교인이 되어 기쁘게 살도록 해야 할 일입니다.

괴짜 목사 김명관 선교사님

우슈또베에 지순옥 할머니란 분이 계시는데, 땅굴집에 대해 새로운 정보를 말씀하시더라는 이야기를, 김병학 시인한테 들어, 다시 우슈또베에 가기로 했습니다. 한우리 민박집에 함께 머무는 송석민 목사님의 소개로, 딸띠뚜르간에서 1992년부터 활동하고 있다는 김명관 선교사님의 안내를 받기로 하였습니다. 미국에서 함께 와 있는 고령의 길웅남 목사님도 1992년에 이곳에 와서 선교를 했었다는데 우슈또베는 한 번도 가본 일이 없다기에 동행하자고 해서 같이 갔습니다. 지난 번처럼 버스정류장에 나가서 택시를 잡아탈 생각만 했으나, 송 목사님의 소개로, 우슈또베만 여러 번 다닌 위구르인 기사를 만나, 아주 잘 다녀왔습니다. 남들은 200불이라는데 150불에 다녀왔습니다.

딸띠꾸르간 김명관 선교사님 댁에 가니, 점심을 준비해 놓고 있었습니다. 국수를 맛있게 먹고 목사님의 안내로 95세의 김 알렉산드라 할머니를 만나 뵈었는데, 우슈또베 출신이 아니라, 우즈베키스탄 사마르칸트에 떨어져서 누에 일을 하던 분이었습니다. 대충 마무리하고, 김병학 시인이 말해준 우슈또베 지순옥 할머니 댁을 찾아갔는데, 번지와 일치하지 않아 거의 절망적이었으나, 막판에 김 시인에게 전화하여 겨우 성공했습니다.

1922년생, 고아로 자란 분인데, 아이 둘을 낳은 몸으로 아스타나에 기차로 실려와 원주민의 땅굴집에서 1937년 겨울을 지내고, 너무 많이들 죽으니 이듬해 봄에 남쪽 우슈또베로 와서 노숙도 하며 지내다 겨울이 닥치자 다시 땅굴을 파고 살았다고 했습니다. 바스또베만이 아니라 우슈또베 마을에서도 땅굴생활을 했다는 새로운 사실을 알아낸 것입니다. 러시아말을 잘 못하는 지순옥 할머니, 시골에서 살아서 그런 것일까요? 이런 경우도 있다는 사실을 확인하였습니다. 이름을 러시아어로 써보시라고 했더니 글자는 알고 있었습니다. 이제 귀가 어두워 큰소리로 물어야 들으시는 할머니, 내 연구가 거의 마지막 시도임을 다시금 알 수 있었습니다.

김명관 선교사의 안내로, 바스또베도 다시 찾아갔습니다. 소금땅이라, 러시아 기술 정보에 힘입어, 한 해는 토끼풀을 그 다음해는 농사를, 이런 식으로 하여 옥토로 바꾸었다는 이야기를 들려줍니다.

송 목사가 미리 알려준 대로, 김 선교사는 '괴짜 목사 진짜 선교사'였습니다. 시골을 선택하여, 개척해 30~40명이 되면 다른 이에게 물려주고 다른 교회를 개척해 그 동안 10개의 교회를 개척했답니다. 현재 벧엘 교회의 사무장으로 있는 고려인과 아주 격의없이 서로를 신뢰하면서 지내는 모습이 참 좋았습니다. 동등하게 친구처럼 지내지만, 목사와 교인으로의 사회적인 책임은 다하는 그런 관계를 유지하며 산다고 했습니다.

성경중심주의, 온고이지신(옛것의 좋은 것은 그대로, 새것의 좋은 것은 그것도 받아들이기), 평소의 생활을 진리대로 성경대로 살면 저절로 하나님이 책임져 주시기 등등의 신조는 감명 깊었습니다. 열정적이고 외향적이다 보니, 지금도 답답하면 갈대나 초원에 아침 일찍 나가 불을 지르곤 한다는 분, 눈 내리면 차 끌고 산에 올라가 시동 끄고 굴러 내려와 장난기를 해소한다는 그 분, 참 괴짜 목사 진짜 선교사 중의 한분이라는 생각이 들었습니다. 그분의 사모님이 현장의 경험을 담은 산문과 시를 쓰고 있다니, 기대해 봅니다.

김 목사님이 들려준 귀한 경험담 가운데 이런 것도 있었습니다. 카작인을 상대로 한 선교전략인데, 외부인이 친족마을에 침투하기는 참으로 어렵답니다. 호주랄까 족장의 명령에 절대적으로 순종하는 사회라서, 선교란 어림도 없는 일인데 딱 한 가지 방법이 있답니다. 그 마을 청년이 외지로 나와 대학 다닐 경우, 그 학생을 전도하여, 그 학생을 매개로 삼아 슬슬 그 마을에 침투한다는 것이지요. 공부하고 온 아들의 말은 신뢰하기 마련이고, 그 아들이 소개하는 외지인도 경계 없이 받아들이니, 그렇게 해서 그 마을에 들어간 후 지혜를 발휘해 선교활동을 펼친다는 것이지요. 그렇게 해서 그 마을의 이슬람 성직자인 물라만 전도하면 그 마을 전체가 기독교화 할 수 있다네요.

우슈또베를 떠나 알마티로 향해 오면서, 길을 사이에 두고 한 쪽에 축사가 보이자 설명해 줍니다. “저 축사가 바로 집단농장 중의 하나입니다. 거기서 일하는 사람들(조합원들)을 위해, 오른 쪽 편에 집을 지어 마을을 만들었습니다. 거기서 생활하며 출퇴근한 것이지요. 이제는 폐허가 된 곳이 많습니다.”

카작에서도 돈 많은 사람들은 사람을 사서 일을 시키거나 짐승을 돌보게 하면서 품삯은 안 주고 먹여주고 재워주며 술만 주기도 하는데, 그런 일터에서조차 쫓겨나는 사람이 있다는 말도 해줍니다. 어디에나 있는 빈부격차의 문제, 있는 자의 탐욕과 횡포를 다시금 확인합니다.

지혜롭지 못한 선교

알마티 공항에 내려 짐을 찾는 동안, 카자흐스탄 전문가인 김 교수와 잠시 이야기를 나누었습니다. 카자흐스탄국립대학 초대 한국어학과장을 맡았고 현재 한국카자흐스탄학회장이니 이곳 사정에 대해 정통합니다.

비행기 안에서 선교하러 들어오는 대학생들을 만났다고 했더니, 이곳으로 오는 비행기의 3분의 1은 한국인이며, 대부분 선교 목적으로 오는 사람들이라고 했습니다.

"예수에 미친 사람들이 그렇게 많은 줄 정말 몰랐어. 대단해."

이렇게 말하는 김 교수의 말투가 왠지 조소하는 듯한 느낌을 주어 왜 그런지 물었더니, 듣기 거북한 이야기를 했습니다.

"선교사들이란 사람들이, 한국학과 강사 자리 따내가지고는, 한국어 시간에 성경책 펴놓게 하고 가르치다가 물의를 빚지 않나, 어떤 친구는 교회 나가는 학생과 안 나가는 학생을 조사해서 학점에 차등을 주지를 않나, 그 바람에 한국학과를 폐지하자는 여론이 일어난 일도 있어. 이 사람들 때문에 한국 망신을 시킨다니까."

계속해서 비판이 이어질 듯해서 내가 가로막았습니다.

"잘하는 선교사들도 있지 않겠어?"

"미안하지만, 내가 본 거로는, 99.9퍼센트는 그 모양이야."

더 이상 말을 건넬 수가 없었습니다. 김 교수가 크리스천이 아니기 때문에 약간의 편견을 가질 수 있다는 생각을 하면서도, 이곳에서 일하는 선교사들의 경직된 선교 전략에도 문제가 있지 않나 여겨집니다. 믿음이란 게 그렇게 강요해서 될 일이 아닌데 너무 성급한 자세로 임하는 게 아닌가 싶습니다.

한국어 강의를 맡았으면 최고의 한국어 강사로서, 똑 부러지게 가르쳐 그 강의를 들은 학생들이 만족감을 가지게 하는 게 중요할 것 같습니다. 그러면서 그 예를 들 때 한글성경을 가지고 설명함으로써 자연스럽게 한국어도 배우고 성경도 익히게 하는 효과가 나타나게 할 수도 있을 듯합니다.

캐나다 해밀톤에서 단기선교하러 온 분

나와 함께 민박하는 분 가운데 캐나다 해밀튼의 한인교회에서 단기선교 하러 나온 분이 있어 종종 이야기를 나눕니다. 50대인 그분은 매년 한 차례씩 여름이면 이곳에 캐나다 한인 연합선교단과 함께 카자흐스탄에 와서 선교한다고 했습니다.

대도시에는 안 가고, 벽지에 들어가서 전도하는데, 영어통역자와 러시아어 통역자에 의료, 상담 등의 전문 사역자를 대동하고 들어간답니다. 가정을 내팽개치고 떠도는 무책임한 남편 때문에 혼자 남아 아이들을 키우는 부인네며, 마약에 찌든 사람들, 생활고에 지친 심령들, 여러 유형의 결핍된 이들에게 다가가 위로하며 보탬이 되어 주며 복음을 전한다고 했습니다. 한 지역에서 10명만 전도하면 성공으로 보아, 성경책을 공급하고, 그곳에 건물을 사서 교회를 마련하고, 자체적으로 양성한 현지인 선교사를 월 10만 원 정도씩 지원해 상주하게 한답니다.

물가가 싸서 10만 원이면 충분히 산다는군요. 집(가정교회건물)을 사는 비용은, 캐나다의 할머니 할아버지들이 많이 낸다고 합니다. 나이 들어 현지에 가서 선교는 못하지만, 교회 마련하는 데 보태라며, 생일잔치 비용 아낀 것에서, 장례준비금에서 얼마간 떼서, 그렇게 헌금한 피 같은 돈들이랍니다. 민박집 주인 말을 들으니, 선교하러 온 분들도, 캐나다에서 어렵게 번 돈을 가지고 여기 오는데, 비행기 삯을 어떻게든 줄여서 가정교회 세우는 데 보태려고, 직항비행기를 포기하고, 여러 곳을 경유해서 한참 돌아서 오는 코스를 선택해 남은 돈(1인당 100달러니 100명이면 1만불)으로 여러 개의 주택을 매입해 교회를 꾸민다는 이야기였습니다.

내가 김 교수한테서 들은, 선교사들의 지혜롭지 못한 선교행태에 대해 이분한테 말했더니, 장기선교사로 와 계신 분들, 특히 대도시 지역에서 일하는 분들의 경우를 보고 하는 얘기 같다고 했습니다. 그분들의 경우는, 자녀 교육비가 엄청나게 많이 들기에(외국인 학교에 보내야 하므로, 교육비만 연 5000만 원 정도) 부담이 많으며, 그러다 보니 성과를 올리기 위해 무리한 방법을 쓰기도 하는 것이 아닌가 해석했습니다. 하지만 단기 선교팀들은 그런 무리수를 쓰지 않는다 했습니다.

그러면서 이 분이 하는 말이 인상적입니다.

"고려인들은 대단해요. 카자흐스탄 어느 마을에 들어가도 고려인은 한둘 꼭 끼어 있어요. 그것도 대부분 유지급으로 잘 살아요. 얼마나 성실하게 살았는지 러시아 시절에 레닌훈장을 받은 집도 있어요."

그분의 이야기는 계속되었습니다.

"1937년 10월에 블라디보스톡에서, 스탈린에 의해 강제로 이곳으로 추방당할 때, 시베리아열차를 타고 오는 도중, 수많은 사람이 얼어 죽었으며, 1월경 카자흐스탄 크질오르다와 타슈겐트에 도착해, 아무데나 내동이치듯 내려놓아져, 땅굴을 파고 겨울을 났답니다. 그 때 살아남은 어느 할머니는 우리가 갔을 때, '나는 개처럼 살았어요'라고 하더군요. 그러면서도 우리 고려인들은 살 집보다도 학교부터 먼저 지어서 자녀들을 보냈고, 돈들을 아껴서 교사들 봉급을 마련해 주었답니다. 그 교육의 저력으로 이곳에서 살아남았고 잘 사는 민족, 존경스런 민족으로 인정받게 된 것이지요. 우리 민족은 대단해요."

카자흐스탄과 우즈베키스탄 어느 마을에 가도 고려인이 있기에, 선교팀이 들어가면 가장 먼저 하는 일이, 고려인 찾아서 만나는 일이랍니다. 그분들의 도움이 필요하기 때문이라는 것이지요. 통역사가 필요 없으니까요. 그런데 유지급에 들어가는 고려인들은 대부분 공산주의사상이 머리에 박혀 있고, 잘 살다 보니 복음 받아들이기가 어려운 점이 있다는 역설도 얘기했습니다.

어쨌든 각 마을마다 고려인이 퍼져 살고 있다 보니, 캐나다 한인 교회 목사님이 그러더랍니다. "블라디보스톡에서 중앙아시아로 고려인들이 강제이주당한 것은, 결과적으로 보았을 때, 오늘 우리가 활발하게 이 지역에 가서 선교할 수 있도록 하려는 하나님의 섭리였다고 보입니다. 그러지 않았으면 우리가 어떻게 이슬람 지역인 이곳에 이처럼 많은 선교팀들이 들어가 활동할 수 있겠습니까?"

정말 그런 듯합니다. 초대교회 시절, 네로황제의 무서운 박해가 시작되므로, 이방지역으로 복음이 전해지게 되었듯, 스탈린 때문에 이곳에 고려인이 많이 살게 되고, 그들이 통역자가 되고 중매장이가 되어, 선교활동이 원활하게 진행되어 복음화가 이루어지고 있다니, 합력하여 선을 이룬다는 성경의 말씀은 진리입니다. 하나님이 하시고자 하는 일은 아무도 못 말리며, 아무도 모릅니다.

김 장로님과의 만남 그리고

알마티 외국어대학교에서 한글을 가르치시는 김 장로님이 민박집에 찾아오셨습니다. 둘째아들 입학 문제에 도움을 주기 위해, 민박집 박사장님이 특별히 부탁해서 오신 듯합니다. 생활이 어려워 교대를 나와 초등 교사로 근무하면서 4년제 대학에 편입해 중등 교사를 하시다 명예퇴직하고 우연한 기회에 카자흐스탄으로 오셨답니다.

학교에서 은퇴한 분들의 대부분이 마땅히 할 일이 없어 눈에 띄게 노쇠해져가는 모습들을 보면서, 무언가 은퇴 후에도 일할 자리가 없나 고심하던 차, 출석하던 교회에서 파견한 선교사가 세운 침켄트의 신학교 한국어 담당강사로 자원하여 오셨답니다. 그곳에서 한 동안 일하시다가, 수료생을 배출해도 일자리들이 별로 없자 수강생이 줄어드는 것을 보고, 알마티로 진출해 일하시게 되었다고 합니다.

한 달에 300불 정도씩 받으시는데, 수입을 위해 일하시는 분이 아니었습니다. 오실 때도 퇴직금을 털어서 오셨거니와 받으시는 월급도 대부분 아이들에게 책 사주는 등 베푸는 기쁨으로 사시는 분이었습니다. 아이들이 그렇게 좋다고 하셨습니다. 박사학위도 없지만 초등학교 경험이 많아 우리 말 우리 글을 가장 쉽고 재미있게 가르치니 아이들이 많이 따른다고 하며 환하게 웃으시는 모습이 66세 연세와 어울리지 않았습니다.

신학교 강사 경력이 문제가 되어 이곳에 여전히 살아있는 KGB의 등쌀에 비자 연장이 어려워 고생해 보았기에, 지금까지 신앙적인 냄새는 전혀 피우지 않았는데, 다음 주부터는 그간의 신뢰를 바탕으로 아이들에게 성경을 가르쳐 보겠다고 했습니다. 알려지면 곤란할 수도 있으나 아이들과의 관계를 믿고 시도해 보겠다고 했습니다. 우리 말 우리 글도 가르치고 복음도 증거할 수 있는 좋은 기회가 되었으면 좋겠습니다.

나도 이 다음에 늙어 은퇴하면, 김 장로님의 뒤를 이어보는 것도 적극 고려해 보아야 하겠습니다. 박 사장님의 귀띔으로는, 침켄트에 있을 때, 사업하다 망해 쫓겨날 위기에 몰린 어느 분에게, 자신이 가진 돈 전부를 털어 빌려주었고, 그 돈을 그분이 재기에 성공해 지금은 아주 잘 살고 있다는데, 내게는 그런 내색 조금도 안 비칩니다. 그저 내게 도움이 되라고, 그간 살아온 일을 차분하게 조용조용히 초등학생 가르치듯 말해 주십니다. 박사장님 표현으로는 "자랑하지도 티도 내지 않고 지내시는데, 내가 무언가 필요하다 싶을 때면 늘 그곳에 계시는 분"이랍니다. 이런 분만 같으면 모두 교회 나갈 것 같다는 이야기입니다.

김 장로님이 들려준 감동적인 이야기 한 편. 어제 들렀던 한인 식료품 가게의 여자 권사님 이야기입니다. 그 남편이 한국에서 잘 나가던 회사 사장이었으나 그만 독실한 신자였던 부인이 암에 걸려 3년간의 투병 끝에 세상을 뜨자 5남매를 건사하며 지냈는데, 회사 여사원인 지금의 부인이 처녀의 몸으로 가끔 들러 도와주다가 결혼에 이르렀다 합니다. 결혼하면서 남편에게 하는 말이, "내가 내 아이를 낳으면 지금의 5남매를 예전처럼 대하기 어려워질 것이 뻔해요. 나도 팥쥐 어머니가 될 거예요." 그러면서 자청하여 불임수술을 받았다는 것입니다. 정말 기독교인다운 처신이라 생각되어 눈물이 났습니다. 완전한 희생. 그 식품점 겸 정육점에서 바깥양반의 호의로 난생처음 소 등골을 먹었는데, 스스로 자신의 등

골을 빼다시피 하여 전실 자식 5남매를 잘 키워낸 그 권사님, 내일 교회에서 다시 만날 텐데, 반갑게 인사해야겠습니다.

매주 성경을 통독하는 선교사님

이곳에는 많은 선교사 분들이 나와 있습니다. 교회에서 파송받거나 후원금을 받아 나와 있는 분들도 있고, 자비로 활동하는 분들도 있습니다. 신학을 전공한 분도 있고, 평신도로서 나와 있는 분들도 있습니다.

선교자금을 스스로 충당하며(교회에서는 이것을 '자비량 선교' 즉 스스로 양식을 준비하며 하는 선교라고 합니다만) 일하는 선교사 가운데 한 분을, 카작어 공부하는 반에서 만났습니다. 러시아어로 설교하는 세 분 중의 하나인 것만 알고 있었는데, 오늘 우연히 새로운 이야기를 들었습니다.

6월 초에 기독실업인모임인 CBMC 알마티 지회 주관으로, 알마티에 거주하는 한인들의 연합과 영성 회복을 위한 집회가 열리는데, 그 초청장 발송하는 일을 도와주러 갔다가, 그 선교사분에 관련된 전설같은 이야기를 듣고 놀랐습니다. 매주 성경을 한 번씩 통독하고 있다는 믿어지지 않는 이야기였습니다만, 보충설명을 듣고 믿게 되었습니다.

그 사모님이 적극적으로 움직여 선교에 필요한 모든 자금을 벌어들이고 만들어 내어, 남편이 선교에만 전념하게끔 돕는다고 합니다. 조용한 성격이라 어디 가서 돈 벌이하는 데는 어울리지도 않는 그 선교사님은, 오직 할 수 있는 일이라곤 매일 매일 시간마다 성경을 읽고 설교 메시지 준비하는 일이라는군요.

세상에, 이렇게 복 많은 남자, 복 많은 선교사도 있구나 싶습니다. 더욱이 놀라운 것은, 그 사모님은, 그럼에도 불구하고, 항상 밝게 살고 있다는 사실입니다. 그분도 나와 함께 카작말을 배우고 있기 때문에, 그 점을 인정합니다. 참 밝은 인상이구나, 그렇게 느끼고 있었는데, 오늘 그 전설을 듣고 생각하니, 더욱 아름답게 여겨집니다. 하나님은 그렇게, 적당한 짝을 예비해 두셨다가 만나게 하셔서, 그렇게 내조를 받으며 러시아어 선교활동에 전념하도록 하신 것이지요. 그러고 보면 매주 한 번씩 성경을 통독하는 것은 어쩌면 당연한 일인지도 모르겠습니다.

어린이예배의 통역설교

알마티 감리교회 목사님의 요청을 받아, 어린이주일예배 설교를 하였습니다. 20여 명의 귀여운 친구들이 모여들어, 찬양 인도하는 두 여 선생님을 따라 정말 환하고 생동감 넘치게 율동을 하며 찬양을 했습니다. 물론 피부색이 다 달랐습니다. 아주 어린 아이들은 따라 하지 못하고 자기네끼리 장남감 가지고 놀고 있었습니다. 하도 귀여워서 다가가 여자 아이의 볼을 쓰다듬으며, "즈드라스 브이쩨(안녕!)"하고 인사했더니 수줍어 하며 고개를 숙였습니다. 그 옆의 잘 생긴 남자아이는 인사를 받으면서, 장난감 자동차를 굴리는 시늉을 했습니다.

예배 전 찬양이 끝나고, 따라하는 기도를 하고 나서, 예배 찬양을 하고, 드디어 설교 시간이 되었습니다. 나를 소개하는 눈치라 얼른 일어나 인사를 했고, 거의 동시에, 통역할 고려인 다나 집사님이 내 옆에 섰습니다. 나는 최대한 쉽게, 그리고 통역하기 좋도록 짧게 끊어가며 설교했습니다.

한국에서 한 번 했던 '백악관을 기도실로 바꾼 대통령 링컨'이란 제목으로 했습니다. 우리 어린이들도 성경을 사랑한 링컨처럼 부지런히 성경 읽고 실천하는 사람이 되어 링컨 같은 사람이 되자는 내용이었습니다. 입부에서 "미국이란 나라 알지요? 세상에서 가장 발달한 나라고 힘센 나

알마티감리교회 어린이예배 모습

라지요? 이곳에 오니 거리마다 '카작 2030'이라고 써 있어서 알아보니, 2030년에는 이 카작도 미국처럼 선진국이 되겠다는 말이라고 했어요. 나는 그렇게 되리라고 믿어요." 그랬더니 "아멘"하고 반응하는 입술들이 예뻤습니다.

설교가 끝나고 자리에 앉으니, 사회자가 러시아어로 뭐라 뭐라 하자 아이들이 일제히 박수를 하기에, 나한테 보내는 박수인 줄 알고, 얼른 일어나 뒤를 바라보며 목례를 하고 앉았더니만, 반주를 하던 초등학교 5학년, 목사님의 아들 요엘이가 내게 얼른 다가오더니 살짝 하는 말,

"하나님께 하는 박수예요."

그 말을 듣는 순간 얼마나 부끄러운지 혼났습니다. 우리나라에서는 설교가 끝나면 으레 감사의 표시로 강사에 대해 박수를 보내곤 했는데, 이곳 강득성 목사님은 제대로 훈련시킨 모양입니다. 지당한 일입니다.

6장

카자흐스탄과 한국과의 교류

키멥대의 한국어 강좌 | 중앙아시아 한국학회 국제학술대회 | 한국종합교육원 하계세미나에서 만난 인연들 | 한국의 날 행사 | 한국문학사 강의 시작한 날

키멥대의 한국어 강좌

키멥대학에 갔습니다. 우리나라 방찬영 박사가, 부인과 사별한 후 교수직을 그만두고 돈을 벌어 이곳 알마티에 진출해 여러 회사도 거느리면서 영어로 진행하는 대학입니다. 우리나라로 치면 한동대 같은 학교인데, 이 나라에서는 국립인 까즈구대학과 더불어 사립대로서는 가장 유명한 대학이라고 합니다. 우리는 잘 모릅니다만 세계 100위권 대학에 들어간다는 말도 있습니다.

키멥대에 근무하는 김홍준 교수를 만나러 갔는데, 어느 건물인지 잘 몰라 좀 헤맸습니다. 학생들에게 명함을 보여주며 안내해 달라고 했는데도 모른다고 하거나 엉뚱한 건물로 데리고 가서 골탕을 먹다가, 꾀를 써서 아무 건물에나 들어간 다음, 입구에 앉아있는 경비에게 묻고 있으니 한 여인이 영어할 줄 아느냐며 다가와 스스로 도와주겠다고 합니다. 그 여인의 도움으로 김홍준 교수와 통화가 되어 위치를 확인해 찾아갈 수 있었습니다. 영어가 아니면 벙어리가 될 수밖에 없는 곳이 키멥대라는 사실을 체감할 수 있었습니다.

김 교수를 만나기 전까지는 키멥에도 이곳의 외국어대학이나 까즈구대처럼 한국어과가 따로 개설되어 있는 줄 알았습니다. 한국인이 세운 대학이니 당연히 그런 줄 알았던 게지요. 현지 학교인 까즈구나 외국어대에도 있는데 설마 키멥에 없을까 의심도 안한 것이지요. 그런데 아니었습니다. 한국학연구소 소속으로 세 한국인 교수가 있었고, 학생들은 한국학 관련 과목들을 선택으로 수강하고 있었습니다. 김홍준 교수나 어느 여자 교수의 전공이 현대문학이지만 이곳에서는 전공강의는 거의 못하고 다들 한국어 가르치는 데 골몰하고 있는 눈치였습니다. 그런 줄도 모른 채 "전공이 무엇입니까?", "1년에 몇 편씩 논문 써야 합니까?" 이런 질문을 하다가 입을 다물었습니다. 전공과는 무관한 내용을 준비해 가르쳐야 하는 그분들의 심기를 불편하게 하는 것만 같았기 때문이지요.

어쨌든 학생수가 많아져서, 선택과목이지만 한국학을 가르쳐야 하는 한국인 교수가 절대 부족이라며, 제발 영어로 한국학 강의할 수 있는 사람 좀 보내달라고 통사정합니다. 박사학위만 있고 영어만 할 줄 알면 전공불문하겠다고 합니다. 월급이 3000불 정도라고 하는데, 200불 수준인 다른 대학보다는 월등히 높지만, 과연 한국에서 박사 받은 사람들이, 월 3000불을 받으며 그 돈으로 월세 500불 정도의 아파트를 얻어서 생활하려고 할까 의문입니다. 그래도 돌아가면 아직 자리 못 잡고 기약없이 시간강사 생활을 하는 후배들, 특히 노총각이거나 독신주의자들에게 권해볼 생각입니다. 교수 봉급이 지금은 형편없지만 몇 년 내로 현실화하지 않을까 다들 전망하고 있으니, 대책없이 국내에서 지내느니 이곳에 진출하여 새로운 연구과제도 찾아내고 한국학을 전파하는 보람도 맛보면서 사는 것도 어떨까 싶습니다.

중앙아시아 한국학회 국제학술대회

외국어대 박넬리 교수와 통화하다가, '문화'를 주제로 중앙아시아 한국학회가 열린다는 말을 듣고, 인사치레도 하고 귀동냥도 할 요량으로 갔더니만, 예기치도 않게 대진대의 장윤수, 박정근 교수가 거기 앉아 있습니다. 참으로 반가웠습니다. 특히 박정근 교수는 만난 지 10년도 더 되는 듯합니다. 나는 전임이 되고 박교수는 시간강사로 우리 대학에 나오다가, 대진대 전임으로 가면서 헤어졌던 것인데 만난 것입니다. 역시 학회도 사람이 모여서 꾸려나가는 것이라, 아는 사람이 있어야 더 신바람 나는 듯합니다.

첫 기조발표를 서울대 윤이흠 교수가 하였습니다. '고대 한국민족의 문화정체성'이란 제목의 발표를 통해, 한국 민족이 기원전 2세기 이전에는 아주 오랫동안 중앙아시아 각 민족의 조상격인 북방민족 즉 스키타이인의 문화와 직접적인 교류를 하면서 살아왔다는 점을 드러내었습니다. 벽화와 암각화 및 각종 유물 사진 자료를 일일이 화면에 띄워가며 설명한 윤 교수는, 신라의 왕관은 카자흐스탄 영내에서 발굴된 황금기사가 쓰고 있는 모자 및 카자흐스탄 고대 암각화에 나오는 사슴의 뿔 모양과 일치하며, 고구려 벽화에 나오는 씨름 경기에 등장하는 코 높은 스키타이인은 물론 씨름 경기 자체가 중국에는 없는 것이면서 스키타이인이나 카자흐스탄 민속에는 지금도 있는 사실도 주목해야 한다고 하였습니다. 고구려 벽화에 나오는 인동넝쿨문양 및 신라 에밀레종에 나오는 비천상의 문양은 돈황 벽화와 그대로 일치하는바, 돈황은 지금은 중국이 점령하고 있으나 과거에는 엄연한 서역국(중앙아시아)으로서, 고대 한국이 서역과 직접 교류하였다는 사실을 증거한다고 하였습니다. 윤 교수의 기조발표는 왜 우리가 중국의 영향을 받으면서도 중국화하지 않고 한국으로서의 정체성을 유지하고 있는가, 우리끼리 말할 때 "대국놈" 혹은 "중국놈"이라고 비하하는 표현을 해오고 있는가 하는 의문을 해소하는 데 중요한 단서를 제공하였다고 보입니다. 기원전 2세기(한나라) 이래 중국의 영향을 많이 받아오면서도, 우리 의식에는, 우리는 중국과는 다르다, 그 이전의 북방문화민족으로서의 자긍심을 가지고 살아왔던 것은 아닐까 합니다.

쉬는 시간에 복도에서 장신구 장인인 김태자 선생의 작품 전시가 있어서 둘러보았습니다. 아기 돌 때 허리에다 띠워준다는 돌띠가 인상적이었습니다. 작은 주머니 12개를 달아 그 안에 각종 씨앗들을 담아서 아기 허리에 차준다고 했습니다. 씨앗은 생명력의 상징일 테니 온갖 생명의 충만한 에너지가 아기에게 전이되기를 염원하는 마음에서 그런 띠를 만들어 주었던 듯합니다. 여성들이 차고 다니는 장신구도 재미있었습니다. 딸이 시집갈 때 만들어 주었다는 장신구는 매미 모양이 들어 있었는데, 7년 혹은 15년 만에야 애벌레에서 변신하는 매미처럼 벙어리 3년, 귀머거리 3년, 장님 3년, 그저 참고 참고 또 참으며 지내라는 당부를 그렇게 장신구에 담아 차주었다고 하는군요. 시어머니에게는 거북 모양이 들어가는 장신구를 드렸는데, 두말할 필요도 없이 오래오래 사시라는 축원의 의미가 거기 깃들어 있다 하겠습니다. 국제학술대회를 이용하여 여러 나라에 우리 전통 문화를 열심히 소개하는 그 모습이 보기 좋았습니다.

한국종합교육원 하계세미나에서 만난 인연들

오늘 9시에 한국어교사연수모임 개강식이 있다고 김 장로님이 알려주어 참석했다가 축사도 하고 김치 특강도 듣고 좋은 분들을 많이 만났습니다. 목적을 가지고 살 일입니다. 고려인들의 생애담을 조사하겠다는 목적, 아들 학교를 어디로 보내야 할지 조언들을 들어야겠다는 목적, 이 두 가지 화두를 가지고 살다 보니, 어디를 가나 관련되는 분들을 만나거나 내 눈에 띄거나 정보가 귀에 들려옵니다.

대사관의 연정구 참사관과 인사를 나누면서 내가 여기 온 목적을 말하자 대뜸 정장길 선생을 아느냐고 합니다. 사할린 한인으로 여기 와서 사는 분인데 최근에 고려인들을 소재로 한 소설을 준비 중이라고 하니 만나보라는 얘기였습니다. 연합통신 기자로 파견된 유창엽 씨가 연락처를 안다니 전화해 봐야겠습니다. 강제이주와 관련하여 들은 이야기가 있는지, 이주 1세대들의 연락처를 알고 있는지 알아봐야겠습니다. 최근에 『재소고려인의 노래를 찾아서』 책을 낸 김병학 시인도 만나고 싶었는데 점심시간에 식당에서 만나 내일 책을 교환하기로 했습니다. 배재대 김익환 교수가 까즈구 대학에서 2년간 교환교수로 일하다 7월 14일에 귀국한다는데 그 부인도 까즈구에서 강의를 하여 까즈구 이야기를 많이 들었습니다.

현지인들은 취직을 위해 이 나라 모 대기업이 세운 경제대학이나 법률대학에 들어가려 혈안이라고 합니다. 교육의 질 면에서는 키멥이 아직까지는 카자흐스탄 제일인 것은 확실한 모양입니다. 러시아어 현지학교로서 키멥 같은 대학이 있으면 참 좋겠는데 아직은 멀었나 봅니다. 독립되기 전에는 최고의 교수진이 있었으나 지금은 유명교수들이 대거 돈벌이를 위해 회사로 빠져 버리고 그보다 떨어지는 교수들이 그 자리를 많이 채우고 있다는 이야기였습니다. 러시아어를 배우는 데는 별 문제가 없겠으나 학문적인 수준은 우리보다 떨어질 가능성이 높습니다. 역시 이 나라에서는 이 곳(러시아 및 카자흐스탄)의 언어와 문화를 익히는 데만 목적을 둘 일입니다.

올해가 14차 연수회인데, 이번부터는 대학 교수나 강사들도 연수 대상에 포함했다고 했습니다. 이미 슈꼴라와 대학에서 한국어를 가르치고 있는 사람들에게 효과적인 교육방법을 일러주는 데 주안점을 둔 연수라고 했습니다. 70이 다 된 고려인 최미옥 할머니(카즈구 대학 교수)가 맨 앞에 앉아 열심히 들어 인상적이었습니다. 더러는 현지인도 있었습니다. 남성은 할아버지 한 분이었는데 내가 직원인 줄 알고 나보고 묻습니다. “남자는 나 혼자입니까?” 그러고는 “교원이 남자의 직업은 아니지요?” 묻습니다. “아닙니다. 한국에서는 남자가 교원이 많습니다.” 정말 이 나라에서 교원은 인기 없습니다. 봉급이 적으니 하는 수 없습니다.

김 장로님의 특강이 일찍 끝나 점심 먹기까지 시간이 남는 눈치라, 내가 자청하여 앞으로 나가서 옛날 이야기 두 편을 들려주었더니 좋아합니다. 〈힘센 장수와 지혜로운 장수〉, 〈화목한 가정을 이루는 비결〉이었습니다. 이런 이야기를 많이 알아두어 수업시간에 활용하라고 했습니다. 끝나고 최미옥 선생이 그럽니다. “강의보다도 이런 이야기가 골도 안 아프고 재미있고 좋습니다.” 수요일에 한 시간 특강해 달라고 하니, 한국인의 이름, 제사 풍습, 저승관 및 현세주의 등에 대해서 소개해야겠습니다. 이번에 한국에서 오는 강사들이 모두 국어 전공이고 문화 전공자는 아무도 없다니 한 시간이지만 우리 문화의 특징을 소개하는 데 주력해 봐야겠습니다. 예정에 없던 특강이지만 보람있는 시간이 될 듯합니다. 공부는 많이 해두어야 합니다. 그래야 필요로 할 때 베풀 수 있습니다.

김 장로님의 부인이 세 가지 김치(오이소배기, 배추김치, 양배추 물김치)를 담가와서 그걸로 점심을 먹었습니다. 시원하고 개운했습니다. 카작 가정에서 과식한 탓에 속이 좋지 않아 오늘 아침을 금식하고 가서 더욱 맛있게 먹었습니다. 김 장로님은 이곳에서 김치 전도사로 아예 자리를 굳혔나 봅니다. 명함에도 아예 "김치 정복"이라고 적어 놓았으니 말입니다. 나는 "이야기 복규"라고 명함에 적을까? 대사관과 교육원용으로 내가 쓴 『중앙아시아 고려인 구전설화』 책을 한 권씩 기증하였습니다.

한국의 날 행사

이곳 외국어대학교 한국어과 학생들이 '한국의 날' 행사를 한다기에 찾아갔습니다. 총장도 여성, 부총장들도 여성, 학과장도 여성이었습니다. 초중고교만이 아니라 대학도 여성천하라는 사실을 확인했습니다. 나를

알마티외국어대학교 '한국의 날', 한국어학과 교수들과 학생들

안내한 ㄱ 교수의 말로는, 이 대학 외교담당 부총장이, 자매결연한 연세대 초청으로 한국에 갔다 오고 나서 친한파가 되어 아주 적극적으로 이번 행사를 주선했다 합니다. 아닌 게 아니라, 행사 시작 훨씬 전인데, 고려인 박 넬리 학과장보다도 먼저 행사장에 나가 학생들의 준비를 독려하고 있었습니다.

마침내 행사가 시작되었습니다. 사회를 맡은 남학생이 상당히 유창한 한국어로 "한국은 자원도 부족하고 내수시장이 빈약하면서도 선진국이 된 나라입니다. 근면성과 높은 교육열, 수출 위주의 정책의 결과입니다"란 요지로 소개할 때, 가슴이 뭉클해지면서 눈물이 났습니다. 그렇구나, 불리한 조건에서 이루어낸 기적이기에, 다른 나라에 귀감이 되며 감동을 주는구나 싶었습니다.

한국종합교육원장을 비롯한 내빈과 학내 인사들의 인사말에 이어, 한

한국외국어대학교 한국어학과 학생들의 단군신화 촌극 장면

국홍보영화(우리나라에서 만들어 제공한 것이라고 함), 태극기 소개, 무궁화 소개, 단군신화 소개(극화), 한글 및 한국어 소개(동영상), 교육제도, 부채춤, 칼춤(고려극장 소속 전문인 협찬), 현대 음악(바람에 전하는 말, 칠갑산), 한복, 김치(동영상), 태권도(동영상) 등의 순서로 진행되었습니다.

준비 기간이 겨우 이틀밖에 안되었다는데 그런 대로 잘했습니다. 특히 단군신화의 극화는 재미있었습니다. 이곳 아이들이 연극을 자주 보며 자라서 그런지, 교회에서도 촌극을 시키면, 분장이며 구성을 곧잘 해낸다고, 나를 안내한 김 교수께서 일러줍니다.

우리의 국화인 무궁화가, 어려움을 이기는 한국인의 강인성을 상징한다고 소개하고 나서, "그럼 이제 무궁화를 노래한 시를 낭송하겠습니다" 이래서 잔뜩 긴장하고 들었더니만, 김춘수 시인의 〈꽃〉이어서 실소를 금할 수 없었습니다. 단군신화를 극화해서 보여주면서 맨 끝에 "단군은 한국민족의 조상입니다"라고 한 것도 바로잡을 점입니다. 단군은 우리 한민족의 조상이 아니라, 우리가 세운 나라의 최초의 왕 혹은 지도자라고 해야 정확하기 때문이지요. 이 학교 한국어과에서 내게 두어 번 특강해 주기를 요청하니, 적당한 기회를 보아 이 두 가지를 지적하고 바로잡아 주어야 하겠습니다.

한국문학사 강의 시작한 날

이곳 외국어대학에서의 한국문학사 강의를 시작했습니다. 5월말까지 20회 남짓한 시간에 우리 문학사의 대강을 보여주어야 하고, 쉽게 진행해야 하므로, 강의 텍스트를 바꾸었습니다. 『한국민족문화대백과사전』에 실려 있는 조동일 선생님의 짤막한 '문학사' 원고를 근간으로 삼으면서, 각 시기를 대표할 만한 갈래, 작품, 작가를 구체적으로 소개하기로 했습니다.

첫 시간에 들어갔더니, 여학생 둘이 앉아 있습니다. 더 있는데 일부 학생들이 한국에 교환학생으로 나가 있고, 한 학생도 한국에 가기 위해 준비하느라 못 나와 둘만 출석했다나요. 완전히 대학원 박사과정 수업 분위기입니다. 한국 대학에서도 여러 학생이 이곳에 교환학생으로 와서 공부하고 있고, 여기에서도 가고, 숫자가 많은 것은 아니지만 그런 대로 활발한 교류가 이루어지고 있는 게 분명합니다.

그런데도, 얼마 전에 삼성동 코엑스에서 열린 유학박람회 자리에, 이곳 카즈구대학 관계자들이 나가 손님을 유치하려 했나 본데, 한 명도 신청자가 없다는 소식이 들립니다. 모두들 미국이나 캐나다, 영국, 호주 등 영어권 선진국들의 부스에만 사람이 몰렸다는 이야기입니다. 좁은 한반도에서 경쟁할 일이 아니라, 드넓은 세계 무대에 나가서 기량을 발휘할 필요가 있는 것은 확실한데, 아직도 유학이든 이민이든 특정 지역으로만 편중되고 있는 게 현실임을 보여준다 하겠습니다.

첫 시간이라, 우리 문학사의 전체적인 전개과정에 대해서 설명했습니다. 글이 없이 말만 있던 때의 구비문학의 시대, 한문이 도입되면서 시작된 한문문학과 구비문학의 공존 시대, 한글이 창제되면서 비롯된 국문문학, 한문문학, 구비문학의 공존시대, 현재의 국문문학 시대, 이렇게 흘러왔다는 사실을 소개하였습니다. 그 각각의 특징에 대해 최대한 쉽게 설명했는데, 다행히 카자흐스탄문학사와 러시아문학사를 공부한 적이 있는 학생들이라 그런지 잘 이해하는 눈치였습니다.

이곳의 수업, 마구 분반해 놓아 학생 숫자가 적은 점은 좋은데, 강의실 찾아 헤매는 불편이 잦다더니, 나도 겪었습니다. 분명히 122호로 알고 갔으나, 이미 다른 교수가 차지한 채 강의하고 있었습니다. 이곳저곳 헤맨 끝에, 빈 강의실을 찾아 거기서 했습니다. 학기 초에 교무과에서 강의시간표를 짜면, 아주 특별한 일이 없는 한 일사불란하게 진행되는 우리나라에서는 상상할 수 없는 일이 이곳에서는 다반사로 일어난다 합니다. 다음 수업 시간에는 아예 동양학부 사무실에서 만나자고 했습니다. 어찌된 일인지 강의실에 분필이 하나도 없어서, 바닥에 떨어져 있는 석회덩어리로 겨우 진행했습니다. 분필은 어디서 구해야 하는지, 다음 시간에는 알아봐야겠습니다. 우리와 똑같으리라는 기대를 해서는 안 되겠습니다. 더 지켜봐야겠지만, 학생 수 많은 것만 빼놓고는 우리가 훨씬 나은 환경이 아닌가 합니다.

7장

카자흐스탄에 아들 유학시키기

아들, 카자흐스탄 보내요 | 아빠, 기내식 먹는 거야? | 아이를 여기 데리고 온 건 실수하신 겁니다 | 유학의 적령기는 언제인가? | 학교 선택의 고민 | 한국학생만큼 열심히 공부하는 학생 없어요 | 아파트도 정하고 학교 등록도 마치고 | 아들의 첫 등교 | 외국어공부, 3개월이 고비라더니 | 아들의 대학 진학 문제 | 아들의 대학 결정 | 돌아만 와 다오

아들, 카자흐스탄 보내요

대학 다닐 때 내가 무척 따랐던 누나를 20여 년 만에 만났습니다. 이제 대학 다니는 두 아이의 엄마가 된 중년의 누나를 만나, 그 동안의 밀린 이야기들을 나누었습니다. 큰아들은 시립대, 작은아들은 연세대에 보낸 그 누나에게, 작은아들 얘기를 했더니만, 대뜸 이랬습니다.

"대치동으로 이사해야 해."

괜스레 대치동을 찾는 게 아니니, 대치동으로 이사해 좋은 학원, 좋은 과외를 받게 해야 한다는 충고였습니다. 그렇게 해야 하는 이유를, 두 아들을 가르친 체험(누나 말로 '실패'와 '성공')을 들어 역설했습니다. 명강사를 찍어서 10명 정도 그룹을 만들어서 가정으로 초빙해 과외 시키는 얘기, 담임 접대하는 관행 등등 한참 듣다 보니 모두가 돈이었습니다. 돈이 없는 사람은 어쩌란 말인가 이런 생각이 들었습니다.

집에 와서 큰아들한테 그 말을 했더니만, "물론 공부는 잘할 수 있겠지요. 그렇지만 인간성 버리기 딱이에요." 이러는 것이었습니다. 참 다행이다 싶었습니다. 혹시라도 "거 봐요. 아빠가 나 대치동 보냈으면 공부 잘했을텐데 이게 뭐예요?" 이러면 내가 참 곤란할 텐데 말입니다.

어제는 동대문에서 옷 장사를 하면서, 자기 아들을 카자흐스탄에 유학

보내려는 사람과 만나서 이야기를 나눴습니다. 자기 아들이 공부 체질이 아니라는 것을 알고는 결단을 내렸다고 합니다. 이 땅에서는 아무리 노력해도 솟기가 어렵다, 외국에 보내자. 이래서 자신이 그간 40여 국 돌아다닌 경험, 장사해 본 체험과 식견을 바탕으로, 미래 가능성이 있는 지역이 어딘지 분석해 보니, 카자흐스탄이더랍니다. 미국이나 중국은 우리가 따라잡을 수 없을 것이니 영어와 중국어로 승부 걸기는 힘든데, 러시아어를 쓰면서 종교적인 폐쇄성도 없으면서 욱일승천 발전해 가고 있고 자원이 풍부한 카자흐스탄이야말로, 평범한 자기 아들들이 꿈을 펼치며 인정받을 수 있는 나라라고 판단했답니다.

그래서 초등학교 때부터, 방송에 나오는 현지인을 채용해서 러시아어를 가르쳤고, 이제 중2가 된 쌍둥이를 이번 겨울방학 때부터, 카자흐스탄 침켄트의 학교로 유학 보내, 거기서 중고등학교를 마치고 대학까지 졸업하게 한다는 계획이었습니다. 어지간히 알아본 게 분명했습니다. 한 달에 100만원씩(하숙비와 수업료와 러시아어, 영어, 과학 과외비에 용돈 포함) 지원해서, 장차 이 지역과 한국 사이에서 필요한 사람이 되게 하겠다는 것이었습니다. 영어로만 진행하는 프로그램을 선택하면, 영어와 러시아어는 기본으로 구사할 수 있을 거라고, 회화중심의 외국어 교육이므로, 효과가 좋다는 이야기였습니다.

그 사람의 말을 들으면서, 나는 부끄러웠습니다. 명색이 대학교수인 나보다 낫구나 싶었습니다. 아들의 장래를 위해, 그렇게까지 주도면밀하게 세상의 흐름을 읽으며, 미래를 내다보며, 구체적으로 준비해서 하나씩 실천에 옮기는 그 치밀함과 결단력, 대단했습니다. 물론 이것도 돈이 들어가는 일이지만, 대치동으로 이사하라는 것보다는 내 마음에 들어왔습니다. 외국에 나가 공부한다고 모두가 성공한다는 보장은 물론 없을 것이고, 여기서 못하는 아이가 거기 나가서 과연 잘 적응할지 의문이 없지 않지만, 어쩌면, 공부에서 특출나지 않은 아이들에게, 차라리 어려서부터 특정 지역, 그것도 가능성이 있는 현지에서 그 외국어를 익히고 그 문화를 배워, 우리나라가 그곳에 진출할 경우, 그 가교 역할을 하는 데 기여할 수 있도록 밀어주는 것도 좋겠다 싶습니다. 국내에서 1, 2점을 두고 경쟁하느니, 다른 데에서 시야도 넓히며 좀더 전문성을 길러 쓸모 있는 인재가 된다면 좀 좋을까 싶습니다. 더욱이 카자흐스탄은 선교하기 좋은 곳인데, 러시아어와 카작어를 할 수 있다면, 신앙인으로서는 더욱 좋지 않을까, 아니 러시아어 실력을 바탕으로, 통역과 번역 일을 하고, 러시아의 문학과 철학 원전을 읽는 즐거움을 누릴 수 있게 되는 것만으로도 차별화된 인생을 살게 되지 않을까 이런 생각이 듭니다. 여기에서 사교육에 쏟아붓는 경비와 열심이라면 어쩌면 여기에서보다는 바람직한 결과를 가져올 수도 있지 않을까 싶습니다. 무엇보다도 국제화 세계화시대의 인간으로 키우는 데는 말입니다.

며칠 사이를 두고 이루어진, 강남 극성 엄마와 강북 극성 아빠와의 만남, 이 만남은 과연 내게 무슨 깨달음과 실천을 요구하는 것인지, 곰곰히 생각해 봐야겠습니다. 그냥 우연만은 아닌 성 싶습니다.

아빠, 기내식 먹는 거야?

모든 준비를 마쳤습니다. 집 전화와 휴대폰도 일시 정지 신청을 하였고, 몇몇 어른께 전화를 드려 출국 사실을 말씀드렸습니다.

이번에 데리고 들어가는 둘째아들, 갑자기 아빠가 거기 가자는 말을 하자 안 가겠다고 한사코 거부하더니, 착착 일이 진행되어 마침내 자퇴처리까지 되자, 가긴 가야겠는데 영 심란한 모양입니다. 툭 하면 짜증을 내는 등 투정을 부립니다.

그러더니만 떠나기 바로 전 날, 포기했는지 이럽니다.

"아빠, 그럼 내일 우리 기내식 먹는 거야?"

"그럼, 그럼."

"몇 시간이나 걸려?"

"다섯 시간."

"그럼 기내식 한 번밖에 못 먹겠네?"

어리긴 어립니다.

좋습니다. 기내식 먹는 재미로라도 즐거운 마음으로 비행기 타게 생겼으니 다행입니다. 원래는 거기 가서 플레이스테이션 2를 사주는 조건으로 가지고 했던 것인데, TV 방식이 우리와 달리 PAL방식이라 포기하고, 노트북에서 할 수 있는 롤러코스터 2 씨디롬을 사가는 것으로 바뀌었습니다.

제발 이번 일이 아이한테 좋은 경험이 되기를 바랄 따름입니다. 분명 그러리라 믿습니다. 50 나이인 나도 자극받았는데 15세 아들은 더 그러리라 믿고 기도하는 마음입니다. 잘 적응하면 거기에서 계속 공부하는 것이고, 적응하지 못하면, 6개월 어학연수한 셈 치고 다시 한국에 돌아와 공부하면 될 일입니다. 더욱이 내 아들은 조기입학하였으니 1년쯤 쉬어도 아무 지장이 없으니 말입니다.

아이를 여기 데리고 온 건 실수하신 겁니다

아들을 데리고 올 때는 유학까지 생각했던 것인데, 막상 현지에 와서 의견을 들으니, 만만치 않습니다. 어느 게 현명한 일인지 판단하기 어렵습니다.

골치가 아파, 이곳에 와서 성악을 전공한 안 선생과 대화를 나누었습니다. 딸아이를 이곳에서 가르치고 있기에 나보다 훨씬 먼저 그리고 자세히 이곳 교육과 학교 사정에 밝은 그분, 내 아들이 이곳에 남아 공부하겠다며 한사코 한국 안 가겠다고 버텨서 고민이라고 했더니만, 하는 말,

"선생님이 아들 데리고 이곳에 온 것은 실수하신 거예요."

무슨 소린가 했더니만, 한국만이 세상의 전부인 양 알고 있다가, 다른 세상인 이곳에 와서 자유스럽고, 경쟁이 적어 한결 여유로우며(대학 가기도 쉬운 편이며) 인간적인 분위기 맛을 보았으니, 한국에 돌아간다 해도 적응하기가 힘들 거란 얘기였습니다. 6개월의 공백은 한국에서는 아주 크기 때문에 따라가기가 상당히 어렵다는 말이었습니다. 일리가 있다 싶습니다.

내 아들이 여기 남아 공부하겠다고 완강하게 떼쓰는 이유 가운데 하나가, 러시아어 공부도 재미있으려니와 여기서 공부하는 것이 훨씬 편하다고 하니 그 말 맞습니다. 물론 한국에서 중2를 마치고 왔는데 다시 돌아

가 3학년에 들어가면, 친구들은 고1인데 후배들과 함께 다닐 게 두려운 것도 사실이겠지요.

아들이 남아있겠다며 협박(?)하는 말 가운데 가장 마음에 걸리는 게 하나 있습니다.

> 여기 올 때, 내가 싫다는데도 강제로 데리고 왔으면, 갈 것인지 말 것인지에 대해서는 내 의견을 존중해 줘야 하는 것 아닌가? 내가 여기 남아 공부하겠다는데 억지로 또 데리고 가겠다고? 여기에서 러시아어라도 확실하게 해서 취직하고 싶은데, 한국 가서 공부 못하거나 안하면 책임질 건가? 그리고, 한국에서 대학 나와도 취직들 못해 난리인데 내가 나중에 취직 못하면 책임질 건가?

나중 일을 책임질 거냐는 그 말이 무섭습니다. 여기에서 공부해서 반드시 잘된다는 보장이 없는 것처럼, 한국에서 공부해서 잘되리라는 보장도 할 수 없기에 그렇습니다.

유학의 적령기는 언제인가?

의견이 갈립니다. 두 가지 의견입니다. 나이가 든 분들의 대부분은 고등학교 마치고, 대학 들어가서 군대 마친 후에 유학 공부하는 것이 안전하다는 판단들입니다. 그렇게 주장하는데, 그 이유들을 정리해 보면 이렇습니다.

첫째, 고등학교까지 한국에서 공부를 해야만 한국인으로서의 글쓰기 능력을 제대로 갖춘다. 말만 할 줄 안다고 되는 게 아니다.

둘째, 한국 기업에서 사람을 뽑을 때 여전히 선후배 관계를 따지며, 최소한 한국적인 가치관을 가져서 부리기에 유리한 사람을 뽑지, 외국에서 공부해 부리기 힘들거나 연고가 없는 인물을 뽑으려 하지 않는다. 한국에서 좋은 대학을 나오고 러시아에서 박사까지 받았으나 끝내 교수 채용이 안 되어 여기 그냥 주저앉은 인물이 많다. 한국 풍토에서는 실력 외적인 요인들을 더 많이 참고하고 있으니, 한국에서 기반을 다져 놓고 유학을 해야 한다.

셋째, 미성년자가 부모 없이 혹은 편부모 밑에서 외국생활을 할 경우, 탈선의 염려가 있다.

넷째, 중고등학교를 외국에서 보내게 하려면, 한국적인 가치관을 지녀서 부모를 위한다든가 순종하며 효도하는 자녀가 되길 기대하지 말아야 한다. 부모를 향해 'you'라고 불러도 놀라지도 말고, 외국 사람과 결혼해도 괜찮다고 여길 각오를 해야 한다.

다섯째, 능력이 탁월하다면 모르겠지만, 일반적으로 보았을 때, 두 개의 국어를 다 잘하게 하려는 망상은 버려야 한다. 어차피 꿈꿀 때 사용하는 언어인 모국어는 하나일 수밖에 없다. 한국 사람을 만들든지 외국사람을 만들든지 양단간에 결정해야 한다. 한국사람 만들려면 한국에서 공부해야 하고(외국에서 살더라도 지독하게 한국어교육을 가정에서부터 시켜야 하고), 외국사람 만들어 현지적응력을 키워 현지에서 인간관계 맺으며 살게 하려면 조기유학이 좋다.

여기에서 유학생활을 하는 학생들을 비롯하여 30대와 40대, 그 이후 세대 중에서 진취적이고 개방적인 분들은 여기서 공부하도록 해야 한다고 주장하는데, 그 이유들은 다음과 같습니다.

첫째, 본인이 강력히 원하는 경우라면 남겨두는 게 좋다. 본인이 결정한 일이므로 책임을 져야 하기에 오히려 탈선하지 않는다. 독립심을 기를 수 있는 좋은 기회이다. 영미권도 아닌데 남겠다고 하는 것은 흔한 일이 아니다. 그럼에도 데려갈 경우 나중에 원망을 들을 수 있다. 미국에 비해 이곳에서는 학생들에게 마약이 거의 침투되어 있지 않다. 술(보드카)만 피하면 된다. 기독교인의 경우는 신앙이 있으므로 얼마든지 피할 수 있다.

둘째, 기업에서 사람을 뽑는 풍토가 달라지고 있다. 실력을 위주로 뽑아가고 있다. 더욱이 연구직은 그렇다.

셋째, 외국어 습득에는 중학생 나이가 적당하다. 너무 이르면 우리말이 서투르고, 고등학교만 돼도 외국어 익히기가 힘들다. 중학생 나이부터 외국어를 습득하되, 부지런히 한국 책을 읽고 한국인과 대화하는 등 노력을 기울이면 얼마든지 극복할 수 있다. 특히 남자라면 군대를 갔다 와야 하므로, 그 기간에 한국적인 가치관과 상식과 감각을 보충할 수 있다.

넷째, 이곳에서 고등학교까지 공부하고, 대학을 한국에서 다니는 방법이 좋다. 아니면 대학까지 이곳에서 공부하고, 취직한 다음에 회사의 지원을 받아 대학원을 한국에서 공부할 수 있는 방법도 있다.

다섯째, 외국에 혼자 있다 해도 이메일과 전화와 인터넷 메신저 등 대화하는 기회가 얼마든지 있고 요즘에는 대면할 때보다 메신저를 통해 더 활발하고 긴밀하게 대화를 나누는 시대이므로 탈선 염려가 적다.

머리가 복잡합니다. 어느 길이 좋고 나쁘다고 말할 수 없는 모양입니다. 다 일장일단이 있기 때문이지요. 결국 선택의 문제입니다. 다만 여기 남아서 공부하게 할 경우라도 한국말과 한국글쓰기를 잊지 않게 하려는 노력을 기울여야 한다는 생각이 듭니다. 데리고 가서 성인이 되어 유학갈 경우 그 공백을 메우기 위해 더 독하게 공부할 각오를 시켜야 하겠고요. 여러 사람의 말을 들으면서 헷갈리기도 했으나 얻은 게 많습니다. 두 길 중에서 어느 게 맞고 틀리는 것은 아니라는 것, 어느 길을 선택하든 본인이 하기 나름이며, 하나님이 인도하심 나름이라는 사실을 깨달은 게 가장 큰 수확입니다. 아이의 취향과 성격과 능력과 집안 형편과 아이에 대한 기대 이런 것을 고려하여, 그래도 더 최선이라고 여겨지는 쪽을 선택하여 지도할 뿐이 아닌가 싶습니다.

학교 선택의 고민

저녁에 알마티 기독실업인회 모임에 김 장로님과 함께 참석해 예배하고 나서, 선범이 입학 관련 조언을 들었습니다. 열한 분이 모였는데 다들 학부모들로서 자신의 체험과 생각을 따라 한 마디씩 하는데 의견 차이가 많았습니다. 영어를 우선시해야 한다는 의견과 러시아어를 우선시해야 한다는 의견이 갈라졌습니다. 영어가 능숙하지 않으면 공립에 넣어서 다니다가 자신감이 생기면 사립에 넣으라는 의견도 있었습니다. 공립은 시설이 안 좋고 학급인원도 20명을 넘고 1시 30분이면 수업이 끝나고 밥도 안 주니, 5시 30분까지 책임지고 돌봐주며 학급당 인원도 13명 이내이고 영어공부도 강화되어 있는 사립에 넣어야 한다는 의견이었습니다. 심지어는 러시아어권 및 카자흐스탄의 전망에 대해서도 의견이 갈렸습니다. 역시 영어를 해야 산다는 의견, 영어는 이미 30만명이 공부하고 있으니 경쟁하기 어렵다, 1만 명에 불과한 러시아어 쪽을 하는 게 낫다, 들을수록 혼란이 생겼습니다.

집에 돌아와 박 사장님과 대화를 나누고, 아내와도 이야기를 나누어 큰 원칙을 정했습니다. 러시아어 습득에 비중을 두자, 영어는 여전히 필요하니 개인 교습을 받아서 보충해 나가자, 학교는 400불 수준의 사립학교에 보내자, 집은 공기도 좋고 박 사장님이나 김장로 님이 살고 있는 알마굴 근처에서 얻자, 학교는 버스 태워 보낼 생각을 하자, 박사장님 말처럼 한 6개월 공부하고 살다 보면 사람도 알게 되고 우리가 떠난 다음에라도 맡길 만한 가정이 생길 수도 있을 것이다, 이렇게 말입니다. 오늘 목사님의 의견도 들은 다음, 결정을 해, 11시쯤 영문공증서류를 받아 민박집의 제냐 아저씨를 통역관 삼아 바로 학교 방문을 해야겠습니다. 일단 이렇게라도 마음을 정하니 머리가 가벼워집니다. 어떻게 선택하든 하나님이 함께하셔야 할 일이며, 어디를 선택해도 장단점이 다 있다는 생각을 하면서 이제는 가벼운 마음으로 선택하고 맡겨야 하겠습니다.

한국학생만큼 열심히 공부하는 학생 없어요

선범이 입학 때문에 아내와 함께 알마티감리교회로 강 목사님을 찾아 갔습니다. 목사님 나름대로 세 가지 대안을 준비해 가지고 계셨는데 사립학교 두 군데(음악학교로 출발한 곳과 꾸란)와 국립학교(8번학교)였습니다. 설교 통역을 맡아서 하시는 리자 권사님을 모시고 음악학교부터 들렀습니다. 도심에 있는 이 학교는 깨끗하고 밝은 분위기였습니다. 여자 교장선생님을 통해서 자세한 설명을 들었습니다.

학비 : 월 380불(통학버스비 포함)

특징 및 장점 : (1) 하루 세 끼 식사 제공 (2) 오전 9시부터 오후 6시까지 책임지도 (3) 러시아어와 영어가 들릴 때까지 언어 학습만 시키다가 해결되면 그 때부터 다른 과목 수강하게 함 (4) 음악과 체육 등 특별활동 할 수 있음 (5) 방과 후 러시아어 특별지도 무료 제공(영어는 유료) (6) 한 반에 16명까지만 받음 (7) 서류는 재학증명서를 러시아어로 번역하여 공증한 것만 제출하면 됨.

그 다음에 그다지 멀지 않은 곳에 있는 8번 국립학교에 갔습니다. 그곳도 여자 교장선생님이었습니다. 일정한 학년만 입는지 교복차림의 남학생들의 모습도 보였습니다. 러시아어와 카작어 수준이 어느 정도 되지 않으면 입학시키지 않는다고 했습니다. 입학시킨다 해도 3개월마다 치르는 시험에서 성적이 수준 이하면 탈락된다며, 여유있게 운영하는 일반 국립학교(짐나지움)에서 공부하다 언어문제가 해결되면 입학시키라 권유했습니다. 그러면서 하는 말, "한국학생들만큼 열심히 공부하는 학생은 없습니다." 정말 다행한 일입니다. 미국이나 캐나다에는 도피유학도 많아 망신살이 뻗치기도 하는 모양인데 적어도 여기에서는 덜하거나 없는가 봅니다. 목사님 말씀으로는, 음악학교에서 선범이를 바로 받아주는 것도, 그 동안 여기 입학해서 다닌 학생들이 좋은 인상을 심어 준 덕이라고 합니다. 현재 한국인학생 15명이 다니고 있다고 합니다.

우리는 이 학교에 입학시키기로 마음먹었습니다. 내일 오전에 가서 테스트 받고 7학년이나 8학년에 들여보내야겠습니다. 제대로 하면 9학년에 들어가야 하나 언어가 약하니 낮추기로 한 것입니다. 게다가 1년 조기입학한 아이니 그러기로 한 것입니다.

아파트도 정하고 학교 등록도 마치고

아들의 학교 등록 날입니다. 10시에 정문에서 리자 권사님을 만나기로 해서, 9시 20분에 민박집을 나와 택시를 불러 세워 "바이자꼬바 비나그라도바(여기까지는 거리 이름) 쟈니아 아오바끼로바 슈꼴라(학교 이름)"를 외치고 있는데, 뒤에서 "어디 가세요?" 묻기에 돌아보니, 방금 나와 함께 민박집에서 나온 한국인입니다. 지역과 학교 이름을 대니 자기 아들이 다니는 학교 같다며 자기 차에 타라는 것입니다. 타고 가면서 들으니, 3년 전에 이곳에 와서 사업하는 김 모 씨인데 중학생 형제가 다른 학교에 다니다가 쟈니아 학교에 다닌다고 했습니다. 이 분이 참 반가운 말을 해 주었습니다. 그 자녀들이 이 학교를 아주 좋아한다고 했습니다. 다른 학교를 두 군데나 거친 아이들이 하는 말이기 때문에 정말로 좋은 학교일 거라는 생각이 들어 감사했습니다.

교장실에 들어가서 리자 권사님의 안내에 따라 계약서를 작성했습니다. 이선범을 러시아어로는 발음하기 불가능해 '리손봄'이라는 음으로 적고 발음해 웃음이 났습니다. 역시 우리 한글이야말로, 세종대왕 시절에 만든 글자들을 재활용하고 요즘 한글 보급을 위해 애쓰는 분들이 만든 안에 따라 몇 가지 알파벳을 더 적용하기만 하면 훈민정음 해례본 서문의 표현처럼 사람의 말소리는 물론 개소리, 닭 소리까지도 넉넉히 표현할 수 있는 알파벳 중의 하나가 아닐까 생각했습니다. '리손봄', 집에 오면서 선범이한테 그걸 가지고 놀렸습니다.

"야, 네 이름 이제 '손봄'이야. 공부 잘 안하면 '손봐 주라'고 할 거야. 이름이 '손봄'이니까, 넌 손보아야 해."

2월과 3월의 수업료와 통학버스 이용료로 64만원을 납부했습니다. 달라는 받지 않기에 리자 권사님과 함께 환전소에 가서 텡게로 바꾸어 가지고 다시 학교에 와서 서무과에 내니, 학년을 배정해 주었는데, 선범이가 들어갈 9학년 명단을 보니 겨우 4명이었고 맨 끝 번호의 이름이 한국 이름이었습니다. 담임선생님도 만나 보았습니다. 조금 큰 키에 날씬한 몸매를 지닌 선생님이었습니다. 그 학년 공부하는 방으로 데려다 주었는데 수학시간이었습니다. 선생님은 뒤에 앉아 계시고 학생 하나가 나와서 발표하다가, 우리가 들어가자 인사하였고, 한국 학생이 일어나 '안녕하세요' 인사했습니다. 쉬는 시간에 다시 가 보니 그게 '김재민'이었고, 우리를 태워다 준 김 아무개 씨의 아들이었습니다. 그 동생 '김주민'도 나와서 인사를 했습니다. 선범이가 처음이라 적응하기 어려울 텐데, 이곳에 먼저 와서 공부하는 이 아이들의 도움을 받을 수 있으니 다행이라 생각됩니다. 통학버스 담당자도 내려와서 이야기를 했는데, 우리 아파트가 아직 정해지지 않았으므로, 첫 출석하는 다음 주 월요일 아침에는 우리 스스로 택시를 타고 학교에 오기로 하고, 저녁에 하교할 때 기사에게 우리가 살 아파트가 어디인지 일러주면 정해진 시간에 그곳으로 와서 태우겠다 했습니다. 돈이 좋기는 좋습니다.

민박집에 들어오니, 아파트 보러들 나가려는 참이었습니다. 다른 아파트 두 곳을 내가 오기 전에 이미 봐두었는데, 9층짜리가 나와 그것을 보러 간다고 했습니다. 알렉산드르라는 남자 주인의 아파트였는데, 선교사들 자녀만 다닌다는 천산(텐샨)학교 바로 건너편 아파트였습니다. 4층이

아들이 입학한 쟈니아 학교의 정문

었는데, 방 하나에 거실 하나였지만 5층아파트와는 달리 천장도 높고 모두가 한결 넓고 깨끗해서 맘에 들었습니다. 월 500달러니 값도 싼 편이었습니다. 세탁기와 밥통만 빼고, 수도, 전화, TV, 그릇, 가스렌지 등 모든 게 완비되어 있었습니다. 침대는 내일 들여보내 주겠다며, 오늘이라도 들어와 있으라고 열쇠를 주는 것이었습니다. 계약서도 작성하지 않고 돈도 내지 않았는데 열쇠를 맡기는 주인은 처음이라며, 통역해 준 졔냐 아저씨가 신기해합니다. "세간살이 다 내다 팔아버리면 어쩌려고" 이러는 농담도 함께 말입니다. 박 사장님 얘기로는 러시아인 주인이 좋다고 했습니다. 카작인에 비해 합리적이라는 것이지요. 못된 주인은 한 달에도 몇 번씩 와서 살펴보기도 하는 등 피곤하답니다.

학교와 아파트 두 가지 문제가 한꺼번에 해결되니 비로소 마음에 안정이 오는 듯합니다. 어떤 사람은 한 달도 걸리는데 참 빨리 구했다고들 합니다. 그 말을 들으니 더욱 감사하기만 합니다.

아들의 첫 등교

선범이가 쟈니아학교에 처음으로 가는 날이었습니다. 오늘 아침만은 내가 데려다 주고 저녁부터는 학교버스가 태워다 주고 태워가기로 해서, 아침밥을 먹여 8시쯤 집을 나섰습니다. 8시 45분까지 등교하면 아침밥을 먹여주고, 집에서 먹고 오는 사람은 9시까지 등교하게 되어 있었으나, 러시아워에는 차가 많이 막힌대서, 좀 여유 있게 택시를 잡아타고 갔는데, 막히지 않아 8시 30분쯤에 도착했습니다. 아이한테 말했습니다.

"선범아, 첫 등교하는 날 하나도 안 막히는 걸 보니, 네 카자흐스탄 공부 길도 잘 뚫리겠다. 그치?"

제발 그랬으면 좋겠습니다. 재학증명서와 건강기록부 러시아어역공증한 것 내려고 하였으나 담당직원이 10시나 되어야 출근한다기에, 먼저 이 학교를 다니는 김재민 군에게 맡기고 학교를 나섰습니다. 말도 안 들리는데 하루 종일 주눅 들어 있다 와서 짜증부리면 어떨까 걱정했지만, 저녁 때 돌아온 녀석의 하는 말.

"뭐가 스트레스 받는다는 거야? 하나도 스트레스 받지 않던데. 체육시간에 내가 싫어하는 농구하는 것 빼고는 말야."

아마 한국학생도 있고, 대체적으로 자유스러운 수업 분위기 때문이 아

첫 등교하는 날, 신발끈을 고쳐매는 아들

닌가 합니다. 체육시간이 매일 들어 있어, 실내 체육관에서 농구를 한다니 더욱 반가운 일입니다. 살이 찌면서 운동하기를 싫어하는 녀석인데(축구 골키퍼 역할 외에는^^) 꼼짝없이 매일 운동하게 생겼으니 말입니다. 공부든 뭐든 체력이 있어야 하니 정말 잘된 일입니다. 게다가 쟈니아 학교 농구부는 이 나라 최고 수준이라고 합니다.

외국어공부, 3개월이 고비라더니

중3 올라가는 둘째아들을 데리고 이곳에 온 지 3개월이 지났습니다. 처음에는 러시아 실력이 형편없었습니다. 우리나라에서 우즈베키스탄 대학생한테 한 달간 러시아아어 배운 것이 전부였으니 알파벳과 기초 회화만 배운 정도였던 것이지요.

러시아어로 수업하는 현지 학교에 집어넣고, 일주에 3회씩 러시아 과외를 받게 하는데, 3개월째 접어들면서 변화를 느끼게 합니다.

가정 먼저 일어난 변화는, 저녁마다 아이가 즐겨보는 애니메이션 프로를 보다가, 내게 그 내용이 무엇인지 설명해 주는 것입니다. 저 자신도 신기하니까 내게 그런 서비스를 하는 모양입니다.

두 번째 변화는, 러시아 과외 선생이 내게 뭐라 뭐라 말 걸어올 때, 전에는 함께 꿀 먹은 벙어리였는데, 이제는 통역을 해주는 것입니다.

역시 시간이 해결해 주는 듯합니다. 학교 공부하고 오는 것에 주당 3회 과외 받는 것, 그리고 밤마다 이곳 텔레비전 어린이프로(애니메이션) 보게 하는 것 외에는 따로 하는 게 없는데도, 3개월 만에 어느 정도 들리기 시작한다고, 제 자신이 말하는 걸 보면 정말 그렇습니다.

아들의 대학 진학 문제

우리의 과거 예비고사나 지금의 수능처럼, 이곳에도 '이엔떼'라는 시험이 있습니다. 고등학교 졸업생이면 반드시 보아야 하는 시험인데, 이것을 통과해야만 인정받는다는군요. 120점 만점에 아들이 받은 점수는 85점이라는데, 그것도 점수냐니까, 아들 말로는 공립학교에 가면 1등하는 점수라고 주장합니다. 이곳도 사립학교에서는 경쟁들이 많은가 봅니다. 원래 이 아이는 회계학이나 경영학에 관심이 있으니, 까즈구대학이라는 이곳 최대 국립대학에 들어가려면 지리 과목을 선택했어야 하는데, 워낙 어려운 과목이라 그걸 이 아이가 선택하면 반 평균이 내려가 담임한테 부담줄까 봐 다른 과목을 선택하는 바람에 다른 학과에 가거나, 아예 학교를 바꾸어야 한다는군요. 내 아들 너무 착해 탈입니다.

그 차선책으로, 영어강의도 많은 국제관계학부에 들어가든가 언어학부(노어노문학부)에 들어갈 수 있는데, 입학은 쉽지만 일정한 수준이 되지 않으면 절대 졸업시키지도 않으며, 외국인이라고 봐주는 것도 없어, 막바로 들어가는 것은 무리고, 빠드팍(예비학부)에 들어가 1년간 공부하고 나서 들어가야 한다는 말들을 하니 결정을 내려야 할 판입니다. 우리 대학에 와 있는 외국인 학생들이 국문과 전공 수업 들으면서 전문적인 용어며 내용을 아주 어려워하는 것을 이미 본 터라, 그 말이 얼른 이해됩니다. 아들과 더 고민해야 하겠습니다.

1년간 준비해서, 영어로만 강의하는 키멥대학에 가는 방법도 있으니 그 문제도 고려해야 하겠습니다. 등록금을 알아보니 러시아어로 강의하는 까즈구대학은 1년에 500만원 정도라니 아주 싸고, 영어로만 진행하는 키멥대학도 요즘 들어 많이 싸져서 1000만원 정도라니 이용해 봄직도 합니다. 키멥은 영어로만 강의한다는 점에서 매력이지만, 재학생의 대부분이 러시아어를 쓰는 현지인들이라, 외국인이 들어갈 경우, 수업시간은 영어로 진행한다지만, 여타 시간에는 러시아어로 교제하는 분위기라, 러시아어가 완전치 못한 사람은 소외감을 느끼거나 학교 다니는 재미가 없어 스트레스를 받을 수 있답니다. 영어까지 신통치 못하면 이중의 스트레스를 받을 수 있다는군요. 그런 면에서는, 까즈구에서 빠드팍을 거쳐 본과에 들어가 러시아어 수업을 받으면서 러시아어실력을 높이고, 여가에 영어공부를 꾸준히 해나가는 것이 좋겠다는 의견이 지배적입니다.

지금으로서는, 회계나 경영 관련학과 진학이 아들한테 맞으니, 파드팍 과정을 이수할 경우, 회계학과나 경영학과로 진학이 가능한지도 알아보라고 했고, 그게 안되면 다시 '지리'를 선택해 이엔떼 시험을 치르자고도 했습니다. 이엔떼는 다시 볼 수도 있고, 1년에 세 차례나 기회가 있다니 말입니다. 국제관계학부의 공부가 아들한테 맞는지도 자세히 타진하라 했습니다. 그 학과의 교재들을 보면 가늠할 수 있지 않을까 여겨지니 그걸 구해서 읽어보라 해야겠습니다.

아들의 대학 결정

드디어 아들이 리자 장로님의 안내로 까즈구대학에 다녀왔습니다. 수요예배 때 한우리에서 교회로 우선 짐을 옮겨 하룻밤을 지내고, 교육원 세 번째 특강 후, 교회에서 점심으로 시원한 열무김치냉면을 함께 먹고 나서 이야기를 들어보니, 이렇게 정했답니다.

첫째, 국제관계학부에 입학하거나 빠드팍(예비학부)에 들어간다. 등록금은 학과에 따라 다르나, 1년에 300만원 내외(반 학기분을 미리 냄). 국제관계학부에 들어가면, 소속 없이 이엔테만 준비하느니 대학 분위기도 익히고 러시아와 영어 실력도 키우는 기회로 이용할 수 있어 좋다. 빠드팍에 들어가면 학비가 본과에 들어가는 것보다 싸며, 여유있는 시간에 영어나 제2외국어 공부를 할 수 있다.

둘째, 기숙사 생활을 한다. 기숙사비는 1년에 10만원 정도(1년분을 한꺼번에 내되, 방학 중에는 일정기간 비워야 하기도 하는데 예전보다 좋아짐). 기숙사 생활을 해보는 데까지 하되, 음식이라든가 힘들어질 경우, 새 하숙집(월 600불)이나 새로 지을 교회의 객실에서 지낸다.

셋째, 대학 다니면서, 이엔테에 상응하는 까즈구 자체 시험(1년에 한번)을 치르되, '지리'과목을 선택하여 치러, 내년에 그 점수로 회계학과나 경영학과에 입학한다.

지금 내 아들은 2009년 9월부터 금년(2010) 8월까지 빠드팍 과정을 다 마치고, 9월부터 회계학과 본과에 입학해 다니고 있습니다. 아들의 계획으로는 1~2년 다니다가 군대를 마친 후 우리 한동대처럼 영어로 수업하는 이곳의 키멥대에 다시 들어가 회계학을 공부해 국제회계사가 되고 싶답니다. 왜 그러느냐고 물으니, 까즈구에는 휴학 제도가 없기도 하려니와, 러시아어를 더 다지고 나서, 키멥에 들어가 영어와 전공 실력을 키우는 게 좋겠다고 합니다. 모두가 제 살 길을 찾아간다고 믿기에, 그 의견을 존중해 주기로 했습니다. 내 욕심으로는 좀더 범위가 넓어 선택의 폭이 큰 경영학 공부를 하면서 회계학을 부전공으로 하기를 바랐지만, 수학을 좋아하는 녀석이라 회계학에 올인하고 싶어 하는 듯 하니 어쩔 수 없습니다. 이렇게 그곳에서 대학을 다니고 있으나, 언젠가 이 방면에 해박한 김 교수가 해준 충고가 늘 마음에 걸립니다.

> 고등학교까지는 한국에서 공부해야 해. 대학 맛도 1년쯤 보게 하면 더 좋아. 그래야 완전하게 한국인답게 제대로 생각하고 말하고 글을 쓸 수가 있고, 그 상태에서 외국어를 해야 써먹을 인재가 되지, 그렇잖으면 한계가 있어.

이런 충고를 들었으면서도 아들을 이곳 대학에 입학시킨 것은 본인의 의사를 존중한 것도 있지만 다른 이유도 있습니다. 이곳에 있어도 교회에서 한국인과 어울리면서 계속 우리말을 하고, 한국의 TV프로그램을 다운받아서 보거나 인터넷으로 한국 소식을 접하는 등 계속 한국과 접속되어 있으므로, 김 교수의 우려가 어느 정도는 해소될 수 있지 않을까 하는 기대 때문입니다. 제발 아들이 잘 풀려서 좋은 사례가 되었으면 좋겠습니다.

돌아만 와 다오

아들 녀석이 교회에 책가방을 둔 채 집에 왔습니다. 축구하느라 정신이 팔려 그만 까맣게 잊어버리고 온 것이지요. 어두워지기 전에 되돌아가서 가져오라고 보냈습니다.

날은 어둑어둑해지고, 돌아올 시간이 훨씬 지났는데도 아들이 오지 않습니다. 슬슬 걱정되기 시작합니다. 교회에 전화하니, 목사님 아드님과 놀다가 늦게 출발했다고 합니다. 시간은 흘러 캄캄해졌는데도 오지 않습니다. 핸드폰으로 신호를 보내도 응답이 없습니다.

'버스 속에서 무슨 일이 생긴 건가?'

'내려서 오다가 골목에서 어떤 놈한테?'

별별 상상이 꼬리를 물고 이어집니다. 이제나 저제나, 아파트 문구멍으로 밖을 내다보지만 아들은 오지 않습니다.

'같이 갈 걸 잘못했구나. 내가 갈 걸 잘못했구나.'

후회막심입니다. 대낮인 데다 혼자 다녀 버릇하도록 훈련시키기 위해 일부러 혼자 보낸 것인데 무리였나 싶고, 방정맞은 생각은 더해지고, 안절부절못합니다. 이곳 생선 못 먹는다고 나무라고, 어서 현지생활에 적응하라고 잔소리하곤 하는데, 그런 것 다 못해도 어서 나타나주기나 했으면 좋겠다는 생각만 간절합니다.

그렇게 한참 애를 태우고 나서, 문간의 벨소리가 울립니다. 반가워 문구멍으로 달려가 내다보니, 분명히 곱슬머리 내 아들입니다.

“버스 속이라 전화 받고 소리내기가 뭐해서 그냥 껐어.”

나한테 걸려온 전화라는 걸 확인만 하고, 소심한 탓에 그냥 껐다는 이야기였습니다. 제 딴에는 전화 받았으니 걱정하지 않으리라 여기고 그렇게 했겠지만, 나간 아들 애타게 기다리는 애비 심정 몰라준 게 야속하다는 생각도 들었습니다. 아무튼 무사히 돌아와 주니 마음이 비로소 놓입니다. 누가복음 15장에 나오는 〈돌아온 탕자〉 비유가 절실하게 와 닿습니다. ‘아무 것도 원하지 않는다, 돈 다 날렸어도 좋다. 공부 좀 못해도 좋다. 그저 돌아만 와 다오, 그래서 내 눈 앞에 있어 다오, 나와 함께만 있어 다오.’

어쩌면 그 아버지도 그런 심정으로 둘째아들을 기다리지 않았을까, 아니 지금 우리 하나님도 방황하는 우리 하나하나를 그렇게 목 빠져라, 눈 빠져라 기다리고 계신 것은 아닐까 생각해 봅니다.

8장

여타의 추억들

주한 카자흐스탄 대사관에서 | 카자흐스탄 첫 번째 안착 | 바디 랭귀지의 효험 | 모험 | 어느 시아버지의 지혜 | 소같은 일꾼, 뺀질이 일꾼 | 먹을 게 있으니 와요 | 카자흐스탄 두 번째 안착 | 아파트 구하러 다니기 | 나무 색깔 달라지는 거 안 보여요? | 카작어 명강사 가니 | 일단 이 땅을 밟아 보는 게 중요합니다 | 6개월밖에 안됐는데 낯설어진 것들 | 카자흐스탄 세 번째 안착 | 낚시 첫 경험 | 카자흐스탄 네 번째 안착 | 귀국할 때까지 세탁기 쓰지 말아요 | 카자흐스탄 다섯 번째 방문 소감 | 기념품 사기 | 귀국하자마자

주한 카자흐스탄 대사관에서

방학 동안에 잠시 카자흐스탄에 가서 그곳의 우리 동포들의 구전설화를 조사하고 싶어, 평창동에 있는 대사관에 찾아갔습니다. 인터넷에서 다운받은 신청서만 적어내면 되는 줄 알았는데, 별도로 '비자 리퀘스트 레터'를 영문으로 적어내야 인터뷰해준다고 했습니다. 남이 적어서 낸 글을 하나 달래서, 핵심어만 바꿔서 냈더니, 인터뷰를 하자고 했습니다.

주한 대사관이니까, 우리말로도 물어볼 줄 알았는데, 완전히 영어로만 묻는데 죽는 줄 알았습니다. 리퀘스트 레터를 보아가며 물어보니까, 대충 처음에는 눈치를 알아채서 응답했습니다. 가는 목적이 뭐냐는 것 같아서, '코리안 트래디셔널 폭테일'이라고 했고, 전공이 뭐냐고 다시 묻는 것 같아서, '코리안 클래식 리터러쳐'라고 하니 알아듣는 것 같았습니다.

그런데 그 다음이 문제였습니다. 핵심어가 들리지 않고 해서, 무엇을 묻는지 알 수 없었습니다. "슬로우리, 리피트!" 하고 요청해야 할 판인데, 다행히도 그때 영어를 잘 아는 아줌마 하나가 들어와서 중간에서 통역해 주었습니다. 질문의 내용인즉, 카자흐스탄에 친구나 친지가 있느냐는 것이었습니다. 강남대 김필영 교수와 함께 간다고 했더니만 금세 표정이 달라지면서 "김필?"하면서, 그 다음은 묻지도 않고, "금요일 10시에 비자 찾으러 오라"고 했습니다.

정확히 금요일 10시에 찾아갔으나, 굳게 문이 잠겨 있었습니다. 여행사 직원이랑 다른 사람들도 와서 허탕을 치는 것이었습니다. 무슨 나라가 이렇게 한심한가 많이 욕했는데, 여행사 직원의 말을 듣고 이해할 수 있었습니다.

"영사 한 사람이 모든 일을 보고 있어서 늘 바빠요. 오늘도 공항에 누군가 마중 나가게 되는 바람에, 오후 2시에 다시 오라고 하는군요."

그도 그렇겠다 싶었습니다. 영사 혼자 카자흐스탄을 대표해서 이 나라에서 모든 일을 처리해야 하니, 대사관만 늘 지킬 수가 없는 것이지요. 그런 줄도 모르고, 무례하다고 속으로 나무란 내가 좀 미안했습니다.

며칠 지나서 갔더니, 그날도 영사는 자리에 없고, 경비원인 듯한 사람이 대신 비자를 내주어서 가지고 돌아왔습니다. 함부로 남 욕할 일 아닙니다. 그럴 만한 이유들이 있을 테니, 그 까닭이 무엇인지 알고 이해하려는 여유가 필요하다는 깨달음을 가지는 기회였습니다.

카자흐스탄 첫 번째 안착

오후 3시 30분발(실제로는 4시) 가까스로 아스타나항공 보잉기를 탔습니다. 집에서 떠나기 직전, 막내 녀석이 여권과 비행기표가 어떻게 생겼는지 궁금하다기에 꺼내서 건네고는 다른 짐 챙기다가 시간에 쫓겨 공항버스 타러 나오는 바람에, 여권과 비행기표를 둔 채 인천공항에 왔다는 사실을, 공항에서 김필영 박사를 만나고서야 알았습니다. 그때가 1시경, 카자흐스탄 못 가는 줄로만 알았는데, 다행히 아들 녀석과 통화가 되어 당장 택시 잡아타고 공항으로 오라고 했더니, 기특하게도 1시간 만에 달려와서, 무사히 체크인하고 물건 맡기고 비행기에 올라탔습니다. 얼굴이 노래가지고 공항에 나타난 녀석의 몰골이라니, 우습기도 하고, 대견하기도 했습니다. 김 박사 말대로 모두 다 내 불찰입니다. 해외여행 경험이 별로 없다 보니 여권을 생명처럼 여기지 못한 것이지요. 아무튼 이번 일로, 나나 아들이나 공부 한 번 톡톡히 한 셈입니다. 여권 없으면 절대로 외국 못 나갑니다.

비행기에 들어서니 늘씬한 러시아 여성승무원이 "즈드라스 브이쩨(안녕하세요?)" 인사하며 맞이했습니다. 하지만 기내에서의 안내는 카자흐스탄 출신들이 했는데, 얼굴 모습이 확 달랐습니다. 서구형 미인과는 전혀

카자흐스탄 가는 비행기 아래로 보이는 산맥의 모습

다른, 우리네 수수한 시골 여성처럼 편안하기만 합니다. 어순이 우리와 같은 우랄 알타이어족이고 그 선조가 기마유목민족이라더니 정말 그런 듯했습니다.

좌석을 배정받을 때 창 쪽을 신청했기에, 6시간 내내 바깥구경을 실컷 했습니다. 비행기 바로 밑의 구름 아래 하늘이 있고 그 밑에 다시 구름이 떠있는 게 아주 선명하게 보이곤 했습니다. 지상에서는 전혀 상상할 수 없었던 별천지가 거기 펼쳐져 있었습니다. 언덕 모양, 빙산 모양, 가로수 모양, 평원 등등. 비행기 안 타본 사람은 절대로 구름 위 세상에 대해서 말할 자격이 없으니 입 다물 일이었습니다.

비행기는 북경을 지나 고비사막을 거쳐 타클라마칸 사막을 넘어 한번도 쉬지 않고 서쪽으로 서쪽으로 날아갔습니다. 그 안에서 클래식 음악에 영화도 보며 승무원이 날라다 주는 기내식도 먹으면서 계속해서 바뀌는 구름의 별천지, 그 사이사이로 보이는 산맥과 평원의 모습은 볼 만했습니다. 중국의 광활한 평야를 보면서는 저기서 나오는 농산물이 우리 시장에 덮쳐오고 있는 것이려니 하는 생각에 끔찍하기도 했습니다. 해가 지는 방향으로 계속 달려서 그런지 분명 어두워질 시간인데도 밖은 여전히 환하기만 하여 신기했습니다. 비행기의 속도가 해지는 속도를 따라잡는 게 분명합니다.

우리 시계로 밤 10시(현지 시간으로 7시)에 알마티 공항에 도착했습니다. 뜰 때도 바로 뜨지 않고, 한참 기다가 날더니만, 앉을 때도 한참 기어가다가 멈추는 게 재미있었습니다. 공항을 나서니 민박집 주인이 기다리고 있었습니다. 6년 전에 정착해서 한국인 상대로 숙박업을 하여 어느 정도 기틀을 잡은 박석화 씨네 민박집(한우리)이었습니다. 고원지대인 알마티 중에서도 높은 편이라 덥지도 않고 모기도 없는 집입니다. 화장실에서 일 보고 물을 내려야 하는데 아무리 살펴봐도 물 내리는 장치가 안 보여 당황했습니다. 나중에 알고 보니 영낙 없는 물통 뚜껑 손잡이가 그것이었습니다. 그걸 위로 잡아 빼듯이 하면 물이 쏟아져 내린다는 사실을 우연히 알았습니다. 시내버스도 얼기설기 내려뜨려진 전기줄에 연결되어, 전기의 힘으로 굴러다니고 있었습니다. 한국에서의 고정관념을 버려야만 적응할 수 있다는 교훈을 거기서 발견했습니다.

민박집에는 이미 들어와 있는 손님들이 있었습니다. 이곳에서 오래 산 분도 있었고, 나처럼 잠시 들르러 온 사람도 있었습니다. 인사를 나누고 이런저런 이야기를 함께 나누었습니다. 내 계획을 얘기했더니 흥미있어 하며, 나름대로 어디 가서 누굴 만나면 좋을 거라는 의견들을 내주었습니다.

바디 랭귀지의 효험

신기한 일입니다. 알람을 해놓은 것도 아닌데, 새벽에 눈을 뜨니 정확히 4시 45분이었습니다. 새벽기도회 가기 위해, 평소 핸드폰에 저장해 놓은 모닝콜 시각이었습니다. "아하, 여기서도 긴장 늦추지 말고 기도하라는 하나님의 인도하심이구나" 싶어, 얼른 일어나 기도했습니다. 그리고는 한숨 더 자고는 일어나 머리 감고 성경 석 장을 읽었습니다. 어디에나 함께하시는 하나님을 느끼는 순간이었습니다. 하나님이 나와 함께 하시듯, 나도 여전히 기도하며 성경 읽음으로써 그 사랑에 보답하리라 마음먹었습니다.

민박집 주인이 내 여권을 가지고 주거지 등록을 하러 나가면서, 오늘은 집에서 지내라고, 아침 식사 시간에 당부했습니다. 이곳 경찰은 우리의 차림새만 보고도 외국인인 것을 금세 알고는 검문하곤 한다는 것이었습니다. 겁이 나기도 하려니와, 집에서 준비해 온 일거리가 있기에, 노트북을 설치하고 앉았으나, 아뿔싸, 플로피 디스켓에 에러가 생겼는지 "아직 포맷이 되지 않았습니다. 지금 포맷하시겠습니까?" 이런 메시지가 계속 떠서 작업을 포기하고, 1층 거실에 내려와 인터넷을 하고, DVD 플레이어로 〈역도산〉과 〈키다리 아저씨〉를 보았습니다. 선풍기를 틀지 않았는데도 전혀 덥지 않았습니다. 주인 말로는, 햇빛 아래서는 대가리가 벗어지게 뜨거운데도, 일단 그늘에만 들어가면 시원하다더니 정말 그랬습니다.

점심 때 돌아온 주인이, 저녁 6시경에 등록증이 나오니 그때까지 이용하라며 임시 확인증을 건네주었습니다. 점심 먹고, 그걸 휴대하고 주인과 함께 한국교육원으로 나들이했습니다. 우리 정부(교육부)에서 91년에 설립한 한국교육기관인데 세계 최대 규모와 예산 혜택을 받고 있다고 했습니다. 건물에 적힌 '한국교육원'이라는 한글이 그렇게 반가울 수가 없었습니다. 현관에 들어서니 정면에 "안녕하세요" 다섯 글자가 씌어 있었고 그 아래 영어 알파벳으로 "A-n N-yeo-ng H-a Se-Yo"라 그 음을 달아놓았습니다. 2층에 올라가니 한국어 강좌 안내문을 비롯해 한국 춤과 노래 강습회 광고, 할머니 합창단의 활동사진 등이 게시판에 올라 있었습니다. 옆의 극장에서는, 2002년 월드컵 때 지역주민이 모여 대형 스크린으로 경기를 관람하며 목이 터져라 응원했다며, 이 교육원은 우리의 긍지요 자랑이라 했습니다.

점심시간이라 아무도 없기에 주인과 함께, 건너편의 Grace 교회 구경을 갔습니다. 미국에 사는 한국인 목사님이 운영하는 교회라는데, 2주간 열린 '인터네셔널 실크로드 2005 수련회' 마지막 날이라고 했습니다. 이번 수련회에 연인원 7천명이 참여하는 성황을 이루었답니다. 카작인, 우즈벡인, 인근의 수많은 종족의 교인들이 모여 점심 배식을 받거나 먹고 있는 중이었습니다. "기독교가 무섭습니다"라는 주인의 말 그대로, 그간 우리가 나가서 선교한 열매를 똑똑히 확인하게 해주는 장면이었습니다.

두 청년 여성 앞에 디지털 카메라를 들이대며 "픽처 플리이즈" 했더니 흔쾌히 포즈를 취해 주었습니다. 정말 아름다운 친구들이었습니다. 소년 둘이 무언가 먹으며 이야기 나누고 있기에 다가가 사진 찍고 "홧 네이션?" 했더니 "러시안"이라 했습니다. "아 유 크리스챤?"했더니 그렇다고 했습니다. 정말 온갖 종족에게 복음을 전했나 봅니다.

교육원 정문 앞에 과일을 파는 노점이 있고, 못 보던 과일을 비롯해서 그 모양이 탐스럽기에 사진기를 들이댔더니, 노점을 지키던 카자흐스탄인 세 모녀가, 자리를 피하기는커녕 활짝 들 웃으며(어린 딸은 손가락으로 V자를 그려가며) 포즈를 취해 주었습니다. 고마운 마음에 살구를 한 봉지 사서(17개에 560텡게 : 1텡게에 우리 돈 8원이니, 약 5천원) 먹어보니 기막히게 달고 맛있었습니다. 먹고 남은 것은 러시안 소년들에게 하나씩 주고, 교육원 수위에게도 두 개 주고, 교육원 도서실 직원에게도 주고 나머지는 부원장에게 건네주고 민박집으로 돌아왔습니다.

6시에 등록증 찾으러, 기사와 함께 시내에 다시 나갔습니다. 아시아나 항공 광고판이 붙어 있는 여행사에 들러 여권을 찾았습니다. 거리 구경을 하기로 되어 있기에, 화장실을 이용해 두고 싶어, 고려인 3세인 기사에게 "토일렛?"하며 물었지만 못 알아들었습니다. 나는 즉시 소변누는 시늉을 하며 "쉬이"했더니 금세 알아듣고 알려주었습니다. 말로만 듣던 바디 랭귀지의 효력을 실감하였습니다.

모험

김 노인을 만나고 와서 생각하니, 설화 채록 못한 게 영 아쉬웠습니다. 민박집 주인은 다른 볼 일로 집을 나갔고, 나는 혼자 궁리했습니다. 마침 교민들의 신문인 『한인일보』가 있기에 뒤져 보니, 퀸즈 장로교회 광고가 눈에 들어왔습니다.

'아하, 교회를 찾아가서 거기 나오는 고려인 노인네들을 만나면 되겠구나.'

즉시 전화를 걸었더니 사모님이 받았습니다. 취지를 얘기했더니 할머니 세 분이 나오신다고 해서, 마침 수요예배 드리는 날이기에 예배도 드리고 조사도 할 요량으로 민박집을 무조건 나섰습니다.

그런데 막상 도로변에 서니 막막했습니다. 택시를 타야 하는데, 어느 게 자가용이고 영업용인지 전혀 분별할 수 없었습니다. 멍하니 서 있다가 다시 들어와서, 밥해 주는 고려인 아주머니한테 얘기하니 어눌한 고려말로 "아무것이나 타라"고 해서, 다시 나와 무조건 손을 들었더니, 한 대가 달려와 섰습니다. 메모한 주소를 불러주었더니 대뜸 손가락 다섯 개를 펼치는 것이었습니다.

'아하, 500텡게를 달라는 거구나.'

주인 말이, 시내에서는 보통 300텡게면 되고, 아주 먼 거리만 500텡게라고 했기에, 나는 손가락 세 개를 펼쳐 보였지만, 이 기사는 단호히 머리를 저으며 다섯 개를 펼쳐 보였습니다. 하는 수 없이 올라타고 '아드레스'라고 말한 후 정확한 주소를 보여주었습니다. 20분 만에 겨우겨우 퀸즈장로교회에 도착했습니다. 4시 예배였습니다.

한인교회인 줄 알았는데 현지인을 위한 교회였습니다. 미국의 한국인 교회에서 우리 선교사를 파송해서 운영하는 교회로서 13년째인데 성인 교인 수가 230명(현지인 180, 한인 50), 어린이 50, 청년 30이라고 했습니다.

예배 시작하기 전에 러시아인 찬양 인도자 두 분(모두 가정주부)이 열심히 환한 표정으로 복음송을 인도했습니다. 러시아어와 한국어 악보가 있었는데, 인도자와 대부분의 청중은 러시아어로 했고 나와, 목사님과 일부 한인들은 한국말로 찬양을 했습니다. 기분이 아주 묘했습니다.

마침내 예배가 시작되었고, 설교 순서가 되자, 목사님이 우리말로 한마디하면, 왼쪽의 고려인 여성 통역자가 아주 능숙하고 열정적인 어조와 제스처로 러시아로 옮겼고, 오른쪽 러시아인 여성이 귀먹은 분들을 위해 수화로 통역하였습니다. 참석자는 30여 명밖에 안되었지만 그런 배려를 하고 있었습니다.

그 모습을 보면서, 어쩌면 우리나라 초대 교회 시절도 저런 모습이 아니었을까 싶었습니다. 그 빚을 이제 우리가 이곳에 와서 갚고 있구나 싶었습니다. 러시아인이 많았는데, 80은 되어 보이는 러시아인 할머니가 목사님의 제안에 따라 두 손을 높이 들고 "아민, 아민"하며 찬양을 부르는 모습은 감동적이었습니다.

예배가 끝난 후 사모님과 목사님을 뵙고 담화를 나누었습니다. 이곳에 나오는 카작인 청년 중에는 무슬림인 부모님 몰래 나오다가 3년 만에 들통이 나, 집에서 추방당한 일도 있다 했습니다. 무슬림 중에서도 이단 비슷한 신비주의(예언강조)에 몰입해 있는 그 부모는 딸을 데리고 무덤에 가서 이상한 의식을 집행해 딸에게 들려있는 예수 악령을 쫓아내려고 했지만 실패하자, 실패하면 허용하겠다는 약속을 어긴 채, 딸은 감금하고, 사위(사귀던 남자)는 감옥에 보내려고 하였는데, 그 낌새를 알아챈 두 남녀는 지방으로 도망쳐서 살다가, 최근에 아이를 낳아 돌아왔다고 했습니다. 아랍권에 비해 기독교에 온건한 편이지만 완전히 자유스럽지는 않다고 했습니다. 도심이라 교회에 십자가를 내걸지도 못해 벽에만 그려놓고 있다고도 했습니다.

왜 4시에 수요예배를 하는지 물었더니, 7시에 할 경우, 예배와 기도회(정말 열정적인 기도회임. 교회, 나라와 민족, 병자 등등 골고루 기도제목을 부여하며 오랫동안 진행하는 기도회였음) 마치면 저녁 9시쯤 되는데, 9시면 모든 대중교통이 끊겨 아주 위험하다고 했습니다. 밤에는 안 다니는 게 좋다는 것이었습니다. 그러면서 내가 참 담대하다고 했습니다. 경찰에게도 여권을 맡겨서는 안 되며, 가능하면 핸드폰을 대여 받아서 다니라고도 했습니다.

목사님은 내 취지를 듣고는, 우슈또베 가면 고려인 노인이 많이 나오는 교회가 있으니 거기 가는 게 좋겠다며, 마침 퀸즈 장로교회에서 사역하는 여자분 고려인이, 그곳 소망교회 집사님이니 찾아가면 잘 안내할 것이라며 전화번호를 알려주었습니다. 친구분이 시무하는 감리교회의 전화번호도 알려주었습니다. 그 목사님이 잡아주는 택시를 타고 무사히 돌아왔더니 민박집 주인이 걱정스런 표정으로 맞이했습니다. 내일 우슈토베에 나 혼자 가겠다고 했더니만, 며칠 여기서 적응한 다음에 함께 가라며 말렸습니다. 휴대폰도 없고 전화할 줄도 모르면서 큰일 난다는 얘기였습니다.

저녁에 다른 분들의 이야기를 들어봐도, 알마티의 치안상태와 지방과는 다르니 조심해야 한다고들 하였습니다. 항상 누군가 나를 노리고 있다는 생각을 해야 한다고 했습니다. 실제로 알마티에서도 종종 피해가 발생하고 있다는 것이었습니다.

어느 시아버지의 지혜

카자흐스탄 민박집에 묵는 동안 여러 사람을 만나고 사귀었습니다. 박 사장이란 무역업자도 그중의 하나입니다. 태양열 발전기와 풍력 발전기 기술의 수입에 주력하는 분이었는데 인간적인 매력이 상당했습니다. 그 분이 며느리들의 화목을 위해서 발휘하고 있는 지혜가 아름다웠습니다.

큰며느리 생일이 다가올라치면, 자기 나름대로의 선물을 준비하는 것은 물론이고, 작은며느리를 불러내서 맛있는 것 사준 다음에 돈 봉투를 건넨답니다. "이거 가지고, 이미 준비한 선물 외에 다른 것을 더 보태서 선물해라." 그러면 작은며느리는 시아버지가 준 돈으로 풍성한 선물을 준비해서 동서한테 주게 되는데 큰며느리로서는 그 동서에게 고마운 마음이 넘치게 된다는 것입니다. 작은며느리 생일이 돌아오면 그 반대로, 큰며느리에게 돈 봉투를 건넨답니다. 이러다 보니, 생일날이 즐거워지고 두 며느리간의 사이가 좋아지며, 모두가 화목하게 지낸다는 이야기였습니다.

그런 지혜, 어디서 배웠느냐니까, "그런 걸 어디서 배우고 말고 할 게 어디 있어요? 내가 혼자 생각해 본 것이지." 이러면서 웃었습니다. 문득 논어에서 공자가 여러 제자 앞에서 "吾道는 一以貫之니라[내가 추구하는 도는 오직 한 가지야]"라고 했을 때, 모두들 멀뚱거리며 그 하나가 뭐냐고 수근댈 때, 증자가 해석하기를 "夫子之道는 忠恕而已矣[선생님의 도는 충과 서일 따름이야]"라고 했다는 대목이 떠올랐습니다. 주자의 주석에 따르면, 忠恕의 恕는 글자 그대로 분석해 보면 '마음을 같이하기'입니다. 내 마음과 남의 마음이 같다는 데에서 가능해지는 것이 용서라는 것이지요. 좁게 말해서 '용서'이지만 넓히면 '이웃이해 혹은 이웃사랑'으로까지 읽을 수 있는 글자라고 봅니다. '忠'이 군주를 비롯한 모든 위에 있는 권위들에 대한 수직적 사랑(하나님 사랑 포함)이라면, '恕'는 수평관계 혹은 나보다 아래에 있는 모든 것들에 대한 수평적, 하향적 사랑을 일컬었던 것으로 나는 이해하고 싶습니다.

박 사장이 논어를 읽었는지 여부는 내가 알 바 아니나, 어쩌면 그분은 '恕'의 원리를 스스로 체득하여 며느리들에게, 가족화목에 적용한 것이라고 생각합니다. 어느 며느리나 자기에게 잘해 주면 좋아한다는 지극히 당연한 원리를 이용해 그렇게 실천함으로써 훈훈한 분위기의 가정을 이루어 나가고 있는 것이지요. 내가 싫은 것은 남도 싫어하고, 내가 좋아하는 것은 남도 좋아한다, 성경에도 나와 있는 황금률 "네가 대접받고자 하는 대로 남을 대접하라", 공자가 말씀한 황금률 "기소불욕己所不欲을 물시어인勿施於人하라[자기가 하고 싶지 않은 것은 남에게도 베풀지 마라]", 이 두 가지는 서로 상통하는 진리입니다.

이 다음에 나도 그런 멋진 시아버지가 되고 싶습니다.

소같은 일꾼, 뺀질이 일꾼

내가 묵은 민박집(한우리)에는 일꾼이 여럿입니다. 상주하는 일꾼도 있고 출퇴근하는 일꾼도 있습니다. 운전기사인 고려인 남자 아폴론(그리이스 신의 이름)과 주방일을 하는 고려인 아주머니 스비에타(러시아어로 '빛')는 상주하고 있으며, 주방일을 돕는 두 아주머니는 출퇴근하고 있었습니다.

스비에타 오기 전에 일 잘하는 고려인 아주머니가 있었는데 어느 날 그만두게 했답니다. 머리가 좋아 일은 잘했는데, 나 없으면 이 집 유지하기 어렵지, 이런 식으로 점점 위세가 당당해져 갔고, 급기야는 손님이 많아서 일손이 귀하던 어느 날, 뻔히 그 형편 알면서도 친구집 혼사에 끝끝내 가야 한다며, 가지 말라는 만류를 뿌리친 채 외출하고 오더랍니다. 박사장은 그 아주머니가 대문에 들어서는 순간 파면 선고를 내렸답니다. 다른 일꾼들이 다 보는 앞에서 그렇게 해버렸답니다. 보라고 말이지요. 그렇게 하지 않으면 계속해서 그런 일이 발생하리라 생각했기 때문이랍니다. 모두들 놀라는 반응이었고, 실제로 그 아주머니가 그만둔 후 조리니 뭐니 애로가 많았지만 후회하지 않는다고 했습니다.

지금 있는 일꾼 중 두 사람을 두고 재미난 표현을 했습니다. 운전을 하는 아폴론에 대해서는 '소같은 사람'이라고 했습니다. 머리는 나쁘지만 소처럼 충직하게 일한다는 뜻인 듯했습니다. 때때로 융통성이 없고 뭘 자꾸 까먹어서 속터져 하기에, "머리 잘 돌아가는 사람으로 바꾸지 그래요?" 했더니, "그래도 소같은 사람이 나아요. 머리가 좋으면 재주를 부려서 더 골치 아파요." 이러는 것이었습니다. 또 한 사람의 출퇴근 아주머니를 두고는 "뺀질이"라고 했습니다. 남보다 늦게 출근해서는, 나갈 때는 남과 똑같이 나가려고 한다는 것이지요. 내가 볼 때 스비에타보다 훨씬 영리한 아줌마인 듯했습니다. 러시아말과 고려말도 더 잘했습니다. 머리가 좋으면 그렇게 요령 피우기도 잘하는 것이 우리네 생리인지도 모르겠습니다.

머리 좋아 재주부려서 주인한테 찍히고 쫓겨나는 것보다, 차라리 머리가 나쁘더라도 소처럼 일하는 사람이 되어 주인한테 충성하며 칭찬받으며 오래오래 사는 게 낫지 않을까 그런 생각을 해보았습니다. 주인이 보시기에 나는 과연 어느 쪽일까 궁금합니다.

먹을 게 있으니 와요

내가 머물렀던 한우리 민박집은 알마티 시의 알마굴이라는 데에 있습니다. 천산쪽으로, 그러니까 동남쪽으로 있는 곳인데 높아서 그런지 모기도 거의 없고, 한여름인데도 선풍기 없이 지낼 수 있는데다, 음식이 우리 음식 위주라 대부분의 손님들이 체중이 늘어가지고 떠납니다. 나도 그랬습니다.

가족과 떨어져서 혼자 이 집을 운영하는 박석화 사장님과 종종 이야기를 나누었습니다. 교회는 안 다니지만 헌신적으로 숙박객들의 편의를 위해 최선을 다하는 모습이 아름다운 분입니다. 한번은 우즈베키스탄에서 척추환자가 왔는데, 이분은 방도 아래층에 배정해야 하고 밥도 따로 차려서 날라다 주어야 하는 등 여간 성가신 게 아닌데도 흔쾌히 받아들여서 우선 나를 놀라게 했습니다.

이 환자는 알마티에서 치료받을 요량으로 왔던 것인데, 박 사장님은 과거에 병원원무과에서 근무한 경험을 바탕으로, 이분을 한국으로 보내야만 한다고 판단해, 인터넷을 뒤지고 여러 루트를 통해 알아보더니만, 마침내 한국에 갈 수 있는 비행기 표까지 예약해서 보내드리는 것이었습니다. 그렇지 않으면 위험하다는 것이었습니다. 숙박업을 하는 그분으로서야 오래 붙잡아 둬야 유리할 텐데도 자기 형님이라도 되는 양 그렇게 지극정성을 기울이는 모습은 나를 감동시켰습니다.

민박집 한우리
(내가 묵은 방은 2층 담쟁이 덮인 곳)

나는 이 민박집의 2층에서 주로 묵었는데, 담쟁이덩굴이 우거지고 여러 화초며 나무가 우거져, 저녁이면 많은 새들이 와서 재잘거리다 잠이 들고, 아침이면 우리를 깨우고 온종일 뭇 새가 찾아와 놉니다. 새가 많아서 좋다고 했더니 내게 해준 박 사장님의 말씀이 참 인상적입니다.

어느 집에나 새가 많은 게 아닙니다. 깃들일 나무가 많고, 또 먹을 게 있으니까 와요. 이 집의 나무들, 대부분 내가 다 심고 가꾸는 것들입니다. 개들의 밥을 줄 때도 듬뿍 주어서 남게 합니다. 새들 쪼아 먹으라고요. 포도며 복숭아며 사과며 집안의 과일들도 따먹지 않고 내버려 둡니다. 새들 먹으라고요.

새들도 먹을 게 있으니까 온다? 내게 감동으로 다가오는 말이었습니다. 그렇구나, 새들도 먹을 게 있으니까 오는구나! 사람도 마찬가지겠지. 뭔가 베풀어야 사람이 따르는 법. 베풀지도 않으면서 사람 꾀기를 기다린다는 것은 연목구어겠지? 개인도 교회도 국가도 그렇겠지? 그 평범하고도 지당한 진리를 박 사장님의 한마디는 담고 있었습니다.

카자흐스탄 두 번째 안착

2006년 2월 9일(목) 오후 5시 50분 인천발 알마티행 아시아나항공을 탔습니다. 무거운 짐은 4주전에 우진트랜스로 부치라는 박사장님의 말씀을 따랐어야 하는데, 누군가 괜찮다는 바람에 모두 들고 나왔다가 오버차지(1kg당 10달러)로 30여 만원을 날렸습니다. 오면서 안 사실인데, 알마티행 비행기는 여객기로서보다 수송기 기능이 중요하다 보니 융통성이 없답니다. 화물운송료에서 이익을 보기 때문에 봐주는 게 없거나 적다는 것이지요. 미국행 비행기와는 다르다는 것을 똑똑히 알았습니다. 아무래도 아까워 큰아들더러 도로 가져가서 우진트랜스로 부치라 하려 했으나, 별반 차이가 없다고 하는 바람에 그냥 부쳤는데 오면서 알아보니 3배는 비싸게 받은 모양입니다. 이것도 공부라 생각하는 수밖에 없습니다.

1시간 전쯤, 교회 식구들과 작별인사를 나누고 안으로 들어서는 기분은 참 묘합니다. 무언가 딱 단절되는 것만 같은 느낌, 참 안 좋습니다. 말이 안 통하는 외국 공항에 혼자 서 있을 때는 정말 더 그렇습니다. 무섭다는 생각까지 듭니다.

통관 절차를 거친 후, 각자 출국신고서를 작성하는데 아내가 망설입니다. 초청장에 적힌 대로라면 아내는 사업차 가는 것으로 써야 하지만, 정직한 아내는 그럴 수 없다고, 확인하면 어쩌느냐며 "관광"이라 쓰겠다는 것이었습니다. 결국 "사업 및 관광"이라 썼습니다. 혹시나 시비가 생길까 싶어, 담당직원한테, "우리 셋은 가족이다. 나는 대학교수로서 안식년을 맞아 연구하러 가는 것이며, 두 가족도 함께 가서 거주하며 지내는 것"이라 미리 말했습니다. 빠져 나온 후 아내한테 별탈없었느냐 물었더니만 그 직원이 웃으면서 그러더랍니다. "남편은 연구하는데, 아내는 사업하고 관광해요? 이상하네!"

5시 20분에 비행기에 올랐습니다. 그간 5시간 걸리는 줄로만 알았는데 갈 때 6시간 40분, 올 때 5시간 30분이라 했습니다. 한참을 가니 둘째아들 선범이는 지루해 못 견디겠는지 자꾸만 노트북을 하겠다고 해서 말렸으나, "노트북 게임하게 해주면 어학공부 열심히 하겠다"는 말에, 다시 머리 위의 짐을 뒤져 게임 CD를 찾아 주니, 신나게 두드립니다. 다행히 전쟁하는 내용은 아니고 롤러코스터라는 놀이동산 짓는 게임이라 안심되었습니다. 하지만 배터리 용량이 적어 40여 분만에 꺼지고 말았습니다. 하는 수 없는지 엠피쓰리를 귀에 꽂고 견디는 것이었습니다. 정면의 대형 스크린에서 계속 영화와 다큐멘터리를 보내주어 나는 많이 지루한 줄 모르고 왔습니다. 잠시 졸기도 하고요. 처음에만 바깥 경치가 보이다가 이내 어두워지면서 바깥은 보이지 않아 좀 아쉬웠습니다. 바깥경치 보려면 낮에 운행하는 아스타나항공을 이용해야 하겠습니다.

옆자리의 사람에게 말을 붙였는데 알고 보니 어느 회사인지는 모르나 알마티 지사장 일을 하는 모양인데 여러 가지 새로운 이야기를 많이 들었습니다. 알마티에서 흔히 보는 포스터 "카작 2030"의 의미에는, "2030년부터는 오직 카작말만 쓰는 나라를 만들자"는 것도 포함되어 있답니다. 우즈벡은 독립과 동시에 러시아어를 추방하고 우즈벡말만 쓰게 했는데, 카작은 40여 년간의 유예기간을 주어, 그 기간에 차세대 어린이들에게 카작어를 배우게 하여 2030년에 이르면 카작어만 통용하게 한다는 매우 온건하고 합리적인 정책을 추진하고 있다는 것이지요. 지금도 카작어를 할 줄 알아야만 고급관료가 된다고 합니다.

우리 시간으로 자정을 넘겨 12시 20분에 알마티 공항에 도착했습니다. 사람들이 여기저기서 뭘 열심히 적기에 나도 적어야 하는 줄 알고, 러시아와 영어로 적힌 문서에, 본적, 주소, 부모의 성명, 결혼 여부, 여행 목적과 기간, 초청자의 신원 등등 한참 끙끙대며 적다가 생각하니, 이미 비자 받을 때 제출했던 현지인의 초청장에 적힌 내용이라, 중복되는 짓을 왜 시키나 싶어, 작성하다 말고 다가가 확인해 보니, 미처 비자를 발급받지 못하고 온 사람들만 적는다고 해서, 얼른 그만두고 나왔습니다. 선글라스가 적발되어서 그런지, 우리 짐이 많게 보여서 그런지 밑반찬류 넣은 통이 의심받아 그런지는 몰라도, 이리로 따라오라고 해서는 "식사냐?"고 묻고는 그렇다고 했더니 안 된다고 하기에, "나는 학생이다. 공부하러 왔다. 1년간 있을 거다"고 서툰 영어로 말하니 "오우 케이"하는 것이었습니다. 말도 잘 안 통하는 곳에서 물건과 돈을 뺏기는 것은 아닌가 긴장했는데 무사히 통과한 것입니다.

바깥에는 이미 한우리 민박집 박석화 사장님이 서서 손을 흔들고 있었습니다. 얼른 화답을 하고 짐을 찾아가지고 나와 알마굴 가가리나의 한우리민박집에 도착했습니다. 하도 춥다고들 겁을 주어 에스키모처럼 내복에 털모자에 중무장하고 내렸는데 웬걸, 영상의 날씨였습니다. 원래는 추워야 하고, 실제로 상당히 추웠는데 한 열흘 동안 이상난동이 계속되고 있다고 했습니다.

여름에 그렇게 지저귀던 새들, 겨울에는 안 오느냐고 물었더니, 아침에 일어나면 알 것이라고 합니다. 기대가 됩니다. 무엇보다 이곳 새들의 울음소리를 아내와 아들에게 들려주고 싶습니다.

아파트 구하러 다니기

민박집 박 사장님과 함께 우리가 묵을 아파트를 구하러 다녔습니다. 가능하면 민박집 가까운 곳에 얻는다는 목표 아래, 방 3개(우리 식으로 방 2개 거실 1개)짜리가 나서 가보았습니다. 다 마음에 들고 임대료도 한 달에 560불까지 합의가 되었으나 아무래도 민박집에서 멀어 보류하고, 민박집 근처의 아파트에 가서 보니 방 1.5개(작은 방 1개에 거실 1개)짜리라서 아무래도 세 사람이 살기에는 좁은 데다 임대료도 600불을 요구해 그만두었습니다. 그런데 두 곳을 방문한 결과, 새롭게 안 사실은, 어느 아파트든 온돌이 아니지만 춥지 않다는 사실이었습니다. 이상 난동으로 영상 3도 정도의 날씨가 이어져서 그런지는 몰라도, 그만하면 살 만하였습니다. 모두 중앙난방이라 했습니다. 외부 도색이며 입구와 계단 이런 것들이 정말 칙칙하고 어둡고 낡아서 심란하였으나 내부는 참 깨끗하고 있어야 할 것은 다 있는 점도 인상적이었습니다. 독일처럼 실용성을 중시한다는 느낌이 강하게 다가왔습니다.

아파트 구하러 다니는 길에, 우리 공항터미널 같은 구실을 하는 곳에 잠시 들렀는데, 그곳 화장실을 이용하고 온 아내가 막 웃었습니다. 한 번 이용하는 데 15텡게(우리 돈으로 120원)인 그 화장실에 들어가서 기절할 뻔

했다는군요. 우리 화장실처럼 사방이 밀폐되어 있는 줄로만 알고 들어갔는데, 위가 개방되어 있을 뿐만 아니라 일어선 상태에서는 옆 칸의 사람들이 다 보이더라는 것이지요. 중국에서도 그렇다더니, 아마도 상호 감시하던 사회주의권 특유의 화장실 구조가 지금도 그대로 남아 있는 것 같습니다. 민간기업화 한 전화국 직원들도, 분명히 돈 버는 일인데도 일들을 안 하거나 미루거나 늑장을 부려 정말 뚜껑이 열려 못 살겠다는 민박집 박사장님의 말을, 오늘 함께 차 타고 다니면서 확인할 수 있었습니다. 그래서 번번이 적자를 보고 있다고 하니, 세상은 바뀌었으나 사람들의 의식은 아직 따르지 못하고 있는 게 아닌가 싶습니다. 가끔 문제도 생기지만 우리의 빨리빨리, 여기서는 좋게만 느껴지려 합니다.

나무 색깔 달라지는 거 안 보여요?

나는 이곳에 있어도, 논문 쓰는 일에, 녹음테이프 푸는 일 등으로 괜찮은데, 특별히 할 일이 없는 아내는 무료한가 봅니다. 나다니기 싫어하는 사람인데, 요즘은 내가 어디 간다고 하면, "나도 갈까?" 이러면서 따라나섭니다. 고려극장에도 그래서 함께 갔고, 엊그제 카작말사전 구하러 두레 가게에 갈 때도 그랬습니다.

다음 주일, 알마티감리교회에서, 이곳에서 남쪽으로 두 세 시간 차로 달려 나가서 있는 망망한 들판 너머로 가서, 봄맞이 야유회 겸 달래캐기 행사를 한다는데 벌써부터 아내는 기다리고 있습니다. 다행히 금년에는 날씨가 일찍 풀려서, 캅차카이호수 지역에 다녀온 윤여각 동보 운송회사 사장의 말로는, 벌써 달래가 나와 있다는 반가운 소식입니다.

겨울이라 칙칙한 분위기라서, 창가에 서서 밖을 내다보기를 좋아하는 아내가 어제부터 내게 이럽니다.

"여보 여보, 저기 저 나무들 색깔 달라졌지?"

하지만 내 눈에는 아무런 차이도 느껴지지 않습니다. 시큰둥해 했더니만 다시 이럽니다.

"아니 정말로 안 보여요? 많이 붉어지고 있잖아? 잎이 피려고 올라오고

세들어 살던 아파트 창문 너머, 아내가 봄을 기다리던 나무

있는 거야."

적록색약이라 그런지 아무리 봐도 별 차이를 나는 못 느끼고 있는데, 아내는 분명히 감지한 듯합니다. 얼굴 가득히 환한 미소를 띠며 마냥 좋아라 하며, 더 자주 밖을 내다봅니다.

문득 찾는 이가 찾으리라는 성경말씀이 떠오릅니다. 간절히 기다리는 이에게 기쁨은 찾아오는지도 모릅니다. 새싹이 돋아나는 봄이 어서 오기를 고대하는 아내에게, 가장 먼저 그 변화를 감지하게끔 은총이 주어진 게 분명합니다. 어서 주일이 되어 새싹이 돋아난 망망한 대지를 구경하고 싶습니다. 작년 박박티 초원을 달릴 때 맛보던 감격을 아내와 아들도 느꼈으면 좋겠습니다.

우리의 봄맞이 행사를 위하려는 것인지, 어제부터 계속 비가 내리고 있습니다. 저녁이 되면서 눈으로 바뀌었지만, 이미 봄으로 들어선 계절의 대세는 바꾸어 놓을 수 없겠지요?

카작어 명강사 가니

카작어 강사가 바뀌었습니다. 원래는 8번 국립학교 교감인 여성 교사가 맡아서 세 번 진행했는데, 지나치게 어렵게 가르치는 데다, 체계적이지 않아 불만들이 많았는데, 도스따르 학교 남자 교감인 가니 선생이 새로 왔습니다.

이 분이 맡으면서 강의실 분위기가 확 바뀌었습니다. 즐거운 분위기로 달라졌습니다. 이 분의 강의 방법을 보면서, 역시 강의는 기술이라는 생각을 확인합니다. 이분 강의의 비결이랄까 매력이 무엇일까 생각해 보았습니다.

첫째, 열 명도 더 되는 우리 수강생의 이름을 이미 다 알고 있어 우리를 놀라게 합니다. 외국인들인 우리인데, 어떻게 두 번째 시간에, 일일이 부르면서 시킬 수 있는지 놀라운 일입니다. 머리가 좋거나 열의가 있거나 하지 않으면 어려운 일이라 생각합니다. 함께 공부하는 음악가 안 선생의 말처럼, "우리 이름을 다 아니 떠들 수도 없게 생겼습니다."^^

둘째, 아주 차근차근, 한 사람 한 사람 다 시켜봐서 다 익힌 다음에 다른 주제로 넘어갑니다. 전에는 이것저것 정신없이 가르쳐서 스트레스를 받았는데, 이분은 그러지 않습니다. 알파벳을 완전히 익히게 하더니, 그 다음에는 인사하는 법을 가르칩니다. 복습이 가능하게 해줍니다. 더러 우리 말, 영어도 구사해서 도와줍니다.

카작 글자가 모두 42개인데, 그중 9개만 카작 고유글자이고 나머지는 러시아 글자에서 차용한 것입니다. 그 9개 중에 어려운 발음이 몇 개 있어 우리를 괴롭히는데 이분의 도움으로 어느 정도 알게 되었습니다. K에 꼬리가 달린 글자가 있는데, 그 발음이 어려워 내가 자꾸 틀리자, 갑자기 "카악!!!" 하고 가래 뱉는 시늉과 소리를 해 보여 나로 하여금 그 소리의 음가를 알게 해주었습니다. 그 덕분에 우리는 그 글자가, 'ㅋ'이되 목을 좁히면서 성대를 떨리게 하며 내는 소리라는 것을 비로소 알았습니다. 다 이런 식입니다. 인상깊게 확실하게 가르치고 다음으로 넘어갑니다. 잘 해냈을 때마다 '타마샤'라고 칭찬을 아끼지 않습니다.

수업에서, 가르치는 사람의 자세와 기술이 얼마나 중요한지, 가니 선생의 수업을 듣고 지켜보면서 다시금 확인합니다. 옆에 있는 선교사님 사모님(윤 씨)이 살짝 내게 속삭입니다. "이 분은 정말 가르치는 데 달란트(탤런트 : 재능)가 있는 분이네요." 정말 그렇습니다. 이런 분들이 학교를 지켜야 합니다. 이런 분을 만난 우리 모두 행복합니다.

일단 이 땅을 밟아 보는 게 중요합니다

엘지 법인장(현지지사장) 집에서 CBMC 모임이 있었습니다. 교회를 순회하며 예배하는데, 특별히 그 가정에서 저녁식사에 초대하여 거기서 모였습니다. 외국인 빌리지에 있는 2층집이었는데 밤이었지만, 우리가 사는 아파트촌과는 비교할 수 없을 만큼 깨끗하고 부티가 흐르는 특별 동네였습니다. 이곳에 들어와 있는 외국 회사 직원들이 많이 모여 산다고 합니다.

부잣집이라서 그런지 귤의 종류가 달랐습니다. 여기 와서 계속해서 씨 있는 귤만 먹었는데, 그 집에서 내온 귤은 한국 귤처럼 씨가 없고 달았습니다.

담화를 나누다가, 이곳에 단기선교하러 오는 사람들이 화제로 올랐습니다. 한번은 충현교회 선교팀이 왔는데, 대개는 이곳 선교사들의 도움을 받아서 이루어지는데, 직접 현지인들과 부딪치겠다며 나가더랍니다. 그러더니만 동네 아이들을 끌어 모아, 찬송 가르치고 전도하는 것까지는 좋았는데, 끝에 가서, 일일이 그 아이들의 머리에 손을 얹고 안수하기 시작했다는군요. 그런데 이 나라(이슬람권)에서는 머리에 손을 얹는 게 금기사항이랍니다. 아무런 사전지식이 없이 나간 충현교회 팀원들은 한국에서와 같이, 아무런 생각 없이 안수를 해댔고, 아이들은 놀라고 무서워하며 도망치고, 그 아이들을 붙들어다 강제로 안수해 댔고, 급기야 현지 경찰까지 출동하고, 신문에까지 났다는 이야기였습니다.

단기선교가 과연 효과가 있겠는가, 이런 얘기도 나왔습니다. 중론은 부정적이었습니다. 단기선교하고 가는 사람들한테는 효과가 있을지 모르지만 여기 사람들한테는 무슨 도움이 되겠는가 하는 의문이었습니다. 함부로 노방전도해서는 안 되는 이곳에서, 교회 안에서만 집회를 가져야 하는 이곳에서, 고려인을 제외하고는 현지인들은 이슬람의 영향으로 기독교를 받아들이기가 아주 어려운 이곳 현지 주민들에게 "예수님 믿으라"고 말로 전하는 대신, 그냥 아름다운 곡으로 되어 있는 복음송이나 찬송을 연주하면, 노래 좋아하는 현지인들이 그냥 관심을 가지고 들으며 좋아하니 그런 방법이 좋겠다는 체험담도 나왔습니다. 이곳에서 전도할 때는 시원치 않은 것 같은데, 선교보고하는 걸 보면 대단한 것처럼 과장되어 보이더라는 이야기도 있었습니다. 지원하는 교회에서 가시적인 성과를 자꾸만 요구하다 보니 악순환이 계속되는 측면도 있다고도 했습니다. 차라리 단기선교팀을 파견하는 데 들이는 경비를 현지 선교사나 교회에 지원하는 게 낫지 않겠느냐는 의견이 많았습니다.

그런데 딱 한 분, 온누리 교회에서 오셨다는 어느 권사님이 다른 의견을 내비쳤습니다.

"나는 그렇게 생각하지 않아요. 그래도 일단 이 땅을 밟는 게 중요하다고 봐요. 아무리 얼치기로 전도하다 갈망정, 일단 이 땅을 밟고 간 사람들은 이곳을 위해 기도하지 않겠어요? 오지 않으면 기도할 수 없어요."

딴은 그렇기도 했습니다. 나도 그런 사람 중의 하나이니 말이지요. 아무것도 모르고 왔지만 이제는 관심도 갖고 애정도 가지니 말입니다.

6개월밖에 안됐는데 낯설어진 것들

외국에서 겨우 6개월 있다 왔는데도, 서름서름한 것들이 있습니다. 카드를 찍고 버스를 탄 것은 잘했는데, 내릴 때 카드만 찍고 벨을 누르지 않아, 그냥 버스가 통과하는 사고가 계속 일어나고 있습니다. 완전히 촌놈이 된 기분입니다. 학교 갈 때 버스를 두 번 갈아타야 하는데, 몇 번을 타고 어디서 갈아타야 할지 아직도 재생해 내지 못해 고생하고 있습니다.

집안에서도 마찬가지입니다. 양말을 넣어두는 곳이 어딘지 잊어버려, 아내한테 물어야 했고, 안방의 전등 스위치 위치도 까먹어서 더듬거리다가 아내한테 핀잔을 들어야 했습니다.

알마티에 있을 때, "몇년 만에 한국에 갔더니 불편해서 못 살겠더라고요" 이런 말을 많이 들었는데, 이제야 실감합니다. 겨우 6개월 살다 와도 이런데 한 10년 살다 가면 정말 낯설 듯합니다.

그래도 한국에 오니 참 좋습니다. 장마 뒤의 폭염이 괴롭기는 하지만, 먹고 싶던 음식 먹지, 그리운 사람들 만날 수 있지, 우리 말 실컷 들을 수 있지, 책방에 가서 우리 책 실컷 볼 수 있지, 텔레비전에서 우리 방송 우리 소식 맘껏 보고 들을 수 있지 그냥 좋습니다. 외국에 있다 오니 우리의 모든 것들이, 우리나라 사람들 모두가 그렇게 살갑게 느껴지고 귀하게 여겨지고 재미있습니다.

연구실에서 나와 버스 타고 길음역에서 지하철을 갈아타려고 기다리는데, 꼬마가 막 울어서 다가가 보니, 그 엄마한테 이러면서 웁니다.

"에엥, 내가 하려고 했는데…"

가만히 보니, 자판기에서 뭘 뽑는데, 그 꼬맹이가 단추를 누르려고 별렀던 모양인데 그만 그 엄마가 돌려버린 모양입니다. 문득 우리 아들들의 그 나잇적 생각이 나서 막 웃음이 났습니다. 버스에서 내릴 때 부자를 누를 때쯤, 혹시라도 우리가 먼저 눌렀다 하면 기겁을 하고 울어재끼던 그 기억이 불현듯 떠올랐기 때문입니다.

모든 게 재미있어서 그저 빙긋이 미소 지으면서 돌아다니니, 때로 사람들이 이상한 듯 나를 쳐다보는 듯합니다. 혹시 나를 치한이나 약간 잘못된 사람으로 오인하는 것은 아닌가 걱정이 됩니다.

카자흐스탄 세 번째 안착

세 번째 카작행. 비행기표 값이 20만원이나 차이가 나, 경비절감을 위해 현지 비행기인 아스타나항공기를 탔더니, 싼 게 비지떡이었습니다. 무려 1시간이나 늦게 출발. 나중에 따지자 하는 말이 승객 3인이 늦게 와서 기다렸답니다. 시외버스도 손님이 다 타야한다더니 비행기까지 그럴 수 있다는 걸 실감하고 모두 고소를 금치 못했습니다.

공항에 도착하니 마당발 우리 강 목사님이 기다리고 계십니다. 함께 도착한 강 권사님의 짐이 많고 문제가 될 듯하였는데, 목사님이 검열관을 데리고 어두운 곳으로 잠시 들어갔다 나오더니 무사통과 되었습니다.

나오니 아들 녀석이 나와 있습니다. 먹고 싶은 군것질 못해서 그런지 약간 마른 모습입니다. 그런데도 뭐가 좋다고 고집피우며 이곳에서 계속 공부하겠다는 것인지 알다가도 모를 일입니다. 나를 반기기보다는 준비해 간 외장하드며 USB며 과자에만 눈이 멀어 있습니다.

많이 덥습니다. 금년에 50도 오를 거라고 아들의 러시아 과외선생이 겁줍니다. 습도는 없다지만 온도가 많이 올라가니 선풍기들을 틉니다. 이곳도 기상이변에는 속수무책으로 되어가나 봅니다.

낚시 첫 경험

일리강변에서 난생 처음 낚시를 해보았습니다. 이곳 초교파 복음주의 신학교 학위수여식을 위해 잠시 한국에서 들리신 ㄱ 목사님(기감 감독회장 역임)을 강 목사님이 모시고 가는 자리에 끼어주어 함께 갔습니다. 일리강변에 달래 캐러는 벌써 세 차례나 갔지만, 낚시해 본 것은 처음이었습니다. 요즘 카작어 문법책을 계속 읽고 있는 중이지만, 같이 가겠느냐는 전화를 받고는 열일을 제쳐둔 채 달려갔습니다.

일리강으로 가는 목사님 차 속에서, ㄱ 목사님께서 하시는 말씀,

"이 장로, 낚시는 첫째가 눈맛, 둘째가 손맛, 셋째가 입맛이야."

무슨 말인가 했더니, 낚싯대를 던져 놓고 그 찌의 움직임을 눈으로 보는 맛, 마침내 고기를 낚아채어 손으로 잡아당기는 맛, 잡은 고기를 가지고 요리를 해서 입으로 먹는 맛, 이 세 가지 맛을 알아야 한다고 했습니다. 거기에 '준맛' 하나를 추가해야 한다는 주장을 펴십니다. 뭐냐니까, 낚시하기 위해 이것저것 준비하는 맛도 알아야 한다네요. 진짜 낚시꾼은 준비할 때부터 기대감에 들뜨고 마냥 즐겁다는 말이겠지요. 과연 그러겠다 싶었습니다. 어릴 때 아버지 낚시밥 챙겨드리고 간식 들고 다니면서부터 익혀 60년 넘게 낚시를 해온 노장다운 말씀이었습니다.

그런데 현장에 도착해 갈대숲 사이에들 자리를 잡고 낚시를 드리웠으나, 어렵쇼, 한 마리도 물지 않습니다. 수심이 너무 얕아진 탓이랍니다. 저 위의 댐에서 수량을 조절하는데 아마도 덜 내려 보내는 시기인 모양입니다. 다른 곳으로 옮겼어도 역시 마찬가지였습니다.

점심을 먹고 나서는, 그런 대로 고기를 낚아 올리는 러시아인 옆에 앉아 다시 시도를 했으나 마찬가지였습니다. 분명히 붕어가 물 위로 뛰어오르기도 하고 물속에서 돌아다니는 게 보이건만, 러시아인은 잘도 잡건만, 도무지 안 잡히는 겁니다. 그만 포기하고 가봐야 하는 것 아닌가, 그러고 있는데, 턱수염의 그 러시아인 남자가 갑자기 우리말로 ㄱ 목사님께 이럽니다.

“아저씨, 지렁이로 해봐요. 그러면 잘 잡혀요.”

하도 신기해서, 우리 말 잘한다고 칭찬했더니, 조금밖에 못한다고 능청을 떠는데 조금하는 실력이 아니었습니다. 그 말을 따라, 그 사람이 주는 지렁이를 물려서 다시 던졌습니다. 그랬더니 이게 웬일입니까? 던지기가 무섭게 찌가 쑥 들어갔다가 다시 나옵니다. 낚아채니 하이얀 배를 드러내며 손바닥만한 붕어가 올라옵니다. 초보인 내가 잡은 것만도 열 마리 정도였으니 참 대단한 수확이었습니다.

낚시 첫 경험을 통해 많은 걸 느꼈습니다. 자리가 중요하다는 것(물이 세차게 흐르는 곳에는 없고, 굽이돌아서 잠시 정체현상이 일어나는 곳일 것, 수심이 60cm 이상 되어야 할 것), 바람이 분다든지 해서 물이 많이 움직일 때는 떡밥보다는 지렁이 미끼가 좋다는 것, 고기가 크냐 작냐에 따라 바늘 크기를 조절해야 한다는 것, 낚시꾼을 많이 겪지 않은 곳에 사는 고기가 잘 문다는 것, 한낮에는 잘 안 물고 서늘한 아침이나 저녁에 잘 무는 것처럼 낚시하기 좋은 때가 있다는 것, 일단 물었다 싶으면 찌가 내려갔다가 올라오는 순간을 잘 포착해서 위로 낚아채야 한다는 것, 낚았다 해도 일자로 급히 끌어당기면 놓칠 수도 있으려니와 손맛을 만끽할 수 없으니 낚시를 위로 들어올리듯이 하되 고기는 물속에 있도록 해야 고기가 도망치려고 요동하면서 그 팽팽한 느낌이 손에 들어와 쾌감이 지속된다는 것, 낚시하는 동안에는 오직 찌만 바라보기에 무념무상의 상태가 되어 죄도 안 짓고 잡념도 스트레스도 사라질 수 있다는 것 등등을 알았습니다.

카자흐스탄 네 번째 안착

여름방학을 맞아 한 달 여 일정으로 다시 알마티를 찾았습니다. 6월 26일 오늘부터 7월 21일까지 머무르며, 고려인의 살아온 이야기를 녹음하려 합니다. 그 동안은 그분들이 기억하는 구전설화를 조사했는데, 실제로 살아온 이야기도 소중하다는 생각이 들어, 돌아가시기 전에 녹음하기로 한 것입니다.

이번에도 현지 비행기인 아스타나항공사 이코노미석(일반석)을 이용했는데, 아시아나는 25kg까지 받아주었는데 20kg만 된다고 해서 일부 짐은 덜어내어 배웅 나온 둘째아들한테 들려 보냈습니다. 손으로 들고 기내로 들어가는 게 10kg라서 곧이곧대로 그렇게 했는데 달아보지도 않습니다. 다음에는 더 들고 타야겠습니다. 주렁주렁 가지고 있지만 않으면 괜찮다는 아내 말이 맞았습니다.

주 2회로 늘여서 그런지, 아직 방학 초기라 그런지 빈 자리도 더러 있었습니다. 초중등학교 방학하면 양상이 달라지지 않을까 싶습니다. 기내식 먹을 때 둘 중에 하나 선택하라고 스튜디어스가 말하는 눈치였지만 영어를 알아듣지 못해 우물쭈물했더니 그냥 하나 안기는데 불행히도 내가 즐기지 않는 칼국수 크기의 면발이 들어 있는 쇠고기 요리였습니다.

옆 좌석 한국인이 먹는 것을 넘겨다 보니 볶음밥이 들어 있는 거라 부러웠습니다. 다음에 타게 되면, '라이스'라고 말해야 하겠습니다. 그래도 다행히 먹을 만했습니다.

날이 아주 맑은데도 이따금 구름 속에 묻히곤 하니, 천상의 일은 땅 아래의 것들이 모르니 입 조심하라고, 삶은 신비한 거라고 말하는 것만 같습니다. 홍수가 났는지 온통 흙빛물이 넘실거리는 곳도 있었습니다. 중국인 듯합니다. 사람 사는 곳마다 뚫려있는 길들을 보며, 사람은 고립되어서는 살 수 없다, 길을 통해 서로 소통하고 교류하며 살아 왔으며 앞으로도 그래야 한다는 사실을 느낍니다. 비행기 안은 쾌적하기만 한데 화면을 보니 바깥 기온은 -47도를 오르내리고 있습니다. -49도까지도 내려갑니다. 창문에 손을 대보니 서늘합니다. 이중창이 그 찬 기운을 온몸으로 막아주어 내가 얼어 죽지 않고 편안히 앉아있구나 싶었습니다.

알마티에 접근하자 아주 길고도 넓은 물이 보입니다. 비행기로 한참을 날아도 계속 물입니다. 아니, 이렇게 넓은 강이 있단 말인가? 궁금해서 무조건 뒷자리 카작인 청년한테 물었습니다. "리버? 오어 레이크?" 그랬더니만, 깝차카 호수라고 했습니다. 아, 바로 바로 그 호수였습니다. 몇 차례 교회 식구들과 달래 캐러 가면서 지나쳤던 그 바다 같은 호수였습니다. 그곳을 지나 평화롭게 보이는 마을 위를 아주 느릿느릿 선회하는 비행기, 마치 자기네 나라에 와서 마냥 즐겁고 마음 편해진 듯한 그런 느낌을 주었습니다.

알마티 공항에 무사히 안착했습니다. 마치 걸음마 배우는 아이가 넘어지지 않고 똑바로 서는 것만 같아 신통하고 감사했습니다. 이번에 자세히 보니 알마티 공항은 참 아담합니다. 우리 인천공항에 비할 바가 못 됩니다. 우리 김포공항도 옛날엔 이랬겠지요.

카자흐스탄 경기가 안 좋아졌다고 했습니다. 택시비도 오르고 버스비도 30텡게에서 50텡게로 올랐답니다. 흘렙이라는 이곳 주식인 빵값도 30

텡게에서 70텡게로 올랐다나요? 서민들의 삶이 고달파졌다고 했습니다. 부동산 가격도 폭락하여 18만불 아파트가 8만불로 내려앉았답니다. 아렌다비는 별로 내리지 않거나 올라서 없는 이가 어렵다고 합니다. 장사는 안 되는데 가게 임대료는 내려 주지 않아 장사하는 이들의 시름이 깊다고 합니다. 금년 9월까지는 계속 내려가다가 회복될 것이라고 하니 다행입니다. 아마도 오일달러가 있는 나라라서 그런 모양입니다.

미국발 서브프라임 사태가 여기까지 영향을 미쳤다니 세계는 정말 하나입니다. 길이 사통팔달로 연결되어 있듯, 이제 경제망도 그런 게 분명합니다. 나와 남, 우리나라와 외국은 이제 공동운명체라는 생각을 가져야 할 일입니다. 대만에서 연구년 보내고 온 분의 말을 들으니, 재벌이나 대기업은 없고 오직 중소기업만 있는 대만도 시장을 개방하여 미국 굴지의 회사들이 들어와 땅도 사고 회사도 인수하며 막대하게 투자해 뽑아가고 있다니, 그렇게 해야만 경제가 유지된다니, 더 이상 국수주의 쇄국주의에 머물러 있어서는 도태당하고 마는 세상이라는 생각을 해봅니다. 김대중 대통령 때 우리 부동산이며 회사를 외국에 팔아먹었다고 욕을 해대는 사람들이 있는데 철모르는 소리라고 그분은 지적했습니다. 김영삼 정권 때 진즉 그랬어야만 IMF 예방했다는 말과 함께 말입니다. 카자흐스탄 사람들이, 은행에서 대출받아서 건설도 하고 부동산 투자도 하고 있었는데, 은행권이 대출을 못하게 되자, 건설경기도 죽고 부동산 경기도 죽으면서 전체 경제가 좋지 않다는 이야기였습니다. 선교사들의 상당수도 철수하고 있다 했습니다.

귀국할 때까지 세탁기 쓰지 말아요

세 번째 물난리를 겪었습니다. 반자동 세탁기 물이 또다시 넘쳐 아래층을 적셨습니다. 바닥 배수구가 따로 없는 이곳 아파트의 구조를 알아, 한동안 세탁기를 쓸 때는 꼭 그 옆에 붙어 앉아 책을 보며 감시했기에 괜찮았는데, 잠시 방심하는 사이에 일이 터졌습니다.

듸냐(참외)를 사온 게 화근이었습니다. 길다랗게 생긴 듸냐가 먹고 싶어 하나 사가지고 들어온 후, 세탁기를 틀어놓고, 그 듸냐를 냉장고에 넣어두고 다시 돌아와 세탁기 지켜보려고 마음먹었던 것인데, 냉장고 문을 여는 순간, 먹다 남은 수박이 보였고, 그걸 아들과 나누어 먹어야겠다는 마음이 들면서부터 세탁기 생각을 까마득하게 잊어버리고 만 것입니다. 둘이 앉아서 수박을 입에 넣어주고 월드컵 결승전 얘기며 한참 노닥거리고 난 후에야 퍼뜩 이상한 느낌이 들면서 세탁기 생각이 나서 뛰어갔습니다. 난리도 아니었습니다. 이미 물은 넘쳐흘러 욕실 바닥을 타고 나와 카펫트를 흥건히 적시다 못해 고여 있었습니다. 마침 빨래들을 세탁기에 다 넣고 돌리는 참이라, 물을 빨아들일 게 없어 잠시 주춤하다가 아들과 함께 카펫트 하나를 불끈 들어올리긴 했는데, 아들의 말대로 욕실에다 버렸어야 하는데, 벽 사이의 틈에서만 멀어지면 된다고 생각해 옆에 쏟고 말았습니다. 나중에 알고 보니, 그 위치로 보아, 이미 스며든 물도 물이지만, 그때 쏟은 물이 밑으로 흘러 내려간 듯했습니다.

아들과 함께 한참 물을 흡수해 쥐어짜는 일을 반복하고 있는데 초인종 소리가 울립니다. 역시나 3층 러시아인 아주머니였습니다. 내려가 보니 전기는 이상이 없는데 복도에 해당하는 부분의 카펫트가 흠뻑 젖어 있었고, 화장실 벽에서 계속 물방울이 맺혀 떨어지며 벽 일부에 물이 스며든 흔적이 선명했습니다. 조금 있으니 1층에 사는 카작인 새댁이 시종 아주 차디찬 인상을 지으며 뭐라 뭐라 말합니다. 내려가 보니 오직 화장실 벽 일부에 물이 스며들었고 물방울이 아직도 맺혀 몇 방울씩 타일 바닥에 떨어지고 있었습니다. 이윽고 그 남편이 와서는 뭐라뭐라 하더니, 지갑을 꺼내 200달러를 보이면서 "레몬트"값으로 그만큼 내라고 합니다. 그러면서 내 여권을 달라기에, 우리가 사는 4층으로 데리고 올라와, 아들을 통해 "러시아말 할 줄 아는 내 친구가 30분 있으면 여기 오니, 그때까지 기다려달라"고 했습니다. 다행히 아들의 통역이 그런 대로 알아들을 만했는지 내려갔습니다.

이윽고 강 목사님 내외분과 리자 권사님이 오셨습니다. 리자 권사님 혼자 1층부터 들어가 새댁 내외와 담판을 지었는데, 남자는 50불만 달라는데 여자가 100불을 고집해, 그냥 우리가 수리해 주기로 했다는 협상 결과를 알려주십니다. 내가 그냥 돈 주자고 했더니만 목사님 하시는 말씀 "잘해 봐야 20불이면 되는 수리비를 그렇게 많이 줄 수 없다"고 합니다. 3층 아주머니한테는 3천텡게를 지불했습니다. 아주 미안하다면서 "이제 20일날이면 한국에 돌아가니, 이제는 이런 일 없을 것"이라고 했더니만, "그때까지는 세탁기 돌리지 말라"고 웃으면서 말합니다.

역시 현지인은 현지인이 상대해야 할 일입니다. 나한테는 200불 달라더니 50불까지 내려가니 말이지요. 목사님이 떠난 후, "아주 비싼 수박"이라며 아들과 함께 나머지 수박을 다 갉아 먹었습니다. 알마티를 잊지 못할 또 한 번의 추억입니다.

카자흐스탄 다섯 번째 방문 소감

-카자흐스탄 알마티의 변화들-

2009년 여름, 다섯 번째로 카자흐스탄 알마티를 방문하면서 느낀 이곳의 변화상을 적어봅니다.

첫째, 도로 포장이 아주 많이 되었거나 진행 중이었습니다. 큰 도로는 말할 것 없고 작은 도로들도 말끔하게 포장되어 한결 깨끗하게 보였고 쾌적하게 달릴 수 있습니다. 전에는 움푹움푹 패진 곳이 많았는데 아주 좋아졌습니다. 2011년인가 열리는 동계올림픽을 대비해서 그러기도 하지만, 경기가 안 좋자, 경기부양책의 하나로 도로포장을 하는 듯도 하다는 진단들입니다.

둘째, 이곳에서도 경제위기의 한파는 감지되었습니다. 텡게화와 달러와의 비율이 전에는 1 : 120이었는데 지금은 1 : 150선이니 말입니다.

셋째, 부동산 가격이 폭락하고 물가가 올랐습니다. 부동산 가격은 반가격으로 떨어지고, 시내버스 요금도 50텡게입니다.

셋째, 비가 많아졌다고 합니다. 여름이 되었지만 그렇게 더운 날씨도 아직 없다고 합니다. 기후변화가 일어나고 있는 것이겠지요.

넷째, 24시간 편의점이 생겨나기 시작했답니다. 실제로 새벽예배(아침기도회) 마치고 강권사님과 함께 들르기도 했습니다. 다양한 물품을 비교적 저렴하게 팔아, 낮에는 줄을 서야 한다고 했습니다.

기념품 사기

한국에 돌아갈 때 무슨 기념품을 가지고 갈까 알아보았습니다. 꿀이 좋다고 하지만 무게 때문에 다른 것을 알아보고 있던 차에, 우연히 이곳 하이얏트호텔에서 열린 〈한국음식축제〉 개막 모임에 참석하고 나오다, 출입구 옆 기념품가게에서 예쁜 주머니를 발견했습니다. 우리 복주머니 같은 것인데, 훨씬 자그마한 데다 이곳 무늬로 되어 있어 반가웠습니다. 유르따(천막집)가 달린 열쇠고리도 마음에 들었습니다. 주머니 하나를 350 텡게 달라기에, 가격만 보고, 시장에 다니며 알아보았으나 곱빼기 가격인 데다 드물어서, 호텔에 다시 가서 샀습니다.

하얏트호텔 기념품가게에는 그림엽서도 다양하게 있었습니다. 사실 그것을 사려고 거리의 신문가판대마다 다녔지만 못 구했던 것인데 거기 다 있었습니다. 생일카드는 거리에서도 흔하게 파는데, 그림엽서는 그렇지 않았습니다. 우체국에 가거나 하얏트호텔 같은 큰 호텔에 가야 되는 모양입니다.

그 다음으로 생각한 것이 카작전통음악 CD였는데 한 개당 깎아서 700 텡게라 좀 비쌌습니다. 그것도 백화점에서는 1200텡게인데, 큰시장인 젤료니바자르(고기집과 반찬집 사이의 출입문 나와서 있음)에 가서 700텡게에 살 수 있었습니다. 우리나 여기나 발품을 팔아야 합니다.

귀국하자마자

카자흐스탄에서 귀국하자마자 모기가 공격합니다. 알마티에는 모기가 없습니다. 정원에서 만찬을 해도 괜찮습니다. 서울에 도착하자마자 모기가 웽웽거려 잠을 설쳤습니다. 모기향이 어디로 숨었는지 보이지 않습니다. 비행기가 도착하기 직전에 서울에 폭우가 쏟아졌다는데, 폭우의 공격을 피해 그나마 다행입니다.

모기의 공격만이 아닙니다. 디도스 인터넷 공격 소식이 세상을 뒤덮습니다. 주요 사이트들이 공격받을 것이라고들 합니다. 무서워서 컴퓨터도 못 켜다, 이튿날, 방송에서 일러준 대로하고서야 켰습니다. 정부에서 무료로 제공하는 백신을 깔고 검사하며, 제어판에서 날짜를 바꾸고 나서 접속했습니다. 다행히 괜찮았습니다.

주요사이트들이 대응에 나서서 피해를 모면했다는데 이번에는 개인 컴퓨터들의 피해가 잇따를 것이라고 하여 긴장하게 합니다. 하루도 인터넷하지 않으면 못 살게 되어버렸는데, 이렇게 맥없이 당할 수도 있다니 불안한 시대입니다. 예전처럼 기계 의지하지 않는 생활을 해야만 평안을 유지할 수 있으련만 이미 편한 데 길들여진 우리이고 보면 문제가 심각합니다. 그래도 자유를 확보하려면, 컴퓨터에 대한 의존도를 낮추어 가야 하지 않을까 싶습니다.

부록

카자흐스탄의 민속신앙

여는말 | 지금까지도 이슬람 국가이며 소련공산정권의 지배지이기도 했던 카자흐스탄에 민속신앙이 있을까? | 카자흐스탄에서 두드러져 보이는 민속신앙은 무엇인가? | 우리나라에도 있는 민속신앙들과 어떻게 같고 다른가? | 카자흐스탄에도 무당이 있는가? 우리 무당과는 어떻게 같고 다른가? | 맺는말

1. 여는말

카자흐스탄(카작)은 중앙아시아의 한 나라로서, 중국 서쪽 끝 신강성 및 우즈베키스탄(우즈벡), 타지기스탄(타직), 키르기스스탄 등과 인접한 나라이다. 카작 민족은 우즈벡, 타직 등 인접 민족과 미분화상태로 있다가, 11세기에서 12세기에 걸쳐 분화되면서 형성되기 시작하여 오늘에 이르고 있으며, 이 지역의 8세기 탈라스(현재 '타라즈') 강변에서 고선지가 이끄는 당 군대를 이슬람 세력이 격파함으로서 다른 중앙아시아 지역과 함께 이슬람 영향권 안으로 들어간 지역이다. 13세기에 몽골제국의 영향 아래 들어갔다가 러시아 및 소련의 지배를 받다 1991년에 분리 독립되어 오늘에 이르고 있고, 석유 부국이며 면적이 남북한의 12배에 달하는 큰 나라로서 동포인 고려인이 10만 명이나 거주하고 교포도 2천 명 정도 진출하여 살고 있는 곳이다.

이 카자흐스탄(카작) 사람들의 민속신앙은 있는가? 있다면 어떤 양상이고 우리와는 어떻게 같고 다를까? 카자흐스탄에 다섯 차례 방문하면서 기회가 닿는 대로 사진도 찍고 선교사를 비롯하여 러시아어(그곳 공용어)를 할 줄 아는 그곳 교민들에게 묻기도 하여 축적한 지식에다가, 그곳 교민 신문인 『한인일보』의 주간지인 『주간한인』(2006. 1~6)에 실린 「카자흐, 카작인, 카자흐스탄」이란 제목의 특집기사를 바탕으로 여기 몇 가지 답

카자흐스탄 전통 마을의 모습

변을 내놓기로 한다. 『주간한인』의 기사는, 김계원 선교사가 소장으로 있는 중앙아시아 언어문화연구소에서 주최해 이루어진 카작 현지인 교사의 특강 원고를 번역 정리하여 실은 것이었고, 그 안에 카작 문화 및 민속신앙에 대한 내용도 들어 있어 아주 긴요한 자료였다. 카작 민속 관련 책자를 구하기 위해 서점마다 방문하였으나 구할 수 없었는데, 귀국 직전 우연히 들른 중앙아시아 언어문화연구소에서 카작어 · 러시아어 · 영어 이렇게 3개국어로 대역된 신간 도서 『Kazakh Traditions and Customs』[1]을 구할 수 있었다. 따라서 이 글은 내가 그곳에서 견문한 것, 『주간한인』의

1 『Kazakh Traditions and Customs(카자흐스탄전통)』(Almatykitap, 2005).
이하 이 책은 『카자흐스탄전통』으로 약칭하며, 본문에 인용할 경우 페이지만 밝힌다. 그리고 이 책의 번역에 최원오 박사의 도움을 받았다.

연재기사,[2] 현지에서 나온 책자의 민간신앙 관련 대목,[3] 이 세 가지를 자료로 하여 카작 민속신앙의 양상을 소개하되, 질문을 제시하고 이에 응답하는 형식으로 서술한다.

2. 지금까지도 이슬람 국가이며 소련공산정권의 지배지이기도 했던 카자흐스탄에 민속신앙이 있을까?

있다. 8세기부터 이슬람이 카자흐스탄에 침투하여 19세기에 와서 카자흐스탄 전역에 자리잡게 된 것도 사실이고, 1917년 러시아공산혁명 이후(소위 '소련'시절)에는 반민족주의와 반종교주의의 영향 아래 놓였던 게 사실이다. 하지만 그렇다고 해서 전통적 민속신앙이 사라진 것은 아니다. 이슬람화하기 이전부터 지녀온 민속신앙이, 이슬람화한 후에도 여전히 카자흐스탄 사람들의 생활에서 광범위하게 이어져 왔으며, 소련 체제 아래에서도, 대부분의 민속신앙이 존속하였기 때문이다. 물론 1991년 소련의 와해와 함께 분리 독립되면서, 민주주의와 자본주의 및 현대화, 도시화가 급격하게 진행되면서, 이 나라도 우리처럼 민속신앙을 포함한 전통문화 자체에 커다란 변화가 일어나고 있다는 것을 감지할 수 있어, 과거의 민속신앙이 온전히 남아 있고 앞으로도 그러리라는 말은 하기 어렵다.

1000여 년(본격적인 영향력을 행사하기 시작한 10~12세기부터만 해도 700~900년)이라는 오랜 세월 동안 이슬람의 영향권 아래 있으면서, 어떻게 민속신앙을 이어올 수 있었을까? 이 의문에 대하여, 다른 지역에 비해 이슬람

2 이하 『주간한인』으로 약칭한다.

3 『카자흐스탄전통』을 말한다.

의 전파가 늦은 편이었다는 점, 이슬람의 종교적 중심에서 멀리 떨어져 있었던 점, 이 두 가지 요인으로 분석하는 견해[4]가 나와 있다. 이런 요인에 의해, 이슬람화하기 이전(민족 분화를 일으키기 전 즉 '튜르크'민족 공통의 문화를 누리던 시절)부터 지니고 있었던 민속신앙들이, 이슬람국가화한 이후에도, 여전히 카작인의 생활을 지배하여 오늘에 이르렀다 하겠다. 그래서인지 "카작인들에게 이슬람은 피상적인 성격을 지닌다" 이렇게 규정하는 견해[5]까지 나와 있는 실정이다.

3. 카자흐스탄에서 두드러져 보이는 민속신앙은 무엇인가?

1) 언어주술 – 축복과 저주 –

카작인들은 휴가를 떠나거나 치료를 받을 때, 여행 떠날 때나 대학에 입학했을 때, 존경하는 사람을 방문하여 그곳에서 충고의 말을 듣거나 식사를 한 다음에야 떠난다. 좋은 기원(바람)은 행운을 가져다 준다고 믿기 때문이다(100쪽).

카작인의 속담에 이런 게 있다. "비로 대지가 푸르러지고, 축복으로 사람은 푸르러진다", "많은 사람의 기원은 호수처럼 거대한 무엇을 이룬다" 카작인이 얼마나 축복을 중시하는지 보여주는 속담이다. 우리의 덕담과 같은 것은 옹 바타Ong bata(축복)라 하는데, 카작에는 테르스 바타Teris bata라 하여, 자녀, 며느리, 형제, 친척의 잘못된 행실에 대해 부모가 주는 저

4 P.M. 무스타피나, 「카작인의 민중 종교」, 『카자흐스탄의 문화와 역사』(강남대학교 출판부, 2003), 102쪽 참고.

5 위의 글, 같은 곳 참고.

주도 공존하고 있어 이색적이다. 옹 바타는 양손을 앞으로 내서 위를 향해 편 채 기원을 한 후, "아우민" 하는 화답과 함께 양 손으로 얼굴을 감싸 내리는데. 테르스 바타를 말할 때는 손등을 위로 하게 하고 펴서 하나님의 이름으로 "후손이 멸하길!", "앞 길이 열리지 않고, 말라 버리길!", "가서는 다시 돌아오지 마라!" 등의 내용으로 빈다.

이같은 의식은 구비문학 작품에도 잘 드러나 있는데, 원수 집안 남녀의 사랑 이야기를 다룬 〈즈벡 아가씨(크즈 즈벡)〉라는 작품에서, 남자 주인공 바트르 퇼레겐이 여자 주인공 크즈 즈벡의 마을을 향해가려고 하여, 자기 아버지 바자르바이로부터 허락을 구할 때 그의 아버지는 "사돈 맺는 데 있어서 난 마음에 차지 않는 구석이 있다. 예들－자이의 강변에 처자가 없느냐?, 멀리 있는 처자를 찾아, 맹세를 깨고 출정하겠다고 하는 네 말은 도대체 어디서 배운 배은망덕한 도리이냐?"라며 허락하지 않는다. 즈벡과 굳게 약속을 했던 퇼레겐은 아버지 바자르바이가 못마땅하게 여기는 것을 개의치 않고 떠날 결심을 한다. 그 아버지는 아들이 대대로 내려온 조상의 정통을 깨버린 데 대하여 분노한 나머지 아들 퇼레겐과 동행할 사람을 붙여주지 않은 채 먼 길을 혼자 떠나게 하는 것은 물론, 아들이 떠날 때 테르스 바타를 준다. 아버지로부터 테르스 바타를 받은 퇼레겐은 그 여행에서 돌아오지 못한 채, 연적인 베케 잔의 손에 죽음을 당한다.

어머니의 축복을 받고 있는 아들

집단으로 축복을 하고 받는 장면

축복의 말을 전하는 것은 일반적으로 시골 마을의 나이 많은 노인(악사칼)의 역할이지만, 손님이 주인에게 드리는 감사도 이러한 선한 기원으로 간주되었다. 카작인은 양손을 모으고 손님을 맞이하며, 정성스레 식탁을 꾸미고 자기 집을 방문한 하나님의 손님에게, 있는 모든 것으로 대접하는데, 손님은 집 주인에게 하나님의 손님은 음식이 나오기 전과 후에 선한 기원과 자신의 호의를 드러내며 축복의 말을 건넨다. 남성들이 장거리 여행을 떠날 때 혹은 적과의 전쟁에 나설 때에도 사람들의 존경을 받는 악싸칼의 집을 찾아가서 축복과 기원을 구하곤 했다. 여행 떠나기 전의 회식을 특별히 '졸라약'이라 하는데, 이 식사에 악사칼을 초대하는 이유는, 무사 귀환과 여행 목적 달성을 비는 기원의 말을 듣기 위해서이다(136쪽). 갓 태어난 아기와 새로 시집온 새댁을 위해서도 축복을 한다. 어린 아기의 40일 잔치(크륵크난 싀가루)를 치를 때, 아기를 요람에 눕히고(베쓱케쌀루), 이름 짓는 의례(앗 코유)를 행할 때, 마을의 어른 아이, 노인 젊은이들은 모두 한 자리에 모인다. 이 때 말할 줄 아는 활달한 남성이 〈토이바스타르〉를 부르며 노인들에게 축복을 빌어 주도록 요청한다. 이와 함께 새로 시집온 새 색시를 마을에서 가장 머리가 희끗한 할아버지와 할머니에게 절하게 한 후, 축복의 말을 요청했다. 그리고 새댁이 직접 차린 음식을 먹고 그 요리솜씨를 평가하기 위해 마을 어른들이 집에 찾아오기도 했다. 이때에도 어른들은 새댁이 지은 맛난 음식을 먹고 나서 축복의 말을 함께 나눴다.[6]

신년축제인 나우르즈 축제(Nauruz toi, 3월 22일) 때도 축복의 말이 많이 주어진다. 유목민이었던 카작 민족에게 있어서 나우르즈의 의미는 첫 번째로 봄을 알리는 신호로 봄은 가축이 새끼를 낳는 계절이다. 새끼를 낳

6 『주간한인』 제21호, 2006. 5.26~6. 2.

으므로 우유도 풍성해진다. 그래서 문지방에 흰우유를 붓고, 문설주에 아이란(유제품)을 바르면서 그 해가 풍요하길 기원했다. 이 때 "악 몰 볼슨!(Ak mol bolsn!)"이라는 소원을 비는 것은 바로 가축이 새끼를 많이 낳고 우유도 풍성해지길 기원하는 것이다. 만일 그 날에 비가 내리기라도 하면, 머리에 비를 맞으며, 하나님의 빛(자비)이 이처럼 쏟아지기를 기원했다. "평화가 임하길!(Beibitshilik orunalsn)"하는 기원을 주고받기도 하는데, 사소한 다툼으로 관계가 틀어진 사람들이 이런 축복을 주고받으며 서로 화합하기도 한다.[7]

우리나라에도 덕담이 있어, 카작의 옹 바타와 맞먹는다고 할 수도 있다. 하지만 우리는 설날 세배할 때만 하는 데 비해, 큰일을 앞둘 적마다 부모나 집안 어른, 존경하는 노인으로부터 반드시 옹 바타를 받는다는 점에서 다르다. 그리고 때로는 그 부모가 직접 테르스 바타인 저주를 내리기도 한다는 점에서도 우리와는 차이를 보인다.

2) 영웅, 성자의 묘지에서 참배하며 밤을 보내기

카작인은 존경하는 인물 즉 용사, 이슬람선교사(코좌)들의 묘지를 찾아가 희생제물을 드리고 코란을 읽기를 좋아한다. 주기적으로 알마티에 있는 라이음벡 바트르가 묻힌 곳이나 투르키스탄에 있는 코좌 아흐멧 야싸위의 유적지 혹은 잠블(따라즈)에 있는 아이샤 비브의 유적지를 찾아간다. 특히 아이를 낳지 못하는 여인들은 이들의 묘지를 찾아가 거기서 밤을 지새우고 코란을 읽게 하고, 성스러운 조상령을 예배하며 소원을 빈다.[8]

7 『주간한인』 제21호, 2006. 5.26~6. 2.
8 『주간한인』 제22호, 2006. 6. 2~6. 9.

영웅이나 성자의 묘지에 참배하기

이슬람 교도들의 공동묘지

이는 우리나라의 영웅신앙과 비견될 수 있으나, 일생을 두고 누구나 반드시 한 번 이상 또는 수시로 해야 하는 의무로 여기고 있다는 점에서 우리와는 차이가 있다 하겠다. 종교적인 성자의 유적지를 찾아가는 것은 일반 이슬람 교도의 메카 순례를 대체하는 행위로 여겨지고 있어, 민속신앙과 이슬람신앙이 묘하게 결합한 형태로 해석할 수도 있다.

3) 이블 아이(악의 눈)

카작인들은 어린 아이를 예뻐하고 칭찬하는 것은 오히려 질시의 눈을 통해 나쁜 영향을 받을 수 있다고 생각한다. 그리고 이렇게 부정한 액운을 타지 않도록 투투투 세 차례 소리 내면서 침을 뱉는 습속이 있다. 눈길을 보낸 사람이 뱉을 수도 있고, 눈길을 받은 아이로 하여금 뱉게 하기도 한다. 어떤 경우에는 무의식 중에 가족 자랑을 한참 하다가, 소스라치게 놀라, 〈이블 아이〉를 의식해, 스스로 세 번 침을 뱉기도 한다.[9]

이런 전통을 가진 카작에서, 어린 아이를 보고 직접적으로 너무 귀여

9 카작 교민의 제보 : 교민카페 http://cafe.daum.net/go720의 '자유게시판' 참고.

워하는 모습은 오히려 아이 부모들을 근심시킬 수 있다. 아이를 칭찬할 때도 "참 예쁘다. 잘 생겼다"라는 직설적인 표현보다는 "잘 자랐구나(여자), 용사같이 씩씩하구나(남자)"하는 말이 적절하다고 생각한다.[10]

작명시 이블 아이에 띌까 봐 일부러 "새끼발가락", "개 젖 먹고 자란 놈", "강아지" 등의 우스운 이름을 붙여주기 전통도 있다(64쪽). 반대로 아이에게 액운이 임하는 것을 방지하기 위해 일부러 험하고, 나쁜 이름을 지어주기도 했다. 어떤 마을에서는 자녀의 이름에 세르게이나 이반 같은 러시아식 이름을 붙이기도 했는데, 지배자 러시아인에 대한 카작인의 감정까지도 엿볼 수 있게 하는 국면이라 하겠다. 물론 이런 이름들은 아이가 건강하게 잘 성장하게 되면, 주민등록증 등 공식서류를 하게 될 때에는 정식 이름으로 바꿔준다.[11]

경주에서 이겼을 때도, 이블 아이에 노출될까 봐, 숨기려 한다. 민간신앙에 따르면, 좋은 사람이나 아이, 경주에서 이긴 사람이나 아름다운 소녀는 이블 아이에 띈다. 그래서 사람들은 경쟁에서 이긴 사실을 숨기려 한다. 그래서 아이의 이마나 뺨에 숯을 묻힌다. 젊은 신부나 아이가 질투를 받으면, 이블 아이에 노출된다고 보아, 신부나 아이로 하여금 "숙-숙" 또는 "트파-트파tfa-tfa"라고 말하면서 침을 뱉게 한다. 그렇게 하면 이블 아이로부터 해를 받지 않는다고 믿기 때문이다. 이블 아이에 노출되면 사람이나 동물이 불가항력적으로 병든다고 믿는다(142~143쪽).[12]

10 『주간한인』 제9호, 2006. 3. 3~3.10.

11 『주간한인』 제16호, 2006. 4.21~4.28.

12 이와 관련하여, 카작뿐만 아니라, 거의 모든 중앙아시아 지역의 토산품이나, 모스크 근처에서 파는 물건들 가운데는 동그란 반점이나 눈동자(외눈)가 그려진 물건들-이블 아이-을 쉽게 볼 수 있다. 이집트 관광 상품에도 이런 게 있다고 한다(서울교대 방인태 교수의 전언). 이런 경우의 '악마의 눈'은, 마을의 장애요소였던 바위를 없애준 애꾸눈 사나이 이야기라는 부대설화에서 보여지듯, 다른 악마를 퇴치하는 기능을 한다고 믿어 구입한다고 여겨지는바, 그 성격이 이 본문에서 거론하는 이블 아이와는 구별된다.

4) 샤슈(사탕이나 돈 등을 뿌리기)

혼례나 말 경주 등의 큰 행사 기간에, 사탕이나 돈을 뿌린다. 모든 사람은 이 관습을 사랑하는데 어린이들은 특히 좋아한다. 이것들을 주우면 행운이 찾아온다고 믿기 때문이다.

5) 출생의례의 특이사항들

(1) 잇쾨일렉(개의 옷), 잇 쿠우(개를 쫓다)

아기는 배냇저고리 같은 속옷을 40일 동안 안에 입는다. 40일이 지난 후, 이 옷의 목이나 소매 부분을 막아 그 안에 사탕과 과자를 담아 그것을 개의 목에 묶어 주면, 아이들이 그 개에게 묶여 있는 사탕을 얻기 위해 그 개를 쫓아간다. 그 개가 얼마나 멀리 달아나느냐에 따라 아이를 괴롭히는 각종 질병도 그만큼 멀리 떠난다고 믿는다.[13] 우리에게도 배냇저고리와 관련한 민속신앙으로서, 소송사건이나 시험치러 갈 때 몸에 지니거나 넘어 다니면 운수대통한다는 믿음[14]은 있지만, 카작에서와 같은 사

결혼식하며 뿌린 사탕을 줍고 있는 아이

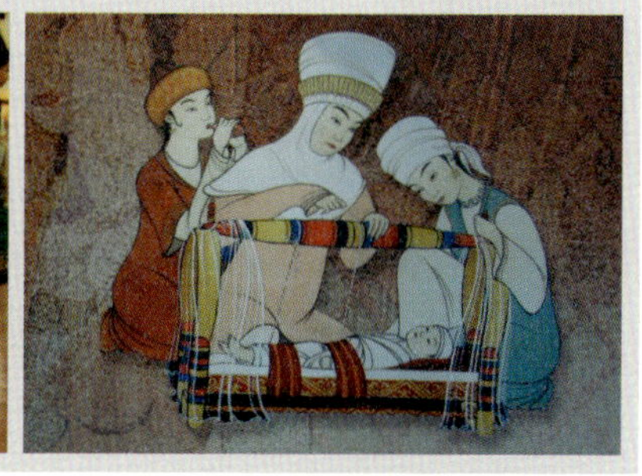

두싸우께 쎄르

13 『주간한인』 제16호, 2006. 4.21~4.28.

례는 없다고 보인다.

(2) 출생 후 40일째 되는 날을 쇠는 의식

"두싸우께 쎄르" 즉 첫 돌날 두발을 묶은 고삐를 잘라주는 풍습이다. 대지를 힘차게 걸어 나가라는 뜻을 지닌다.[15]

(3) 투싸우 케쓰(걸음마 축하 행사)

아이가 서서, 막 어떤 물체를 짚고 걷기를 시작할 때, 아이가 빨리 걸음을 떼도록 하기 위해서 하는 의식이다. 대부분 여자 아이는 8개월, 남자 아이는 1년 반 만에 걷기 시작한다. 걸음마를 떼는 아이의 양 발에 흰색과 검정색 얼룩 끈을 묶고 아이가 잘 걷도록 기원하는 말과 노래를 하며, 그 끈을 자른다. 이 끈을 자르는 사람은 삶의 모본이 되고, 특히 걸음걸이가 멋진 사람을 택하기도 한다. 흑백의 얼룩 끈을 묶는 이유는 선과 악을 잘 분별하라는 의미이다. 어떤 경우, 가축의 내장을 다리에 묶고 자르기도 하는데, 아이가 성장하면서 음식이 부족하지 않고 풍성하길 기원하는 뜻이다.[16]

(4) 요람에 눕히기(베쓰케 쌀루)

아이가 눕혀질 요람에 일곱 가지 다른 물건으로 덮는다. 이 물건들이 아이의 운명에 영향을 미친다고 믿기 때문이다. 예컨대 모피 옷은 부유함과 높은 지위, 말 굴레는 강하고 재주 많음, 행진 제복(외출복)은 용사의 영광 등을 초래한다고 믿는다(66쪽).

요람(베쓱)은 유목민족에게는 이동을 위한 필수품이었다. 아기를 출산

14 고부자, 「우리나라 유아 의례와 옷의 비교연구」, 『아시아 의식주 생활의 비교연구』(비교민속학회 2006년 동계학술대회 발표논문집), 218쪽 참고.

15 『주간한인』 제16호, 2006. 4.21~4.28.

16 『주간한인』 제16호, 2006. 4.21~4.28.

했더라도, 요람(베쓱)을 말 위에 묶어서 이동하곤 했다. 베쓱은 아이의 대소변을 가리는 데 아주 긴요해서. 특히 젖을 짜는 등 많은 가사일로 인해 아이들을 돌볼 여유가 없는 시골 여인들에게 편리한 도구였다. 베쓱에 눕혀 놓으면 그런 문제에 신경쓰지 않아도 된다.

아이를 요람에 눕히는 의식을 집전할 사람을 미리 선정하게 되는데, 이 사람은 아이를 많이 낳고, 존경받고, 잘 양육하는 부인에게 베쓱케 살루 의식을 집전하도록 부탁한다. 부탁을 받은 사람이 직접 요람에 눕히기 의식을 위해 필요한 요람을 직접 준비한다. 카작인에게 있어서 베쓱은 필수품으로 모든 집에 있다. 이 사람은 천사와 조상 영에게 아이를 보호해 줄 것을 기원하면서 아이를 요람에 눕힌다. 남자아이는 베개 밑에 칼을, 여자 아이는 거울을 넣어 놓는다. 그리고는 불을 이용해서 귀신이나 악령으로부터 멀리하기 위한 의식을 한다. 풀을 태우거나, 못을 불에 달궈 요람의 나무에 대면 까맣게 변하게 되는데, 그렇게 될 때 악령의 접근을 막을 수 있다고 믿는다.[17]

(5) 틸라싸르

학교 입학 날 그 아이에게 일정한 말로 축복하는 것을 일컫는다. "학자가 되거라", "명가수가 되거라" 등의 축복을 한다.

(6) 바씨르(아이와 한 날 출생한 가축)

아이의 운명과 그 가축의 운명이 연계되어 있다고 여겨서, 가축을 소중히 여기는 신앙이다. 가축을 가축으로 여기지 않고, 가축이 아이와 영혼을 공동으로 소유하고 있다고 생각하기 때문이 아닐까? 그렇다면 자연

17 『주간한인』 제16호, 2006. 4.21~4.28.

물 신앙이라 할 수 있지 않을까? 가축이 그 집의 재산이었던 환경과도 관련이 있을 듯하다(74쪽』).

6) 민간의료

(1) 더트 코슈르(병 치료)

병든 사람이나 동물을 도우려고 시도하는 것을 일컬어 더트 코슈르라고 한다. 사람들은 함께 모여들어, "코쉬, 코쉬!"라고 외치는데, 그 뜻은 "저리 가! 저리 나가!"이다. 과거에는 사람들의 믿음이 아주 강해서, 피부병조차도 치료되었다. 하지만 오늘날에는 이런 관습은 완전히 잊히고 말았다(127쪽). 우리의 경우 독경무가 잡귀를 상대로 일정한 경문을 읽어서 잡귀를 퇴치해 치병의 효과를 보려는 경우는 있으나, 카작처럼 일반인이 모여 일정한 언어주술을 걸어 병을 고치는 일은 없다고 보여진다.

(2) 코릭틱 쿠이우(납 붓기)

놀라서 병든 사람은 다음과 같은 방법으로 치료한다. 기름 발라놓은 작은 항아리에 녹인 납을 붓는다. 병든 사람을 앉힌 후, 누군가가 환자 뒤로 다가가서 그 머리 위로 항아리를 넘겨서 다른 항아리에 붓는다. 그 후 굳어진 납에, 환자를 아프게 만든 이미지가 남겨지면서, 그 환자는 낫는다고 믿는다(155쪽).

(3) 틀 케스트루(이블 아이의 제거와 치료)

사람이나 동물이 이블 아이evil eye에 씌면 이 방법으로 치료한다. 방법은 이렇다. 환자는 며칠 간 혹은 몇 달 동안 주술사에 의해서 격리된다. 치료 기간에, 환자는 아무와도 사귀어서도 안 되며 말을 나눠도 안 된다(183쪽).

4. 우리나라에도 있는 민속신앙들과 어떻게 같고 다른가?

1) 가신신앙(성주, 조왕, 조상)

카작 사람의 집은 키으즈 위(러시어로는 유르타)라고 하는데, 몽골의 빠오와 같은 천막집이다. 이 키으즈 위의 중앙천정을 받치는 원형의 구조물 부분을 샹으락이라고 하는데, 카작인들은 이 샹으락을 아주 신성시한다. 샹으락은 가정의 지킴이(the keeper of hearth)라고 규정하기도 할 정도이다(48쪽』). 우리 가신신앙 중의 성주 신앙과 비견될 수 있다 하겠다.

신혼살림용으로 특별하게 꾸며진 집을 오타우라고 부르는데, 이 집의 화롯불에 녹은 버터를 부어넣는 풍속이 있다. 이를 오트카 마이 쿠이우라고 한다. 젊은 신부가 새 집의 문지방을 넘거나, 아이의 출생, 새 샹으락이 들어 올려졌을 때 이 의식을 행하는데, 이 관습은 '화롯속 불이 꺼지지 않기를 기원'하는 의미가 있다. 불은 신성한 것으로 인식되었기 때문이다(188쪽). 우리 가신신앙 중의 조왕신앙과 비견할 수 있다 하겠다.

샹으락 올리기(49쪽)

카작인은 조상의 영을 숭배하는 경향이 강하다. 조상의 영과 신의 이름을 나란히 부르곤 한다. "오, 조상 영이여, 오, 하나님이여, 도우소서! 재앙과 악으로부터 지키소서!"라는 말과 함께, "조상의 영이 함께 하길, 조상 영이 도우시길!"이라는 기원의 말들과 경배 행위들이 흔하게 목격된다. 이 모두 조상 영을 기쁘게 하기 위한 행위들이며, 모든 성공은 조상영의 도움으로 이뤄진다고 생각하여 조상 영을 고도의 힘을 가진 실존적 존재로 받아들이며, 그로부터 도움을 기다린다. 카작인들은 전쟁에 출정할 때도 조상 영의 이름을 부르며 전진했는데 아블라이, 카반바이, 말라이사르 등의 이름을 부르며 나갔다. 현재 씨름선수들이 씨름을 할 때 "오, 조상 영이시여!"라고 자신에게 힘을 달라고 요청하는 것도 이것을 증명하는 것이다.[18] 카작의 조상 영 숭배는 우리의 조상 위하기와 비견되는데, 우리보다 그 강도가 높다고 보인다.

2) 자연물신앙

(1) 거룩한 나무와 성수聖水

산을 오르다 보면, 앞이 탁 트인 곳에 혹은 무덤 주변에 있는 몇몇 나무들을 특별히 거룩하다고 여겨, 거기에 헝겊이나 끈을 묶어두고 소원을 빈다. 성스런 나무에는 끈을 세 번씩 묶는데 한 번 돌릴 때마다 한 가지 소원을 생각한다. 보통 묶어둔 끈이나 헝겊의 색이 흰색일 경우가 있다. 거기에는 나무를 끈으로 묶으면서 마음으로 빌었던 소원을 하나님께서 성취할 것이라는 신념이 존재한다.

어떤 경우에는 그러한 나무 밑에서 나온 물도 성스럽다고 간주하여 그 물을 둘러 막고는 물에다가 돈과 동전을 떨어뜨리면서 신에게 필요한 것을 구한다. 아이를 잉태치 못하는 여인들도 이곳에 와서 밤을 지새기도 한다. 병자들도 이곳에 와서 병 낫기를 기원한다. 치료된다는 신념과 함께 필요한 만큼 물을 떠가지고 와서 마시기도 한다.[19]

18 『주간한인』 제22호, 2006. 6. 2~6. 9.
19 『주간한인』 제22호, 2006. 6. 2~6. 9.

천산의 침블락 오르는 길의 카자흐스탄식 성황나무

3) 사귀신앙 : 아이 사오기(싸틉 알루)

아기가 없거나, 아이가 자꾸 죽는 등 손이 귀한 집의 경우에 갓 태어난 아이를 보호하기 위해 행하는 의례이다. 키으즈 위에 누더기 옷을 입은 할머니가 와서 그 집의 자녀를 사겠다고 하면, 케레게(나무 살)를 들고 그 아이를 노파에게 판다. 그러면 그 노파가 1~2개월 동안 자신의 처소에서 키웠다가 아이가 건강하게 자라면 다시 돌려준다. 이 전통 역시 액운이 있다고 생각하는 집에서 아이를 보호하기 위해 외부에다 아기가 자랄 수 있는 환경을 만들어 어느 정도 자란 후 다시 집으로 데려오는 것이다.[20] 어떤 가정에

20 『주간한인』 제16호, 2006. 4.21~4.28.

서 아이가 태어나는 대로 자꾸 죽으면, 주술사(priest magician : 샤만)가 와서 "네가 내 아이를 훔쳐갔다. 내게 돌려달라." 이렇게 말하고 데리고 간다. 2~3일 만에 그 부모는 샤만이 집에 가서 사온다. 그렇게 하면 아이가 오래 살 수 있다고 믿는다(71쪽).

이는 우리나라에서 무당을 수양어머니로 삼음으로써 자녀의 장수를 기대하였던 이른바 '명다리',[21] '아이를 바위에 팔기'(56세, 문경 출신 이인선 씨의 전언 : 큰오빠의 명을 길게 하려고 그 어머니가 바위에 일정한 의례를 하였다고 함) 등의 민속신앙과 비견된다. 무당에게냐 아니냐, 사고 파는 모의 행위를 하느냐 않느냐 등 그 양상은 약간 다르나, 아이의 생존과 장수를 위하는 동기 면에서 동일한 민속신앙의례라 하겠다.

4) 점복, 예조 신앙

(1) 점쟁이에게 복채 주기(발 바씨)

카작 점쟁이의 유형에 두 가지가 있다. 예언 점쟁이, 책이나 여타 매체(과일씨앗, 양의 어깨뼈 등)로 점치는 사람이 그것이다. 이들은 오늘날에는 특별한 능력과 통찰력을 지닌 사람들로 인정되고 있는데, 잃어버린 가축이나 물건을 찾아주기, 미래에 있을 기쁜 일과 슬픈 일을 예언해 준다. 이들에 대한 사례금(복채)을 일컬어 "발 바씨bal basy"라고 한다. 복채가 정해져 있는 것은 아니고, 수긍할 만한 수준이면 된다. 사람들은 돈벌이용으로 하는 점쟁이를 경멸한다(113, 156쪽). 우리의 점복신앙과 비견된다.

---

21 김태곤, 『한국무속연구』(집문당, 1981), 45쪽 참고.

알마티 길거리에서 콩점 치는 모습

(2) 침뱉기(아우지나 투크르투)

침을 뱉었을 때, 그 한 방울의 침에 자기 아이의 타고난 재능이 나타나며, 장차 그렇게 성공할 것이라고 믿어, 카작 부모들은, 침 뱉기로써 점괘를 알아본다(82쪽). 우리가 어떤 일을 결정하기 어려울 때, 손바닥에 침을 뱉은 다음, 이를 때려 그 튀기는 방향을 보아 어떤 일을 결정하는 것과 비견되는데, 카작에서는 아이의 미래를 점치는 데만 이용한다는 점에서 우리와 차이를 보인다.

5) 금기, 주술 신앙

(1) 금기

① 우유(짐승 젖)를 버려서는 안된다　낙농식품인 우유, 마유(크므즈), 낙타젖

등은 모두 흰색이다. 카작인들은 흰색이 신성한 힘을 산출한다고 믿는다. 왜냐하면 카작인에게, 흰색은 순결과 충성을 의미하기 때문이다. 이 과정에서 흰 것을 신성시[22]하는 카작인들은 한 방울의 우유도 땅에 떨어지거나, 버려지지 않도록 주의한다.[23] 화재가 났거나 뱀이 집에 접근할 때는 예외적으로 젖을 쏟기도 한다(94, 83쪽). 이는 우리가 밥을 함부로 버리면 죄로 간다며 금지한 것과 비견되는데, 유목민에게는 젖이 우리의 밥처럼 소중했기에 밥 대신 흰색의 젖으로 바뀌어 있을 뿐 본질은 같다고 하겠다.

② 친척이 죽었을 때, 여자들은 곡해야 하지만, 남자는 곡하면 안 된다(142쪽) 우리와는 달리 카작인은 유목민족이다 보니, 용맹하고 강인한 남성상을 더욱 더 요구하는 분위기라서, 남자가 곡하는 것을 금기시한 것으로 여겨진다.

③ 양羊 고기의 머리는 존경하는 웃어른들을 위한 몫이기에 아이들에게는 양머리에 손을 대지 못하도록 한다 양머리에 손을 대면, 아버지의 죽음을 가져올 수도 있을 것이라고 하면서 아이들을 겁주기도 한다. 캐르 즐륵(복사뼈)은 절대 딸에게 주지 않도록 되어 있는데 그 이유는 딸의 혼인을 늦추게 할 우려가 있다고 생각하기 때문이다.[24] 우리의 경우, 주술관념에 따라, 임부에게 오징어라든가 자라라든가 특정 음식물을 금하도록 하는 것은 있으나, 딸에게 특정 음식을 금하는 일은 없으니 차이가 있다 하겠다.

④ 카작에서 샹으락(천장 떠 받치는 부분) 다음으로 집 가운데 특별히 신성시하는 부분은 키으즈 위로 들어가는 입구의 문지방(보싸가)이다 신혼부부에게 어른들이 축복할 때, "문지방이 견고하길!"이라는 말을 하거나, 아이들에게 "문지

22 소원을 빌 때 "흰것이 풍성하기를!" 이렇게 기원하기도 할 정도이다.
23 『주간한인』 제13호, 2006. 3.31~4. 7.
24 『주간한인』 제13호, 2006. 3.31~4. 7.

방을 밟지 마라, 액운이 탈라!"라는 말을 하는 것은 모두 문지방을 거룩하고 신성하게 여김을 드러내는 것이다.[25] 우리도 공간의 경계인 문지방을 신성시하여 거기 걸터앉는 것을 금기시하는데 이와 비견되는 민속이라고 보인다.

⑤ 며느리가 임신해 있는 동안, 집안에서는 해서는 안 되는 금기 사항들이 생긴다 아르칸(말을 묶는 끈, 밧줄) 혹은 모든 끈이나 줄을 꽁꽁 묶는 것을 금지하고, 낙타 고기를 먹지 못하게 하는데 그 이유는 낙타가 새끼를 12개월이라는 오랜 기간 배고 있는 동물이기 때문이다. 그리고 며느리의 치맛단 등이 너풀너풀 풀려서 임신한 사람이 괜히 이러한 것에 걸리거나 보고 놀라는 일이 없도록 단단히 여미게 한다.[26] 우리에게 태교의 전통과 민간신앙의 전통에 따라서 임부가 금해야 할 일이 많은바 이와 비견된다 하겠다. "알곡을 흐트러뜨리지 말라, 빵을 발로 밟지 말라", "땅에 떨어진 밀 알곡을 보거든 낙타 등에서라도 몸을 굽혀 주워라" : 카작인이 빵을 얼마나 신성시해 왔는가를 알 수 있는 금기어이며, 우리가 쌀을 소중히 여겨 밥알을 흘리지 못하게 한 것과 비견된다.[27]

(2) 주술 신앙

① 신혼집 꾸밀 때, 자식을 많이 낳은 그 집 사위나 자식을 많이 낳고 존경받는 사람이 샹으락(천막집인 키으즈 위의 중앙천정을 지탱하는 부분)을 들어올리게 한다 자식 못 낳은 사람이나 더 이상 생산능력이 없는 노인에게는 그 역할을 맡기지 않는다. 자식 많이 낳은 부인만이 새로 꾸며진 신혼집에 첫발을 들여놓아 녹인 버터를 화로에 퍼붓기 의식을 한다(47쪽).

25 『주간한인』 제11호, 2006. 3.17~3.24.
26 『주간한인』 제16호, 2006. 4.21~4.28.
27 『주간한인』 제13호, 2006. 3.31~4. 7.

② 일반적인 언어주술(덕담 등) 아이가 출생하면, 친구들이나 지인들이 와서 "쿠티 볼슨(be happy)" 이런 말로 덕담을 한다(60쪽). 아이를 낳은 여인은 "꺼져!" 따위의 말로 개를 쫓지 않는다. 그렇게 말하면 그 여자의 이가 썩거나 빠져나갈 수 있다고 믿기 때문이다(61쪽).

③ 숕 시합(카잔 자르스) 출산이 임박한 산모가 진통이 시작될 때면, 동네 여인네들이 집 앞에 모여 누가 서둘러 빨리 음식을 만드는가를 경쟁하는데 이것은 뱃속의 아이가 이러한 경쟁적 분위기에 영향을 받아 빨리 나오길 바라는 기원을 담고 있다. 이것은 산모가 오랜 산고를 겪지 말고 빨리 출산하기를 기원하는 의미를 지닌 의례이다.

④ 이림Yrym 좋은 징조(길조, good omen). 아바이, 알리칸, 올자스, 화리자, 싸켄 등 위인의 이름을 어린이들에게 지어주면, 그들처럼 유명하게 될 수 있는 희망을 준다고 믿는다. 어린이들에게 사탕 주기, 100살 노인의 옷을 가져가기 등은 모두 좋은 징조라고 여겨져 현재도 믿고 있다(196~197쪽). 피휘법이 강하게 작용하여 웃사람의 이름을 붙이기를 꺼리는 우리의 작명 전통과는 다른 면모라 하겠다.

⑤ 칼자 산모 조리와 관련된 의례. 한국의 여성들이 아기를 낳은 후, 몸을 보호하거나 수유를 위해 미역국을 먹듯이 카작인도 아기를 갓 출산한 여인에게 가장 부드럽고 영양가가 많은 연한 고기로 몸을 보호하게 하는데 이것을 칼자라고 한다. 주로 어린양이나 염소의 목등뼈 살을 먹게 하는데 절대 뼈를 부러뜨리지 말고, 통째로 살을 한 점도 남김없이 깨끗하게 발라 먹게 한 후, 나무에 묶어 케레게(천막집의 버팀살)에 40일 동안 그 뼈를 매달아 둔다. 이는 아이의 목등뼈가 단단해지길 기원하는 의미이다.

⑥ 코닐 수라우(문병인사) 환자에게 가서 "당신의 병이 곧 낫기를"이라며 인사한다(146쪽). 일정한 내용의 말을 하면, 그 말대로 이루어진다는 유감주술 또는 언령사상에서 이런 문병 인사를 하는 것으로 보이는데, 우리와

상통한다 하겠다.

⑦ 큰득 케쎄르(탯줄 끊기) 미리 삶에서 존경하고 모본이 되는 어른이나 동료에게 태어날 아기의 탯줄을 끊어주도록 부탁한다. 이렇게 탯줄을 끊어 달라는 부탁을 받고 그것을 허락한 사람은 탯줄 아비(큰득 애케), 탯줄 어미(큰득 쉐쉐)가 되어 부모와 더불어 출생하는 아이의 평생의 지주이자 보호자로서의 역할을 하게 된다. 현대에 와서는 반드시 탯줄을 끊는 사람이 큰득 애케, 쉐쉐가 되지는 않는다. 옛날에는 큰득 애케, 쉐쉐가 탯줄을 잘랐지만, 지금은 거의 병원의 의사가 자르기 때문이다. 그렇기 때문에 큰득 애케, 쉐쉐의 역활 또한 탯줄을 자르는 것만이 아니라, 현대에는 출산한 산모를 병원에서 퇴원시켜서. 집에 데려와 사람들에게 잔치를 열고, 베슥을 만들어주는 일들을 한다.[28] 우리도 동네에서 출산 경험이 풍부한 어른을 모셔다 탯줄 끊기를 하지만, 평생을 두고 탯줄어미라는 호칭을 붙여 특별한 관계를 형성하지는 않았다는 점에서, 일정한 차이가 있다 하겠다.

7) 기타

(1) 숫자 신앙

3, 7, 41 등을 특별하고도 행운을 가져다 주는 숫자라고 생각한다(68쪽). 태어난 지 41일 되는 날, 목욕시키고, 머리와 손톱을 빗겨 주고 손톱을 깎아준다. 다스타르한(명절상차림)을 하여 사람들을 초대하기도 한다.

28 『주간한인』 제16호, 2006. 4.21~4.28.

(2) 바우타가르(사냥한 것 나눠주기)

나눠주지 않고 독점하면 가축을 잃어버린다는 믿음이 있다(111쪽). 공동체 생활을 하던 카자흐스탄 전통사회에서는, 여느 유목민들과 마찬가지로, 짐승을 잡았을 때 혼자 먹지 않고 나누어 먹는 전통이 있었을 것이다. 이런 규칙을 어기기 않도록 하는 강력한 장치로서 바우타가르라는 속신이 전승되었으리라.

(3) 연, 월, 요일 관념

토끼띠 해에, 흉년이나 가축 불임이나 기근 등 국가적 재난이 많이 일어났다는 해 관념(148쪽), 3월로부터 달이 시작한다는 달 관념(147쪽), 수요일은 여행에 적합한 요일이며 목요일과 금요일은 죽은 사람을 추모하는 등 종교적인 행사하는 데 좋다고 여기는 관념(146쪽)이 있다.

(4) 불 숭배

불을 삶의 근원이라고 여겨온 카작인들은 "불 어머니, 기름 어머니, 나를 축복하소서!"라며 불에 기름을 방울방울 떨어뜨리며 활활 타오르는 불을 보며 소원을 빌었다. 이것 역시 불의 힘으로 사탄과 귀신을 멀리하고, 특별히 아이를 요람에 따로 눕힐 때 "아드라스판Adraspan"이라는 풀을 들고 불의 힘으로 그 요람 주위를 정결케 하고자 했다. 이러한 샤머니즘적 행위 역시 오늘날에도 쉽게 찾아볼 수 있다. 이러한 샤머니즘적 신앙의 잔재들은 오늘날 일부는 이슬람 종교와 혼합되어 버리기도 했고, 일부는 전통문화라는 이름으로 카작인의 일상적 삶을 통제하는 수많은 민간신앙적 행위와 금기사항으로 남아 있다.[29]

---

29 『주간한인』 제22호, 2006. 6. 2~6. 9.
이 밖에, 사고로 죽은 현장에 화환이나 조형물을 만들어 둔 것을 흔하게 발견할 수 있는데, 안동대 김

5. 카자흐스탄에도 무당이 있는가? 우리 무당과는 어떻게 같고 다른가?

카작에도 과거(러시아혁명 이전)에는 무당이 있었다. 초기 연구자들의 보고에 우리의 무당에 비견되는 '박스Baks'의 존재가 있기 때문이다. 하지만 혁명 이후 반민족, 반종교 정책에 따라, 박스와 샤머니즘(좁은 의미의 샤머니즘)은 사라진 것으로 보인다. 보고에서 밝혀진 카작 무당의 면모를 간략하게 소개하면 다음과 같다.

첫째, 혁명 전에 박스의 노래를 수집하기도 하였는데, 학계에 도입되지는 않았다.

둘째, 카작의 박스는 무병 과정(사지의 경련, 광기, 수면시의 부분적 경기, 발작, 무기억, 폐쇄성, 고독 등)을 거치면서(강신무적), 친부나 친모의 계보를 따라 즉 부모에게서 자식에게 직접적으로, 특히 아버지에게서 전달된다(세습무적). 박스의 세습은 아주 자주 세대를 거쳐 나타나는데, 그 능력은 7대까지는 상실되지 않고, 그 다음에 점차 사라져가고 약화되다가 결국에는 없어진다고 간주된다. 샤만의 능력은 간접적인 계보, 즉 외삼촌에게서 친족 중의 누군가에게로 전달되기도 한다. 우리는 강신무냐 세습무냐 하는 구분이, 적어도 연구자에게 중요하게 다루어지는데, 카작의 경우에는 그런 구분이 사실상 그다지 중요하지 않다고 여겨진다고 할 수 있다. 보고대로라면 카작의 모든 무당은 강신무와 세습무의 성격을 다 지니고 있다고 보이기 때문이다.

셋째, 엑스타시에 이르렀을 때, 주문을 외는데, 자신의 목소리를 바꾸어, 수호신인 독수리나 호랑이, 늑대, 말, 곰의 모습을 흉내내며 그 소리를

명자 교수의 말에 의하면 불가리아에서도 볼 수 있고, 다이아나비가 죽은 현장에도 그런 조형물을 해두었다고 하니 카작만의 민속은 아닌 듯하다.

낸다. 우리의 경우에는 더러 어린아이 혹은 새소리를 내는 명두형무당 혹은 명두점쟁이는 있으나,[30] 야생동물의 영이 실려 그 소리를 내는 무당은 없는 것으로 안다. 이는 아마도 유목민족으로서 독수리로 야생동물을 사냥하던 카작인의 생활환경과 우리와의 차이 때문이 아닌가 한다.

넷째, 박스로서 몸주(수호 신령)인 '퀸으' 혹은 '이예(주인)'는 인간의 모습을 하기도 하고, 야생동물의 모습을 하기도 한다. 이 신령은 박스의 조력자로서 부정한 신령과 싸워 몰아내기도 하며, 예견하거나 점치고 초월적 기적을 일으키며 비밀을 알아내는 능력을 행사한다.[31] 우리와 비교하여, 몸주에 야생동물도 들어간다는 점만 다를 뿐, 몸주의 기능은 우리와 같다고 보인다.

6. 맺는말

이상 살펴본 것처럼, 카자흐스탄에도 민속신앙은 있으며, 우리와 같은 것도 있고, 카작에만 있는 것도 있다. 우리 민속신앙이 우리의 풍토와 삶의 조건에 따라 특징지어지는 것처럼, 카작의 민속신앙도 그렇다는 것을, 대강이나마 이해할 수 있었다.

유목민족이다 보니 가축이 소중하여 젖(흰색)을 함부로 버리지 않는 금기가 있으며, 이동식 주거공간인 천막집(키으즈 위)의 샹으락을 특별하게 여기는 신앙, 가족이나 부족이 단합돼야만 남의 침입을 막아낼 수 있기에 가부장의 권위가 중요한 나머지 옹 바타(축복)와 함께 테르스 바타(저주)가

30 김태곤, 『무속과 영의 세계』(한울, 1993), 20쪽.

31 A.T. 톨레우바예프, 「카작인의 샤마니즘에 대한 몇 개의 일반적 결론」, 『카자흐스탄의 문화와 역사』(강남대학교 출판부, 2003), 206~210쪽 및 김일겸, 『카작 민족의 영웅상－설화와 서사시를 중심으로－』(서울대 대학원 종교학과 철학박사학위논문, 2003), 3~7쪽 및 김일겸 박사의 조언 참고.

공존하는 언어주술상의 특징이나 조상 영 숭배하기 등의 민속신앙에서 그런 점을 표나게 확인할 수 있었다.

이들 카자흐스탄 전통 민속신앙 모두가 지금까지 온전히 지속하는 것은 아니다. 하지만 이들 민간신앙이 카자흐스탄 사람들의 문화, 카자흐스탄 사람들의 사고 및 가치관과 밀접한 관련을 맺어 왔으며 지금도 심층에서 작용하고 있다고 생각한다. 카자흐스탄 사람들이 무엇을 믿어왔으며, 무엇을 좋아하고 무엇을 싫어하는지, 이들 민속신앙에 그 궁금증을 푸는 열쇠가 담겨 있다고 보아야 한다. 따라서 카자흐스탄과 심도 있게 접속하려는 이가 있다면 이들 민속신앙에 대한 이해가 꼭 필요할 것이다.

이복규

서경대(옛 국제대)와 경희대 대학원에서 공부(고전산문 전공).
한국학중앙연구원 한국학대학원과 국사편찬위원회 초서연수 과정에서 공부.

서경대학교 국어국문학과 교수.
국제어문학회 회장, 국어국문학회 전공이사 겸 편집위원.

주요저서 : 『한국전통문화의 이해』(민속원), 『중앙아시아 고려인의 구전설화』(집문당),
『북한의 구전설화집』(민속원), 『설공찬전연구』(박이정) 등

다음카페 : http://cafe.daum.net/bky5587
이메일 : bky5587@empal.com
연락처 : 010-3064-7238

카자흐스탄
견문록

초판1쇄 발행 | 2011년 3월 30일

지은이 이복규 펴낸이 홍종화

회장 홍기원
디자인 정춘경 · 강계영 · 하은실
편집 · 교정 오경희 · 조정화 · 오성현
신나래 · 김현아 · 차수현
관리 박정대 · 최기엽

펴낸곳 문예원 출판등록 제317-2007-55호
주소 서울 마포구 대흥동 337-25 전화 02) 804-3320, 805-3320, 806-3320(代) 팩스 02) 802-3346
이메일 minsok1@chollian.net 홈페이지 www.minsokwon.com

ISBN 978-89-963231-8-1 03980